Deutsche Literaturgeschichte

von

Heinrich Haerkötter

winklers verlag

43631

Vorwort zur 62. Auflage

Das Hauptanliegen dieser kleinen Literaturgeschichte ist es, die oft schwierigen Probleme leicht zugänglich darzustellen.

Nach vierzig Jahren ist eine weitere gründliche Überarbeitung notwendig geworden, die zu berücksichtigen hat die veränderten Sprachgewohnheiten, neue literarische Aspekte und insbesondere die vielen neuen Gestalten, die unser literarisches Leben prägen.

So ist das letzte Kapitel eine zugleich systematische wie werkbezogene Darstellung der deutschen Gegenwartsliteratur.

Münster, Frühling 2002 H. Haerkötter

62., aktualisierte Auflage, 2002

im Westermann Schulbuchverlag GmbH
Postfach 11 15 52, 64230 Darmstadt
http://www.winklers.de
Druck: westermann druck GmbH, Braunschweig
ISBN 3-8045-**4363**-4

43632

Inhaltsverzeichnis

Verzeichnis der Abbildungen und Tafeln

Das Foto der Plastik „Der Buchleser" von Ernst Barlach stellte uns der Verlag R. Piper & Co. in München zur Verfügung.

1 Die vorchristliche Dichtung (bis 800 n. Chr.)

375 Einbruch der Hunnen in die Reiche der Germanen. Im 4. und 5. Jahrhundert die Völkerwanderungen. Nach 476 Zusammenbruch des römischen Weltreiches. Chlodwig (486–511). Frankenreich führende Macht des Westens.

Nach der Völkerwanderung Ansiedlung der Germanen an Flüssen und in fruchtbaren Tälern. Acker, Wald und Vieh waren Eigentum der Dorfgemeinschaft. Primitive Bebauungsmethoden. Neben Ackerbau gab es auch Jagd. Weberei, Schmiede- und Töpferkunst, ferner Tauschhandel, besonders mit Römern und Juden.

Schon lange bevor man im 8. Jahrhundert in unserem Sprachgebiet die Literatur schriftlich aufzeichnete, gab es eine mündlich übertragene germanische Dichtung. Das früheste überlieferte Zeugnis darüber ist das Buch ***„Germania“,*** das der römische Geschichtsschreiber Tacitus im Jahre 98 n. Chr. verfasste. Er berichtet darin u. a. von Liedern, mit denen die Germanen ihre Stammesgötter verehrten, und von alten Opfergesängen.

Um 600 n. Chr. soll unsere Dichtung ihre erste große Blüte erlebt haben, doch sind uns nur wenige Zeugnisse in späteren Handschriften überliefert.

1.1 Die Sprache

Der gemeinsame Ursprung fast aller europäischen Sprachen ist das Indogermanische. Wir können es nur erschließen, da es dafür keine Zeugnisse gibt. Als Jahrtausende v. Chr. die Völker vermutlich vom Nord- und Ostseeraum durch Europa bis nach Indien zogen, verbreitete sich ihre Sprache bis zum Süden Asiens. Es gibt viele Beispiele für die Verwandtschaft der europäischen und einiger asiatischen Sprachen, so etwa das Wort „Tochter“. Im Englischen heißt es „daughter“, im Persischen „tochtär“, im Altindischen „duhitar“.

Die Sprachfamilien. Um 2000 v. Chr. zerfiel die Sprachgemeinschaft des Indogermanischen in große Gruppen, die sich dann selbstständig weiterentwickelten. So entstanden z. B. die ostgermanische, die nordgermanische und die westgermanische Sprachgemeinschaft. Zur westgermanischen gehörte neben der englischen und friesischen auch die „altdeutsche“ Sprache. Diese machte im Laufe der Jahrhunderte mancherlei Wandlungen durch.

Die hochdeutsche Lautverschiebung war die wichtigste Veränderung innerhalb der alten deutschen Sprache. Dadurch wandelten sich die Laute p, t, k zu pf, ss, ch und b, d, g zu p, t, k. Zum Beispiel wurde aus penny – Pfennig, aus water – Wasser, aus melk – Milch, aus deer – Tier. Die Lautverschiebung betraf hauptsächlich den süddeutschen Raum; der norddeutsche Mensch war für die Veränderung weniger zugänglich.

Hoch- und Niederdeutsch. Man spricht heute von der ***„Benrather Linie“,*** die unsere Sprache in zwei Gebiete teilt: das hochdeutsche im Süden und das niederdeutsche im Norden. Die Trennungslinie verläuft etwa von Düsseldorf (Benrath) über Kassel und Wittenberg nach Frankfurt (Oder).

Alt-, Mittel- und Neuhochdeutsch. Neben der räumlichen Abgrenzung in Hoch- und Niederdeutsch wird die deutsche Sprache noch nach ihrer zeitlichen Entwicklung unterteilt, und zwar in die Abschnitte Alt-, Mittel- und Neuhochdeutsch. Da das ***Hoch***deutsche später zur gebräuchlichen Sprache der Literatur wurde, spricht man allgemein von althochdeutsch, mittelhochdeutsch und neuhochdeutsch. Althochdeutsch schrieb man etwa bis 1100, mittelhochdeutsch von 1100 bis 1500 und neuhochdeutsch seit 1500.

Unsere vorchristliche Dichtung ist also ***althochdeutsche*** Sprache.

Die Schrift. Bis ungefähr 800 n. Chr. benutzten die Germanen Runen. Das waren Schriftzeichen, die man einzeln in Stäbe aus Buchenholz (daher „Buchstabe“) ritzte (engl. to write). Die Runen entstanden wahrscheinlich in Anlehnung an lateinische Buchstaben. Die Priester der Germanen warfen sie auf den Boden, um beim Auflesen (daher „lesen“) den Willen der Götter zu erkunden. Als Schrift im eigentlichen Sinne wurden sie kaum verwandt. Jedenfalls kennen wir keine längeren Texte in Runen, sondern nur einige kurze Inschriften.

Das altgermanische Runenalphabet wird nach seinen Anfangsbuchstaben „Futhark“ (englischer th-Laut) genannt. Einige Schriftzeichen sind:

ᚠ	ᚢ	ᚦ	ᚨ	ᚱ	ᚲ	ᚷ	ᚹ	ᚺ	ᚾ	ᛁ	ᛃ
F	U	TH	A	R	K	G	W	H	N	I	J

Die Reimform der vorchristlichen, altgermanischen Dichtung war der Stabreim (Alliteration). Das sind Reime, in denen zwei oder mehr Wörter denselben betonten Anfangsbuchstaben je Zeile haben. Es ist also ein Binnenreim. Als Beispiel seien zwei Zeilen aus dem „Hildebrandslied“ genannt:

> ***G****árutun se iro* ***g****ûdhamun / * ***g****úrtun sih iro suért ana*
> ***h****élidos ubar* ***h****ringâ dô sie tô dero* ***h****íltiu ritun*
>
> *Sie* ***sch****lossen ihr* ***Sch****irmhemd, /* ***Sch****wert gürteten sie,*
> *Die* ***R****eisigen, über die* ***R****inge, / da sie* ***r****itten zum Streite*

Noch heute erinnern manche Wortpaare an den Stabreim der germanischen Dichtung, z. B. „Himmel und Hölle“, „Mann und Maus“, „Haus und Hof“.

1.2 Die Dichtung

Themen. Die vorchristlichen Dichtungen beschrieben entweder die Kämpfe der Völkerwanderungszeit oder die Lebensgewohnheiten der Germanen. Wir kennen Preislieder, Götter- und Heldenlieder, Zauberformeln, Hochzeitsgesänge oder Arbeitsverse. Die Lieder wurden von Sängern vorgetragen, die ***Skope*** oder ***Skalden*** hießen. Diese Männer hatten einen bevorzugten Platz an der Seite des Königs und durften in seinem Gefolge reiten. Das Volk sang die Lieder bei der Arbeit oder zum geselligen Zeitvertreib an langen Winterabenden.

Die Dichtungen ranken um Gestalten, die auch später in den großen Sagen wiederkehren, um Theoderich den Großen (Dietrich von Bern), seinen Waffenmeister Hildebrand, Siegfried, Gunther, Gernot, Giselher, Kriemhild, Brunhild, Hagen, Volker oder um Etzel, den Hunnenkönig.

Aus der vorchristlichen Zeit sind uns nur vier Denkmäler germanischer Dichtung erhalten: die Bibelübersetzung des Bischofs Wulfila, die zwei „Merseburger Zaubersprüche“, das „Hildebrandslied“ und die „Edda“.

Die Bibelübersetzung des Gotenbischofs Wulfila („Wölflein“) aus dem vierten Jahrhundert n. Chr. ist das älteste Denkmal germanischer Sprache. Die Universität in Uppsala (Schweden) bewahrt diese „Silberne Handschrift“ (Codex argenteus) heute als einen ihrer kostbarsten Schätze. Wulfila ist der erste Schriftstellername, den unsere Literatur überhaupt verzeichnet.

Ein besonders schönes Stück ist das bekannte ***gotische Vaterunser:***

> *Atta unsar, þû in himinam, weihnai (spr. wichnaï) namo þein (þîn). quimai (kwimaï) þiudinassus þeins (þîns), wairþai (wärþaï) wilja þeins, swê in himina jah (jach) ana airþai (ärþaï) ...*
> *(Der Laut þ entspricht ungefähr dem englischen th.)*

Das Werk Wulfilas kann jedoch nur seinem zeitlichen Ursprung nach zur vorchristlichen Dichtung gerechnet werden; im Inhalt ist es ja bereits christlich. Zu den Goten kam das Christentum schon einige Jahrhunderte eher als zu uns.

Die „Merseburger Zaubersprüche" sind zwei alte heidnische Beschwörungsformeln, die im 10. Jahrhundert niedergeschrieben und in der Dombibliothek zu Merseburg gefunden wurden. Aus ihnen spricht ein Götterglaube, der von christlichen Vorstellungen noch ganz unberührt ist. Mit dem einen Spruch soll z. B. der verrenkte Fuß eines Pferdes geheilt werden (Übersetzung):

Da besprach ihn Wodan, wie ers wohl verstand,
So Beinverrenkung wie Blutverrenkung wie Gliederverrenkung:

„Bein zu Bein, Blut zu Blut,
Glied zu Gliedern, als ob sie geleimt wären."

Das „Hildebrandslied" ist das einzige erhaltene Heldenlied dieser an Heldengesängen so reichen Zeit. Auch ist es nur als Bruchstück aufgefunden worden.

Dietrichs von Bern Waffenmeister Hildebrand kehrt nach 30 Jahren aus dem Kriege zurück und trifft an der Grenze seiner Mark auf den Sohn Hadubrand. Freudig gibt er sich ihm zu erkennen, doch der hitzige Hadubrand vermutet in ihm einen schlauen Hunnen, der ihn überlisten will. Der Vater bietet ihm seine goldenen Armreifen zum Geschenk, um ihn zu beschwichtigen. Aber der Sohn ist argwöhnisch. Als er ihn einen schlauen, boshaften Hunnen nennt, bleibt dem Alten nach dem Gesetz der Ehre keine Wahl. Die Vaterliebe muss schweigen, der Kampf beginnt. Sie reiten aufeinander los, schleudern ihre Lanzen und zerschlagen sich die Schilde mit den Schwertern . . .

Da bricht das Lied ab. Wie eine spätere Quelle zu berichten weiß, erschlägt der Vater den Sohn.

Die „Edda" ist eine Sammlung germanischer Sprüche und Lieder. Die „ältere" wurde erst im 11., die „jüngere" im 13. Jahrhundert niedergeschrieben, und zwar in Island. Dort hielten sich die Heldenlieder durch mündliche Überlieferung noch lange, nachdem bei uns schon das Christentum seinen Einzug gehalten hatte. In Island reiften sie auch zu höchster Vollendung, wenn die Bauern sie etwa in den langen nordischen Nächten vortrugen.

So blieben durch die „Edda" zahlreiche bei uns verloren gegangene Lieder erhalten. Das Werk umfasst neben Sprüchen besonders Götter- und Heldenlieder, z. B. das Lied von Brunhild und Sigurd, das Lied von der Hunnenschlacht oder die abgewandelte Erzählung von Wieland dem Schmied.

Zwei der Eddasprüche lauten (übersetzt):

Nicht Großes braucht man
Zu geben dem andern
Durch Kleines erlangt man Lob;
Ein Bissen Brot
Und des Bechers Neige
Warb mir werten Freund.

Froh lebt,
Wer freigebig und kühn,
Selten quält Sorge ihn;
Furcht hegt immer
Der feige Mann,
Es wurmt die Gabe den Geizhals.

Das sind die einzigen schriftlichen Zeugnisse aus einer Zeit, die so viele Dichtungen hervorgebracht haben soll. Alles andere ist verloren gegangen. Dies liegt einmal daran, dass die Lieder meist nur mündlich weitergegeben wurden. Da sie heidnischen Inhalts waren, hat man sie nach dem Vordringen des Christentums wieder vergessen. Ein zweiter Grund ist folgender: Karl der Große hatte um 800 alles Erreichbare an heidnischer Dichtung aufschreiben lassen, um es für die Nachwelt zu erhalten. Aber sein Sohn Ludwig der Fromme hat leider im religiösen Übereifer die ganze großartige Sammlung vernichten lassen.

2 Die Dichtung der Geistlichen (800–1180)

Unterwerfung der Sachsen, Langobarden und Bayern durch Karl den Großen (768–814). Ausdehnung des Reiches über fast alle germanischen Stämme des Kontinents (Fränkisches Großreich). 843 im Vertrag von Verdun Reichsteilung: Ostfranken (Deutschland) für Ludwig den Deutschen. Unter den sächsischen Herrschern Ausdehnung nach Westen (Lothringen) und Osten (Böhmen). Straffer innerer Aufbau. Unter den Saliern (besonders Konrad II. und Heinrich III.) Böhmen, Polen und Ungarn deutsche Lehen, Anschluss Burgunds. Kaiserliche Macht über das Papsttum, Auseinandersetzungen zwischen Kirche und Reich. Unter den Staufern (Friedrich I. Barbarossa) Abhängigkeit des Papsttums, Ostkolonisation. Seit 1096 Kreuzzüge. Anregung des Handels durch die Kreuzzüge.

2.1 Das Vordringen des Christentums

Etwa vom Jahre 700 an erfuhren die Germanen eine gewaltige Umwandlung ihres Wesens: Das Christentum gewann entscheidenden Einfluss auf ihr Denken und Handeln. Es war besonders Bonifatius (672–754), der „Apostel der Deutschen", der die Lehre Christi zu unseren Vorfahren brachte. Nie wieder hat ein Ereignis unsere Weltanschauung so grundlegend geändert. Natürlich hatte das Christentum auch auf die Literatur starken Einfluss.

So bestimmten für die nächsten Jahrhunderte drei Elemente Wesen und Form unserer Dichtung: das Germanentum, das Christentum und die Antike (lateinische Sprache). Jeder dieser Einflüsse trug dazu bei, dass sich die neue Dichtung wesentlich von der altgermanischen unterscheidet.

Das Germanentum mit seiner heidnischen Weltanschauung stand in manchem im schroffen Gegensatz zum Christentum. Der germanische Mensch hatte an ein unerbittliches Schicksal geglaubt. Ehre und Treue waren seine höchsten Tugenden und die Rache für Untreue oder Unrecht eine seiner ersten Pflichten. Schicksalsglaube, Ehrgefühl, Treue und Rachepflicht hatten sich nun mit den christlichen Ideen auseinander zu setzen.

Das Christentum lehrte den Glauben an einen liebenden Gott; es verlangte Demut und Feindesliebe.

Die Antike, d. h. die Welt des griechischen und römischen Altertums, lernten unsere Vorfahren durch die Feldzüge nach Italien und die Beschäftigung der Geistlichen mit den alten Schriften kennen. Die antike Kultur gewann dadurch großen Einfluss auf die deutsche Dichtung. Sie war der einheimischen in vielem überlegen. Ihre Baukunst hatte die herrlichsten Kirchen, Paläste und Amphitheater geschaffen; Bildhauerei und Malerei waren zu höchster Vollendung gereift. Und griechische Philosophen und Mathematiker wurden dann später die großen abendländischen Vorbilder.

Die Klöster. Unter dem Einfluss des Christentums entstand in Deutschland eine beträchtliche Anzahl von Klöstern. So gab es im Jahre 900 schon etwa 300 Ordenshäuser. Die ***Klosterschulen*** wurden die führenden Bildungsstätten für Geistliche und Laien. Die Klosterhöfe waren Vorbilder für die Bauern und Handwerker.

Die lateinische Sprache bedeutete für die Geistlichkeit ein notwendiges Hilfsmittel zum Lesen und Übersetzen christlicher Texte. Bibel, Katechismus und Gebete waren ja lateinisch abgefasst.

Die ***Geistlichen*** als die Gebildeten wurden nun lange Zeit die Lehrer des deutschen Volkes. Damit waren sie auch weitgehend die Träger der Literatur. Es ist deshalb nur zu verständlich, dass die meiste Dichtung dieser Zeit in lateinischer Sprache geschrieben wurde. Etwa 150 Jahre (von 900 bis 1050) gab es praktisch überhaupt keine Dichtung in deutscher Sprache. Auch in der Zeit vorher (700–900) kennen wir nur wenige Werke von Bedeutung. Verdienste erwarb sich hingegen Karl der Große um die Sprache. Das Wort „diutisc" wird 786 erstmalig urkundlich erwähnt. Er benannte die Monate mit fränkischen Namen, sammelte die Zeugnisse der heidnischen Dichtung und plante sogar eine deutsche Grammatik. Auch war er ein wohlwollender Förderer der Dichtkunst.

Aufgabe: *Welche Ideale von Germanentum und Christentum ergänzen einander und welche schließen sich gegenseitig aus?*

2.2 Die Dichtung

Die Sprache der ***deutschen*** Dichtung war noch das Althochdeutsche. Zunächst herrschte der Stabreim vor, aber nach und nach wurde er vom Endreim des Südens verdrängt. Vier Denkmäler sind in der Dichtung auf uns gekommen: der „Heliand", das „Evangelienbuch", das „Wessobrunner Gebet" und die Dramen der Roswitha von Gandersheim.

Der „Heliand" ist eine Darstellung des Lebens Jesu. Das 6 000 Verse umfassende Werk wurde von einem Mönch in Sachsen (= Niedersachsen) etwa um 800 niedergeschrieben. Das Buch sollte die hartnäckig an ihrem heidnischen Glauben hängenden Stammesgenossen für das Christentum empfänglicher machen. Deshalb ist manches abweichend vom Original des Bibeltextes übersetzt worden. Das Neue Testament ist in germanisches Gewand gekleidet und auf die Vorstellungen der noch fast heidnischen Sachsen zugeschnitten. Christus ist z. B. ein mächtiger König, der von seiner Bethlehemsburg auszieht, die Jünger sind seine edlen Gefolgsleute. Die Hochzeit zu Kana wird als festliches Gelage ausgemalt, der Schwerthieb, den Petrus dem Malchus versetzt, zur dramatischen Handlung übertrieben:

Da brauste im Zorn auf
Der kühne Petrus, der kräftige Degen,
Wild wallt ihm sein Mut, kein Wort konnt er sprechen
Vor Harm im Herzen, dass den Herrn man ihm dort
Mit Banden wollte binden; erbost ging er hin,
Der kampfkühne Degen, vor den König zu treten,
Hart vor seinen Herrn, im Herzen nicht schwankend,
In der Brust nicht verzagt, und zog sein Schwert
Zum Streit von der Seite und stob entgegen
Dem vordersten Feind mit der Fäuste Kraft.
Dem Malchus ward durch des Messers Schneide
Die rechte Seite da rot gezeichnet,
Das Gehör verhauen. Am Haupt ward er wund,
Dass blutig vom Schwert ihm Backen und Ohr
Barst im Gebeine. Das Blut sprang nach
Und wallte aus der Wunde. (Übersetzung)

Das „Evangelienbuch" des Mönchs Otfried von Weißenburg ist nicht so volkstümlich geschrieben wie der Heliand; es wirkt belehrend. Auch hat es nur geringen dichterischen Wert; man kann es eher als Andachtsbuch bezeichnen. Die überzeugungskräftige epische Aussage des „Heliand" ist hier ersetzt durch persönliche Beteuerungen wie „das glaube mir" oder „ich sage dir". Von Bedeutung ist es deshalb, weil es das erste Denkmal der deutschen Dichtung ist, worin der ***Endreim*** verwandt wird.

Das „Wessobrunner Gebet" wurde im Kloster Wessobrunn bei Weilheim (Obb.) gefunden. Es lässt zuerst neun Zeilen lang im Stabreim das chaotische Bild aus dem Beginn der Schöpfungsgeschichte vor uns erstehen. Der zweite Teil ist dann die aus dem Lateinischen übersetzte Gebetsformel:

> *„Allmächtiger Gott, der du Himmel und Erde wirktest und den Menschen so viel Gutes gabst, gib mir in deiner Gnade rechten Glauben und guten Willen, Weisheit und Klugheit und Kraft Teufeln zu widerstehen und Schlimmes zurückzuweisen und deinen Willen zu wirken."*

Roswitha von Gandersheim (932–1002), die Benediktinerin aus dem Kloster Gandersheim im Harz, ist die erste deutsche Dichterin. Sie schrieb allerdings in lateinischer Sprache. Ihre sechs Dramen, die meist nur Zwiegespräche sind, könnte man eher als Heiligenlegenden bezeichnen, deren Helden im Kampf gegen Versuchung und Laster ihr Leben hingeben.

Wenn auch die Bevorzugung der lateinischen gegenüber der deutschen Sprache zunächst die Entfaltung einer eigenen großen Dichtung verhinderte, so erwuchsen doch später aus der Verschmelzung des Germanentums mit dem Christentum bedeutende Kräfte, die schließlich zu einer unerhörten Blüte in der deutschen Literatur führten, zur hohen Zeit der ritterlichen Dichtung. Es gibt nur eine Epoche in unserer Literatur, die sich mit dieser Zeit vergleichen ließe, und das ist die Klassik mit Goethe und Schiller.

3 Die erste Blüte: Die Ritterzeit (1180–1300)

Höhe der staufischen Macht. Zuspitzung des Kampfes mit dem Papsttum. Friedrich II. (1212–1250). Interregnum, kaiserlose Zeit (1254–1273).

Kreuzzüge. Entwicklung der Städte. Aufkommen der Geldwirtschaft.

3.1 Das Erstarken des Ritterstandes

Der Stand der Ritter setzte sich zusammen aus den Angehörigen des niederen Adels und den Ministerialen, d. h. ursprünglich Unfreien, die jedoch aufgrund ihrer Verdienste von ihren Herren für frei erklärt worden waren. Beide Gruppen verschmolzen zu einem einheitlichen Stand.

Dieser bewährte sich in den ***Kreuzzügen*** so sehr, dass er zum führenden Stand des Reiches heranwuchs. Die Erstarkung war ***politischer*** und ***kultureller*** Art. Einmal waren Kaiser und Fürsten bei ihren Kämpfen auf die Hilfe der schlagkräftigen Reitertruppen angewiesen; deshalb wurden sie ihnen unentbehrlich im Ringen um die politische Macht. Zum anderen lernten die Ritter auf den Kreuzzügen neue große Kulturen kennen und erweiterten dadurch ihre Bildung.

Die Welt des ***Orients*** und die verfeinerte Lebensart der ***französischen Ritter*** beeinflussten sie stark. Im Süden machten sie Bekanntschaft mit ungeahnter Pracht und Lebensfreude und mit der orientalischen Literatur, den Sagen und Märchen einer verzauberten Welt. Im Verkehr mit den französischen Rittern, die schon länger die höfische Kultur pflegten, erhielten sie jedoch die eigentlichen Anregungen für ihre Dichtkunst. Die meisten Epen der deutschen Ritter gehen auf französische Vorbilder zurück.

Fragt man sich also, wodurch die deutsche Ritterdichtung zu solch großer Blüte gelangen konnte, so erkennt man insgesamt vier Einflüsse. Im Rittertum verschmolzen Germanentum, Christentum, Antike und die neuen Eindrücke der Kreuzzüge (Orient, französische Ritter). Die Folge war eine Aufgeschlossenheit für die Schönheit irdischer Dinge, vermischt mit tief gläubiger christlicher Haltung und germanischer Eigenart. All diese Elemente sind in der Dichtung wieder zu finden. Sie waren die Ursache jener einzigartigen Blüte, deren höchste Zeit etwa 30 Jahre (1190–1220) andauerte.

Die Mittelpunkte des kulturellen Lebens waren die Höfe der Lehnsherren, besonders die der Welfen in Braunschweig, der Thüringer auf der Wartburg (Sängerkrieg), der Hohenstaufen in Schwaben, der Babenberger in Wien.

3.2 Die Ideale des Ritterstandes

Leben und Dichtung der Ritter wurden geformt von bestimmten Idealen. Aus ihnen erkennt man am besten ihre Haltung und Lebenseinstellung.

êre (Ehre) war ihr vornehmstes Ideal. Sie verlangte Einsatz der ganzen Kraft, ja des Lebens, für Gott, den Lehnsherrn und die Gattin des Herrn.

saelde heißt so viel wie Seligkeit. Sie war das letzte, überirdische Ziel, das der Ritter ersehnte. Diesem Ideal mussten sich alle anderen unterordnen.

minne bedeutete Frauenverehrung. Ihr Ursprung war die Marienverehrung des Frühmittelalters. Dann bedeutete sie ritterliche Verehrung der Frau, insbesondere der Gattin des Herrn. Die Ritter verehrten die Herrin oft, ohne sie zu kennen. Man betete eine Frau an, die in der Vorstellung Inbegriff alles Guten und Schönen war. Wie die Ritter in den Kreuzzügen ihr Leben eingesetzt hatten, so mussten sich nun im Minnedienst ihre Ideale bewähren.

mâze und **zuht** bedeuten Maß halten und Zucht. Diese Ideale waren für die Ritter besonders wichtig, da ihnen Kraft und Temperament oft über das rechte Maß hinausschossen.

staete (Stetigkeit) verlangte Beständigkeit zum Erreichen eines Ziels.

triuwe (Treue, Zuverlässigkeit) war eine typisch germanische Eigenschaft.

milte heißt Freigebigkeit, Gastfreundschaft. Auf diesen Charakterzug waren die „fahrenden Ritter" gegenseitig angewiesen, wenn sie von Burg zu Burg zogen und um Aufnahme baten.

hôher muot war eine innere Freude, eine seelische Hochstimmung, mit der alle Widerwärtigkeiten des Alltags überwunden werden konnten.

Oberster Lehnsherr der Ritter war Gott. Deshalb waren sie in ihrem Streben nach allen Idealen in erster Linie Christen. Wie wären die großen Leistungen des Rittertums zu verstehen, wenn nicht aus seinen religiösen Kräften.

3.3 Die Sprache

Die Sprache der Ritterdichtung ist das ***Mittelhochdeutsche,*** das sich seit etwa 1100 aus dem Althochdeutschen entwickelt hatte. Im Laufe dieser Veränderungen waren viele der volltönenden Selbstlaute (a, i, o, u) zu tonlosem e abgeschwächt worden. Aus taga wurde tage, hirte aus hirti, name aus namo oder erde aus erdu. Die Sprache war nun geschmeidiger. Da die Ritter weit durch die Lande zogen und überall verstanden werden mussten, bildete sich eine fast einheitliche „Höfische Gemeinsprache" heraus. Sie zerfiel nach dem Untergang der ritterlichen Kultur wieder in Dialekte. In der mittelhochdeutschen Dichtung setzte sich der Endreim ganz durch.

3.4 Die Dichtung

Die Dichtung der Ritterzeit umfasst Epik und Lyrik (siehe S. 12–17). Bei der epischen Dichtung unterscheidet man ***Volksepen,*** die häufig verändert – im Volke von Mund zu Mund gingen, und ***Kunstepen,*** die die eigentliche Standesdichtung der Ritter waren. Für die Epiker waren die Trouvères aus dem Norden Frankreichs Vorbild, für die Lyriker die Troubadours aus dem Süden.

3.4.1 Die Volksepen (Heldenepen)

Sie entstanden aus den germanischen Heldenliedern. Ihre Dichter sind unbekannt. Am bedeutendsten sind das Nibelungenlied und das Gudrunlied.

Das Nibelungenlied ist um 1200 in Österreich entstanden. Der Name des Dichters ist verschollen, auch ging das Original verloren. Es sind uns aber zehn vollständige Handschriften erhalten geblieben, die allerdings voneinander abweichen.

Der bekannte Anfang einer Handschrift lautet:

Uns ist in alten maeren / wunders vil geseit
Von heleden lobebaeren / von grôzer arebeit (Mühsal),
Von fröuden, hôchgezîten (Festen) / von weinen und von klagen,
Von küener recken strîten / muget ir nu wunder hoeren sagen.

Das Lied umfasst zwei Teile: das Leben Siegfrieds und den Untergang der Burgunder. Der erste Teil ist kaum auf geschichtliche Ereignisse und Personen zurückzuführen, der zweite verwebt jedoch deutlich erkennbar historische Tatsachen, z. B. die Vernichtung der Burgunder durch die Hunnen.

__1. Teil:__ Siegfried, der Königssohn aus Xanten, hat sich schon früh durch Körperkraft ausgezeichnet, hat die Nibelungenzwerge besiegt und ihnen den unermesslich reichen Nibelungenhort geraubt, nachdem er den Drachen, der den Schatz bewachte, getötet und sich in seinem Blute gebadet hatte. Dadurch ist er unverwundbar geworden, denn seinen Körper überzieht nun eine Hornschicht, die nur eine kleine Stelle zwischen den Schultern frei lässt, wohin ein Lindenblatt gefallen war. Auch hatte er eine Tarnkappe erbeutet, die ihn, wenn er sie trägt, unsichtbar macht und ihm die Kraft von zwölf Recken verleiht.

In Worms lebt die schöne Kriemhilde mit ihren Brüdern König Gunther, Gernot und Giselher. Siegfried macht sich mit seinem Gefolge auf die Königstochter zu freien. Er wird herzlich aufgenommen und hilft dem Burgunderkönig im Kampf gegen die Sachsen. Dann zieht er mit Gunther nach Isenstein, um ihm zu helfen die dort herrschende Brunhilde zu werben. Sie ist eine Frau von großer Schönheit, aber auch von gewaltiger Körperkraft. Wer sie erringen will, muss sie im Speerwerfen und Springen besiegen. Gunther allein wäre dazu nicht in der Lage und so steht ihm Siegfried, der sich als Dienstmann ausgibt, durch die Tarnkappe unsichtbar, bei. Die besiegte Königin geht mit nach Worms, wo eine glänzende Doppelhochzeit gefeiert wird. Siegfried aber erzählt seiner Gemahlin Kriemhilde von dem Betrug an Brunhilde und schenkt ihr Gürtel und Ring, die er im Kampf erbeutet hat.

Siegfried und Kriemhild kehren zum Niederrhein zurück, wo sie sehr glückliche Jahre verleben. Eines Tages werden sie von Gunther zu großer Festlichkeit nach Worms eingeladen. Dort geraten die beiden Königinnen vor dem Dom in Streit darüber, welchem Gatten die höchste Ehre gebühre. Brunhilde trumpft stolz auf, dass Siegfried selbst sich auf Isenberg Gunthers Dienstmann genannt habe, woraufhin die erzürnte Kriemhilde den Betrug mit der Tarnkappe verrät und zum Beweise Gürtel und Ring zeigt. Brunhild, im Innersten getroffen, fordert nun Rache. Der treue und grimmige Hagen, der tapfere Recke der Burgunden, verspricht ihr Siegfried zu töten. Der Plan wird geschickt eingefädelt und listig ausgeführt. Bei einer Jagd stößt Hagen Siegfried, der gerade an einer Quelle Wasser trinken will, den Speer in die verwundbare Stelle. Den Leichnam des Helden legt man vor Kriemhildes Tür. Den Nibelungenschatz jedoch versenkt Hagen in den Rhein.

__2. Teil:__ Dreizehn Jahre schon hat Kriemhilde den Schmerz getragen – Jahre, die sie in eine rachesüchtige Frau verwandelt haben. Da wirbt der Hunnenkönig Etzel um ihre Hand und sie willigt ein, um mit seiner Hilfe an Hagen Rache nehmen zu können. Nach weiteren dreizehn Jahren lädt Etzel die Burgunder zu einem Fest ein. Mit glänzendem Gefolge zieht Gunther die Donau hinab; auch Gernot, Giselher, Hagen, dessen Bruder Dankwart und der Spielmann Volker sind dabei. Schon am zweiten Tage des Aufenthaltes überfallen die Hunnen die Burgunder und in furchtbarem Gemetzel kommen alle burgundischen Helden bis auf Gunther und Hagen um. Kriemhilde lässt beide in den Kerker werfen. Von Hagen will sie den Ort erfahren, an dem der Nibelungenschatz verborgen ist; aber er ist durch einen Schwur zum Schweigen verpflichtet, solange noch einer seiner Herren lebt. Deshalb lässt Kriemhilde ihrem Bruder das Haupt abschlagen und trägt es zu Hagen. Doch dieser weigert sich nun umso hartnäckiger das Geheimnis zu verraten. Da erschlägt sie auch ihn mit Siegfrieds Schwert. Entsetzt über diese Unmenschlichkeit tötet Hildebrand die Rasende.

Das Nibelungenlied ist das größte deutsche Epos, unser „unsterblichstes Lied", wie Friedrich Hebbel es genannt hat. Gleichwohl ist es in seinem Inhalt durchweg heidnisch. Waffenehre, Mannestreue und Blutrache bestimmen die Handlung. Die Sorge um ihr Seelenheil spielt für diese Menschen keine Rolle; ihr ganzes Tun ist auf das Irdische gerichtet.

Aufgabe: *Untersuchen Sie den heidnischen Charakter des Nibelungenliedes an den Handlungen von Siegfried, Brunhild, Hagen und Kriemhild.*

Das Gudrunlied entstand um 1240 in Bayern, also später als das Nibelungenlied. Es ist nur in einer Handschrift erhalten. Die Bedeutung dieses Epos reicht nicht an die des großen Vorbildes heran.

Es beschreibt in drei Teilen zuerst das Leben Hagens, Gudruns Großvaters, dann das ihrer Eltern Hettel und Hilde und schließlich das Schicksal Gudruns selbst. Die Königstochter ist mit Herweg von Seeland verlobt. Sie wird mit ihrer Freundin Hildeburg durch Hartmut von der Normandie geraubt und muss, weil sie ihn nicht heiraten will, unter der Königinmutter Gerlinde Magddienste leisten. Schließlich wird sie aber von Herweg befreit.

Das Gudrunlied ist christlicher gestimmt als das Nibelungenlied. Die mörderische Rache ist einem versöhnlichen Ton gewichen. Am Ende stehen nicht die fürchterlichen Bluttaten, sondern Friede, Glück und Vermählung.

3.4.2 Die Kunstepen (höfische Epen)

Zwar sind die Kunstepen der Ritterzeit fast alle nach französischen Vorbildern entstanden, aber die deutschen Dichter vertieften und veredelten sie zu ihrem erhabenen Gehalt. Die Namen der Dichter sind erhalten geblieben.

Heinrich von Veldeke (Mitte des 12. bis Anfang des 13. Jahrhunderts)

Man kann Heinrich von Veldeke als den „Vater des deutschen Ritterepos" bezeichnen. Er wurde durch seine Werke zum Vorbild der anderen großen Dichter. Seine Epen (u. a. das Äneasepos „Eneit") sind von geringerer Bedeutung, doch war er es, der auf die französischen Vorbilder hinwies; er führte vollends den Endreim ein und verwandte auch keine Mundart mehr.

Hartmann von Aue (etwa 1165–1220)

Hartmann war ein schwäbischer Ritter. In seinen Epen stellt er gern das Ideal der mâze dar, so im ***„Erec"*** oder im ***„Iwein"***.

Beide Ritter waren Mitglieder der Tafelrunde von König Artus. Nach französischer Sage versammelte Artus an seinem Hofe die zwölf edelsten Ritter und die schönsten und reinsten Jungfrauen des Landes. Sie saßen an einem runden Tische, der Tafelrunde, und lauschten den Berichten von kühnen Taten. Immer wieder zogen die Ritter aus, um Abenteuer zu bestehen oder bedrängte Frauen zu beschützen. Die Tugenden êre und minne wurden von ihnen besonders hoch geschätzt.

***Erec** vergisst über der Liebe zu seiner Frau die Ritterpflicht, findet also nicht das rechte Maß (mâze) zwischen minne und Rittertum. Dadurch verliert er seine êre. Erst als die Gattin ihn lehrt, was mâze ist, macht er sich auf zu ritterlichen Abenteuern.*

***Iwein** will nicht in denselben Fehler verfallen wie Erec. Deshalb zieht er bald nach der Hochzeit auf Abenteuer aus, vergisst aber, dass er rechtzeitige Rückkehr gelobt hat. Er wird darum von seiner Frau verstoßen. Darüber verzweifelt er fast, erlangt aber schließlich die Gunst seiner Gattin zurück.*

„Der arme Heinrich" ist Hartmanns Hauptwerk.

Der reiche und glückliche Heinrich von Aue, wohl ein Vorfahr des Dichters, wird eines Tages vom Aussatz befallen und deshalb von jedermann gemieden. Er hadert mit Gott und gerät in trostlose Verzweiflung Es gibt nur ein Mittel, das ihn heilen kann: das Herzblut eines reinen Mädchens. Er zieht sich auf einen einsamen Meierhof zurück, wo er jahrelang von einem jungen Mädchen gepflegt wird. Als sie hört, wie ihm geholfen werden kann, will sie ihr Leben für ihn opfern. Sie geht mit dem armen Heinrich nach Salerno, wo ein berühmter Arzt ihr das Herz herausschneiden soll. Als das Messer schon angesetzt ist, gelangt der Kranke plötzlich zu der Einsicht, dass er für seine Gesundheit kein Menschenleben opfern darf. Er will sein Leiden lieber in Geduld tragen. Dieser seelischen Gesundung folgt durch Gottes Gnade bald die körperliche. Aus Dankbarkeit heiratet er das selbstlose Mädchen.

Gottfried von Straßburg (gestorben nach 1210)

Gottfrieds Leben ist unbekannt. Auch ist von ihm nur ein Werk auf uns gekommen, das dazu noch ein Fragment (Bruchstück) ist: ***„Tristan und Isolde"***.

Tristan wird von seinem Oheim, dem König Marke, als Brautwerber zu Isolde nach Irland geschickt. Isoldes Mutter mischt vor der Rückfahrt einen Zaubertrank, der Marke und Isolde in inniger Liebe binden soll. Durch ein Versehen trinken jedoch Tristan und Isolde auf der Heimreise davon und werden einander unlösbar verbunden. Trotzdem vermählt sich Isolde mit Marke. Die jungen Liebenden aber vergessen êre, mâze und zuht und brechen die Gebote von Religion und Sittlichkeit. Sie betrügen Marke in ehebrecherischer Weise. Daraufhin werden sie vom Hofe vertrieben und leben eine Zeit lang zusammen im Walde, bis Isolde zu Marke zurückkehrt und sich mit ihm aussöhnt. Tristan zieht um der Geliebten willen zur Normandie, wo er in fremde Dienste tritt, und heiratet dort Isolde Weißhand. – Hier bricht die Dichtung ab. Nachfolger Gottfrieds haben versucht das Epos weiter auszuspinnen: Beide sterben vor Liebeskummer und noch auf den Gräbern verschlingen sich Rosenstock und Rebe ineinander.

Wolfram von Eschenbach (gestorben etwa 1220)

Wolfram ist der bedeutendste höfische Epiker. Er stammt aus Eschenbach bei Ansbach und führte ein unstetes Wanderleben. Häufig weilte er am Hofe der Landgrafen von Thüringen. Dort traf er auch mit Walther von der Vogelweide zusammen (Seite 16). Nach dem Tode des gastfreundlichen Landgrafen kehrte er im Jahre 1217 in seine Heimat zurück, wo er in ärmlichen Verhältnissen mit Frau und Kind lebte. In der Frauenkirche zu Eschenbach wurde er bestattet.

Sein Hauptwerk ist der ***„Parzival“***. Er enthält Teile der alten Gralssage.

Der Gral ist eine Schale, in der Jos. v. Arimathia Christi Blut aufgefangen hatte. Er wird, für gewöhnliche Menschen unerreichbar, in der prächtigen Gralsburg auf dem Berge Monsalvatsch (= wilder Berg) aufbewahrt und von den Gralsrittern bewacht. Erweist Gott einem Ritter die Gnade die Gralsburg betreten zu dürfen, so kann er der Hüter des Grals werden, d. h., er gelangt zu einem seligen Leben ohne Schmerz und Tod, versehen mit den reichsten Gütern. Diese vollkommenste Gabe, die einem Menschen zuteil werden kann, ist aber an eine Bedingung geknüpft: Der Ritter muss eine Frage stellen, mit der er beweist, dass er des Grals würdig ist. – Der Gralsritter steht auf einer noch höheren Stufe als der Artusritter. Dieser ist der weltliche Ritter, der danach strebt, seinen ritterlichen Idealen gemäß zu leben, während der Gralsritter geistlicher Ritter geworden ist, der das höchste Ideal, die saelde, erreicht hat.

Wolfram von Eschenbach

(Miniatur aus der manessischen Handschrift)

Der Parzival Wolframs ist ein solcher Ritter, den Gott dazu auserkoren hat Gralsritter zu werden. Das Werk ist ein Entwicklungsepos, da es die innere Entwicklung Parzivals zeigt, ein Vorläufer des Entwicklungsromans (siehe S. 34).

Parzival wächst einsam im Walde bei seiner Mutter Herzeloyde auf, nachdem sein Vater Gahmuret schon vor der Geburt des Knaben im Kampfe gefallen ist. Die Mutter will ihn vor einem solchen Schicksal bewahren und zieht ihn deshalb weltfremd in ***tumbheit*** *auf. Er erfährt nichts von der Welt, nichts von Rittern und von Gott hat er kaum eine Vorstellung. Eines Tages aber trifft er im Walde Ritter in glänzender Rüstung. Durch sie hört er vom Hofe des Königs Artus und nun kann ihn seine Mutter nicht mehr zurückhalten. Sie zieht ihm jedoch Narrenkleider an, in der Hoffnung, dass man ihn verspotte und er bald zurückkehren werde. Aber er reitet zum Hofe des Königs, ohne sich um den Spott der Leute zu kümmern. Dort trifft er auf den „Roten Ritter“ Ither, den er im Zweikampf tötet. Er nimmt ihm Rüstung und Schwert und erscheint so vor Artus, der ihn zum Ritter schlägt und in die Tafelrunde aufnimmt. Parzival zieht weiter und richtet in seiner* ***tumbheit*** *viel Unheil an, bis er zur Burg des Ritters Gurnemanz kommt. Hier wird er von dem alten, erfahrenen Mann in ritterlichen Sitten und Idealen unterwiesen. Dabei erfährt er auch, dass ein Ritter im Leben nicht zu viel fragen soll.*

Unrast und Sehnsucht nach seiner Mutter, die aber inzwischen an Herzeleid gestorben ist, treiben ihn weiter. Er befreit die schöne Königin Kondwiramur, mit der er sich vermählt. Auf der Suche nach seiner Mutter gelangt er an die Gralsburg, wo der Gralskönig Amfortas verwundet darnieder liegt. Parzival sieht die märchenhafte Pracht, den strahlenden Gral und den stöhnenden König – fragt aber nicht nach seinem Schmerz. Nach dem Mahle wird er zu seinem Lager geleitet, doch als er am Morgen erwacht, liegt das Schloss wie verlassen. Sein Pferd steht gesattelt vor dem Tore. Wie er zum Artushof kommt, erscheint die Gralsbotin Kundrie und verflucht ihn. Auch aus der Tafelrunde wird er verstoßen. Fünf Jahre irrt er auf langen Fahrten durchs Land, von ***zwivel*** *aufgewühlt. Er ist sich keiner Schuld bewusst und zweifelt an Gott, der doch solche Ungerechtigkeit nicht zulassen durfte:*

Der Waleis sprach: „Weh, was ist Gott?
Er hätte wahrlich solchen Spott
Abgewehrt von unserm Haupt,
Wär er so mächtig, wie man glaubt.

Ich war im Dienst ihm untertan,
Auf Gnade hoffend, ach, im Wahn!
Nun gilts den Dienst ihm aufzusagen
Und hat er Hass, den will ich tragen.“

An einem Karfreitag kommt er zu dem frommen Einsiedler Trevrizent, der sich seiner annimmt und ihm das wahre Wesen Gottes vor Augen führt. Er erkennt, dass er in der Gralsburg falsch gehandelt hat. Er bereut sein Tun, sein Hochmut schwindet, er beugt sich in Demut. Damit sind die Jahre des Zweifelns überwunden.

Nach weiteren Kämpfen mit den tapfersten Rittern wird er wieder in die Tafelrunde aufgenommen. Durch die Gnade Gottes gelangt er zum zweiten Mal in die Gralsburg. Aus aufrichtigem Mitleid stellt er nun die Frage nach dem Leiden, heilt so den kranken Amfortas und wird Gralskönig. Er findet auch seine geliebte Gemahlin Kondwiramur mit seinen beiden Söhnen Kardeis und Lohengrin.

Erschließende Fragen:

1. *Welches sind die drei Entwicklungsstufen Parzivals?*
2. *Was bedeutet es für einen Ritter, Gralskönig zu werden?*
3. *Worin besteht Parzivals Schuld?*
4. *Ist es nur sein Verdienst, wenn er dann noch Gralskönig wird?*
5. *Welche Ritterideale führt uns das Epos vor Augen?*
6. *Vergleichen Sie Parzival mit dem Tarzan, Asterix usw. der heutigen Abenteuerheftchen. Sind auch hier Ideale zu erkennen?*

3.4.3 Die Minnesänger

Auch in der Lyrik gelang den Rittern dieser großen Zeit vollendete Dichtung. Folgendes Lied stammt von einem Unbekannten:

Du bist mîn, ih bin dîn:
des solt du gewis sîn.
du bist beslozzen
in mînem herzen;
verlorn ist daz slüzzelîn:
du muost immer drinne sîn.

Solch schlichte Töne konnte erst 600 Jahre später Goethe wieder finden.

Die Minnesänger waren meist fahrende Ritter, die sich als Gäste an den Höfen aufhielten und die ihre Herren auf langen Fahrten begleiteten. Besonders verdienen genannt zu werden: der Ritter von Kürenberg, Heinrich von Morungen, Reinmar der Alte von Hegenau und vor allem:

Walther von der Vogelweide (etwa 1165–1230).

Seine Herkunft ist ungewiss; wir wissen jedoch, dass er lange umherirrte und später von Friedrich II. sein lang ersehntes Lehen bei Würzburg erhielt. Hier soll er auch im Kreuzgang zwischen Dom und Neumünster begraben sein. Die Sage erzählt uns, dass nach seinem letzten Willen den Vögeln täglich Brot mit Wasser auf den Grabstein gestellt werden soll.

Walther war der größte Minnesänger. Er huldigte der „Herrin" ebenso wie dem schönen Mädchen aus dem Volk. Seine Liebeslieder sind inniger, anmutiger und echter als die seiner Zeitgenossen. Von gleicher Schlichtheit und tiefer Empfindung ist auch seine Naturlyrik.

Walther von der Vogelweide
(Miniatur aus der manessischen Handschrift)

Später klingen in seiner Spruchdichtung andere Töne an, vaterländische und lehrhafte Verse sowie fromme Weisen. Mit Wehmut erkennt er den Verfall des Reiches, da sich Ehre, irdischer Besitz und Gottes Huld nicht mehr in einem Herzen vereinen lassen. In vielen Sprüchen greift er ins politische Leben ein. In allen zeigt er sich als unerschrockener Ritter.

Etwa 200 Gedichte sind erhalten. Dies ist eines seiner bekanntesten (Übersetzung):

Ich saß auf einem Steine,
da deckt ich Bein mit Beine:
darauf der Ellenbogen stand:
es schmiegte sich in meine Hand
das Kinn und eine Wange.
da dacht ich sorglich lange
dem Weltlauf nach und ird'schem Heil:
doch wurde mir kein Rat zuteil,
wie man drei Ding erwürbe,
dass keins davon verdürbe.
die zwei sind Ehr und zeitlich Gut,
das oft einander Schaden tut:
das dritte Gottes Segen,
an dem ist mir gelegen.
die hätt ich gern in einem Schrein.
ja leider mag es nimmer sein,
dass Gottes Gnade kehre
mit Reichtum und mit Ehre
je wieder in dasselbe Herz.
sie finden Hemmung allerwärts:
untreu hält Hof und Leute,
Gewalt fährt aus auf Beute,
so Fried als Recht sind todeswund.
die dreie haben kein Geleite,
die zwei denn werden erst gesund.

3.5 Romanische und gotische Baukunst

Als sichtbarste Zeichen der ritterlichen Kulturepoche stehen in allen deutschen Landen die Kirchen und Dome dieser Zeit. Man baute romanisch bis zur Höhe der Ritterzeit, gotisch etwa von 1230 bis 1500.

Die romanische Kunst brachte vornehmlich Kirchen hervor, die gotische auch weltliche Bauten (Profanbauten). Die typischen Unterscheidungsmerkmale im Kirchenbau zeigt die folgende Gegenüberstellung:

romanisch	**gotisch**
(etwa 800–1230)	*(etwa 1230–1500)*
Rundbogen an Portalen und Fenstern	*Spitzbogen an Portalen und Fenstern*
dickes, schweres Mauerwerk	*aufgelockertes Mauerwerk*
festungsartig, wuchtig	*himmelstrebend, locker*
große glatte Flächen	*unterteilte Flächen*
einfache Statuen (selten)	*kunstvoll vollendete Statuen*
„deutsch"	*„französisch"*
	außerdem:
	Fensterrosen über Portalen
	Strebepfeiler, die den Gewölbedruck auffangen, da die Mauern zu dünn sind.

Die Stile sind in ihrem tiefsten Wesen als Ausdruck ihrer Zeit zu verstehen. Der romanische Dom ist Stätte inneren Versenkens und ***abgeschlossenen*** Betens; die gotische Kathedrale ***feiert*** Gott, sie dient der Verherrlichung.

Der Wormser Dom (romanisch)

Einige der schönsten deutschen Baudenkmäler und Statuen dieser Zeit sind:

romanisch: die Klosterkirche in Maria Laach, die Stiftskirche in Quedlinburg, die Dome in Speyer, Worms und Limburg; der Braunschweiger Löwe.

gotisch: die Dome in Magdeburg, Köln und Naumburg, die Münster in Straßburg, Ulm und Freiburg i. Br. sowie die Marienkirchen in Lübeck und Rostock; die Rathäuser in Münster, Stralsund und Lübeck, die Marienburg; der Bamberger Reiter, „Ecclesia" (Kirche) und „Synagoge" am Portal des Straßburger Münsters, der Engel am Gerichtspfeiler des Straßburger Münsters, Ekkehard und Uta im Naumburger Dom (zwei der sog. „Stifterfiguren").

Der Kölner Dom (gotisch)

Der Bamberger Reiter

3.6 Niedergang der ritterlichen Dichtung

3.6.1 Die Wirtschaftslage

Übergang zur Geldwirtschaft. Das deutsche Wirtschaftsleben wurde durch die Kreuzzüge wesentlich bereichert. Der Handel der Germanen hatte in einem Tausch Ware gegen Ware bestanden (Naturalhandel). Dieser wandelte sich aber zur Zeit der Kreuzzüge nach und nach zur Geldwirtschaft.

Anwachsen der Städte. Im Orient lernten die Kreuzfahrer viele neue Waren kennen wie Gewürze und kostbare Tuche. Wenn man diese Dinge kaufen wollte, musste man sie mit Geld bezahlen. Eine weitere Ursache dafür, dass die Wirtschaft nicht mehr auf Geld verzichten konnte, war das Anwachsen der Städte. Wollte man die handwerklichen Produkte der städtischen Bürger in großem Umfang gegen die Waren der Landwirtschaft tauschen, so benötigte man dafür als allgemeines Tauschmittel das Geld.

Die Ritter aber hatten wenig Geld, da sie häufig von den geringen Abgaben der Bauern lebten. Als nun noch eine allgemeine Geldentwertung einsetzte, verarmte der Ritterstand. Ein schwacher Kaiser und einander befehdende Fürsten hatten aber kein Interesse, die Dichter zu unterstützen.

Die Söldnerheere waren eine andere Folge der Geldwirtschaft. Kaiser und Fürsten konnten sich gegen Geld Soldaten kaufen. Die Söldnertruppen waren schon zahlenmäßig der Kampfkraft der Ritter überlegen, sodass bald auf deren Hilfe verzichtet werden konnte. Ihre einstmals so große Stärke im Kampf gegen die Heiden war nun zur Bedeutungslosigkeit herabgesunken.

Politischer Verfall, Geldwirtschaft, aufblühende Städte und Söldnerheere gruben das Grab des Standes, der das kulturelle Leben in Deutschland zu nie gekannter Blüte geführt hatte. Viele Ritter wurden in der zweiten Hälfte des 13. Jahrhunderts zu Raubrittern, aber ein derart verwilderter Stand war nicht mehr in der Lage, die Dichtung zu pflegen.

Die ritterliche Kultur versank – während sich schon ein anderer Stand vorbereitete ihr Erbe zu übernehmen: die städtischen Bürger.

3.6.2 Die Dichtung

Zwei Werke stehen an der Scheide zwischen ritterlicher und bürgerlicher Dichtung: der „Meier Helmbrecht", eine Erzählung von Wernher dem Gartenaere (Gärtner), und der „Gute Gerhard", eine Kaufmannserzählung von Rudolf von Ems.

„Meier Helmbrecht" ist die Geschichte eines Bauernsohnes, der zur Arbeit zu bequem ist und sich bei den Raubrittern ein gutes Leben machen will.

Er verlässt gegen den Willen seines Vaters das Elternhaus, wird der Geselle eines windigen Kumpanen und führt als ,,Bauernschreck" ein üppiges, lasterhaftes Leben. Als er einmal den väterlichen Hof besucht, wirft er prahlerisch mit fremdländischen Wörtern um sich und rühmt sich seiner verbrecherischen Taten. Er überredet seine Schwester, mit ihm zu ziehen. Sie wird die Frau eines Raubritters. Eine wilde Gesellschaft feiert Hochzeit, aber mitten in das Gelage sprengt die Schar der Schergen: Alle werden gehängt, Helmbrecht jedoch stechen sie die Augen aus und hacken ihm die rechte Hand und den linken Fuß ab. Der Vater nimmt ihn nicht wieder auf, sodass die Bauern ihn eines Tages fangen und hängen.

„Der gute Gerhard". Diese wohl erste Kaufmannserzählung der deutschen Literatur ist das andere Werk des Übergangs.

Um gefangene Jungfrauen und Ritter zu befreien, hat Gerhard, der reiche Kaufmann aus Köln, ein ganzes Schiff mit wertvollen Waren hergegeben. Als man ihm dafür einen Lohn zukommen lässt, schlägt er ihn aus. Das Gute muss selbstlos getan werden und Gerhard hat bei allen guten Taten ein demütiges Herz bewahrt.

Als Übergangswerke wenden sich beide Erzählungen von den Idealen des Ritterstandes ab: Das erste, indem es die Auswüchse des Raubritterwesens beschreibt, das zweite, weil Ritter der materiellen Hilfe eines Kaufmanns bedürfen und weil der Stoff der Erzählung schon in die Stadt verlegt ist.

4 Die Dichtung der Bürger (1300–1500)

Erstarken der Landesfürsten; zunehmender Einfluss der Kurfürsten (Recht der Königswahl). Auflösung des Reiches in etwa 400 unabhängige Gebiete. Rechtsunsicherheit, Fehdeunwesen. Verlust von Holland, Flandern, Schweiz, Luxemburg, Burgund und Schleswig-Holstein. Seit 1438 Haus Habsburg. Bauernaufstand.

Blüte von Handwerk und Handel: Zünfte und Gilden. Erstarken der Städte.

4.1 Das Erstarken des Bürgertums

Um 1300 war die Zeit der höfischen Kultur endgültig vorüber und die Bürger übernahmen die wirtschaftliche und geistige Führung. Die zwei Jahrhunderte zwischen 1300 und 1500 wurden eine Zeit tief greifender Veränderungen. Ihre Bedeutung ist zu vergleichen mit jener Zeit, als das Christentum Besitz vom germanischen Menschen nahm.

Die Veränderung war einmal eine äußerliche; sie zeigte sich im Erstarken der Städte. Zum anderen war sie eine geistige, die den Menschen innerlich wandelte und dazu führte, dass am Ende dieser 200 Jahre die Zeit des Mittelalters vorüber war.

Das Erstarken der Städte

Die Städte wuchsen an Größe und Bedeutung. Ihre Bürger, das waren die Handwerker und die Kaufleute, schufen innerhalb starker Stadtmauern prächtige gotische Dome und Rathäuser, erwarben großen Reichtum und errangen sogar ihre Unabhängigkeit („Freie Reichsstädte"). Die Handwerker und Kaufleute schlossen sich in Gilden zusammen, z. B. Handwerkergilde (Zunft), Kaufmannsgilde (Hanse). Die Hanse war der sichtbarste Ausdruck städtischer Stärke. All das zeugt auch von einem bedeutsamen Wandel im gesamten Wirtschaftsleben.

Der geistige Wandel

Im Jahre 1348 wurde in Prag die erste deutsche Universität gegründet. Es begann nun die Zeit, in der von breiteren Bürgerkreisen die Wissenschaften gepflegt wurden. Das bedeutete, dass der Verstand des Menschen mehr und mehr angesprochen wurde. Hatte bisher der Glaube, die demütige Unterwerfung unter den Willen der Kirche, das Handeln des christlichen Menschen bestimmt, so regte sich nun das Denken, die ***Kritik;*** zunächst noch verhalten, dann immer vernehmlicher.

Die ritterlichen Ideale waren versunken. Der Mensch wurde mehr und mehr diesseitsgewandt. Das Ende des Mittelalters war nicht mehr fern.

Aufgabe: *Was wissen Sie über die Gilden, die Zünfte und die Hanse?*

4.2 Die Dichtung

Das erstarkte Bürgertum versuchte das große Erbe der ritterlichen Dichtung fortzuführen. Das gelang ihm aber nicht. Handwerker nahmen sich des Dichtens an und übten es handwerksmäßig aus. Sie waren ehrbare und fleißige Männer, aber doch zu arm an Ausdrucksfähigkeit. Immerhin hatten die Bürger ein Verdienst um die deutsche Dichtung: Sie sorgten dafür, dass sie nicht ganz zum Erliegen kam. So entwickelten sich aus der Epik und Lyrik der Ritterzeit der Meistergesang, das Volksbuch und das Volkslied.

Die einheitliche mittelhochdeutsche „Höfische Gemeinsprache" aber zerfiel und löste sich wieder in Dialekte auf.

4.2.1 Der Meistergesang

Die Schulen. Für die Handwerker war das Dichten eine Fertigkeit, die man erlernen konnte. In vielen Städten schloss man sich zu „Schulen" zusammen und übte sich nach des Tages Arbeit oder an Sonntagen in der „holdseligen Kunst". Die erste Schule wurde in Mainz gegründet; andere entstanden in Nürnberg, Augsburg, Ulm, Straßburg, Colmar, Worms, Breslau und Danzig. Die Ulmer Schule bestand noch bis 1839.

Nürnberger Meistersinger beim Wettsingen
(Tuschezeichnung aus dem 16. Jahrhundert)

Die Tabulatur. Die Meistersinger gaben sich feste Regeln, die sie in einer Tabulatur zusammenfassten. Sie enthielt Vorschriften über die Zahl der Silben, die Art des Reimes und der passenden Melodie sowie die Unterteilung der Strophen. Das Gedicht nannte man „Bar", die Melodie „Weise" und diese trug oft eigentümliche Namen, wie etwa „Abendrotweise", „Traurige Semmelweise" oder „Kurze Affenweise".

Wer noch nicht die Regeln der Tabulatur kannte, war „ Schüler"; wer sie beherrschte, wurde „Schulfreund" (Geselle); der „Singer" konnte schon fremde Weisen vortragen, der „Dichter" nach einer fremden Melodie ein eigenes Gedicht anfertigen. Wer aber „Meister" sein wollte, musste zu einem eigenen Gedicht eine eigene Melodie erfinden.

Wettsingen. An Feiertagen kam man in der Kirche oder im Rathaus zum Wettsingen vor den Bürgern der Stadt zusammen. Die ehrbaren Streiter standen dabei im „Singstuhl", einer Art Kanzel, während hinterm Vorhang vier „Merker" sorgfältig alle Verstöße gegen die Regeln zählten. Der Sieger hieß „Davidsgewinner", denn er erhielt eine goldene Kette mit einer Plakette, die den Harfe spielenden David zeigte. Der Zweite bekam einen Kranz.

Hans Sachs (1494–1576)

Der bedeutendste Vertreter des Meistergesanges war Hans Sachs. Sein Werk gehört in manchem noch zur bürgerlichen Dichtung, obwohl er erst im 16. Jahrhundert lebte. Als Sohn eines Schneiders in Nürnberg geboren, erlernte er das Schuhmacherhandwerk, ging fünf Jahre lang auf Wanderschaft und führte dann in seiner Heimatstadt ein äußerlich ereignisloses, aber ungemein produktives Leben: Im Alter stellte er fest, dass er mehr als 6000 Werke geschaffen hatte, darunter etwa 4000 Meisterlieder, 1700 Erzählungen, Schwänke und 200 Spiele.

Hans Sachs

Das meiste davon ist vergessen. Manches aber wird wegen seiner urwüchsigen, derben und gesunden Art noch heute gelesen oder gespielt. Von Hans Sachs stammt auch das berühmte Preislied auf Luther („Die Wittenbergische Nachtigall"):

„Wacht auf, es nahet gen den tag!
Ich hör singen im grünen hag
Ein wunnikliche nachtigall;
Ir stim durchklinget berg und tal …

Seine Fastnachtsspiele und Schwänke werden gern von Laienspielbühnen aufgeführt, z. B. „Der fahrende Schüler im Paradies" – „St. Peter mit der Geiß" – „Das Kälberbrüten" oder „Das Narrenschneiden".

*„**Der fahrende Schüler**" ist ein Hohn auf die Dummheit von zwei Bauersleuten. Zu einer Bäuerin, die ihren Mann verloren hat, kommt ein Student, der ihr erzählt, er sei soeben in Paris gewesen. Die Frau versteht „Paradies" und der junge Nichtsnutz erkennt die Gelegenheit: Er schildert den jammervollen Zustand, in dem er den verstorbenen Ehemann dort oben angetroffen hat:*

O liebe Fraw, ich kenn jn wol,
Er geht dort umb ohn hossn und schuch,
Und hat ahn weder hem noch bruch (kurze Hose),
Sonder wie man jn legt ins grab;
Er tut das leilach (Leichentuch) umb sich hüllen.
Wenn anner brassen un sich füllen,
So hat er gar kein pfennig nich.

Die gute Frau packt daraufhin ein Bündel Kleidung und gibt noch zwölf Gulden dazu. Der Schüler verspricht alles ordnungsgemäß im Paradies abzuliefern. Dann macht er sich aus dem Staube. Der zweite Ehemann der Bäuerin erfährt von dem Schwindel.

Er reitet dem Schüler nach, erreicht ihn auch, aber erkennt ihn nicht. Einfältig erkundigt er sich, ob er nicht einen jungen Mann mit einem Bündel gesehen habe. „Ja, erst ich ein gesehn hab, der laufft übers moß gehn waldt", ist die schlagfertige Antwort. Der Bauer bittet ihn das Pferd zu halten, damit er den Dieb besser fangen könne. Als er zurückkommt, sind Ross und Reiter über alle Berge.

Aufgabe: *Warum konnte bei den Meistersingern keine echte Dichtung entstehen?*

4.2.2 Die Volksbücher

Kannte man Epen bisher nur in Versform, so ging man im ausgehenden Mittelalter auch daran, Dichtung in ungebundener Rede zu erzählen. Auf diese Weise entstanden die Volksbücher, z. B. „Till Eulenspiegel", „Die Schildbürger", „Genoveva", „Die schöne Magelone" und im 16. Jahrhundert die „Historia von Doktor Faustus". Volksbücher hießen sie deshalb, weil sie im Volke weite Verbreitung fanden.

4.2.3 Das Volkslied

Das Schönste, was an Dichtung des ausgehenden Mittelalters auf uns gekommen ist, sind die Volkslieder. Es versetzt uns in Erstaunen, dass solche reinen Töne möglich waren zu einer Zeit, als wenig Sinn für wahre Schönheit der Sprache herrschte.

Den Namen „Volkslied" prägte erst später Johann Gottfried Herder. Er besagt nicht etwa, dass die Lieder „vom Volk" gedichtet, sondern dass sie Allgemeingut des Volkes wurden. Die Namen der Verfasser sind freilich meist vergessen; sie waren Bürger, Geistliche, Landsknechte oder Bauern. Das Lied wurde vorgesungen oder niedergeschrieben, von anderen aufgenommen und ging so von Mund zu Mund, wobei es häufig geändert oder erweitert wurde, bis es die endgültige Form fand.

Man kann im ausgehenden Mittelalter an Volksliedhaftem lyrische ***Lieder*** und ***Balladen*** unterscheiden.

Lyrische Lieder aus dieser Zeit sind etwa „Innsbruck, ich muss dich lassen" – „Guten Abend, gute Nacht" – „Jetzt gang i ans Brünnele" – „Es ist ein Ros entsprungen" – „Es ist ein Schnitter, heißt der Tod" oder „Es blies ein Jäger wohl in sein Horn".

Die Balladen entstanden nach höfischen Vorbildern und erzählen in gedrängter Form Stoffe aus Sagen. Bekannt ist noch heute die Ballade „Zwei Königskinder" (aus dem niederdeutschen Sprachgebiet):

> *Es wassen twe künnegeskinner,*
> *De hadden enanner so lef,*
> *De konnen to nanner nicht kummen,*
> *Dat water was vil to bred ...*

Auch die Mystiker sind unter den Dichtern dieser Zeit zu nennen. Sie suchten Gott nicht mit dem Verstand zu ergründen, sondern wollten ihm durch Versenkung in sich selbst unmittelbar begegnen. Der bekannteste deutsche Mystiker ist der Dominikaner ***Meister Eckehart*** (gest. 1327). Seine Predigten und Reden zeigen eine für jene Zeit meisterhafte Beherrschung der deutschen Sprache.

5 Dichtung zu Beginn der Neuzeit (16. Jahrhundert)

Unter Karl V. Deutschland Teil des spanisch-habsburgischen Weltreiches. Reformation. Bauernaufstände. 1555 Augsburger Religionsfriede. Erstarken der Fürsten.

Zeit der großen Entdeckungen und Erfindungen. Mächtige Entwicklung des Städtewesens in Handwerk und Handel. Goldfunde in Amerika. Neue Waren von Übersee: Mais, Gewürze, Hölzer, Tabak. Niedergang der Hanse. – Fugger und Welser.

5.1 Mittelalter und Neuzeit

Die Wende vom 15. zum 16. Jahrhundert kann als Ende des Mittelalters und Anfang der Neuzeit bezeichnet werden. Damit begann ein neuer Abschnitt unserer Geschichte. Worin unterschied sich nun die anbrechende neue Zeit vom Mittelalter?

Das Mittelalter war die Zeit der ***Kirche.*** Sie beherrschte das Leben des Einzelnen und der staatlichen Gemeinschaft. Die Geschicke der Bürger verliefen in Bahnen, die die Kirche vorschrieb, und Staat und Kirche waren von einem einheitlichen Willen getragen. So waren Kirche, Staat und Einzelwesen einer gemeinsamen Idee unterstellt: dem Christentum. Die Menschen des Mittelalters lebten für ein höchstes Ziel: die ewige Seligkeit. Es bestimmte fast ihr gesamtes Denken und Tun. Das Irdische war schlecht oder zumindest ein Teil der Leiden, die wertvollere Welt aber das Jenseits.

Die Neuzeit wurde die Zeit des ***Individuums*** (des Einzelmenschen). Der Einzelne löste sich aus der umfassenden Gemeinschaft der Kirche und suchte eigene Wege. Das Individuum mit all seinem Zweifeln, Suchen und Streben trat in den Vordergrund; das gemeinsame Band lockerte sich und löste sich später ganz. So konnten Persönlichkeiten wie Luther, Kepler, Beethoven oder Goethe wachsen – Menschen, die eigenwillig und ungebunden ihre Wege gingen, sich nicht mehr in allem Denken und Handeln einer gemeinsamen, einheitlichen Idee beugten.

Die Menschen der Neuzeit gaben und geben sich ihre Ziele selbst. Viele handelten weiterhin in christlicher Gesinnung, viele wandten sich jedoch ganz vom Christentum ab. Alle Menschen aber zeigten größeres Interesse am Irdischen. Damit begann das Zeitalter der Wissenschaften, Entdeckungen und Erfindungen.

1445 erfand Gutenberg die Buchdruckerkunst. Um zu beweisen, dass die Erde eine Kugel ist, segelte Kolumbus gen Westen nach Indien und entdeckte so 1492 Amerika. Kopernikus verkündete 1540 seine Theorie, dass die Erde nur ein Planet der Sonne ist und nicht der Mittelpunkt des Weltalls. Kepler und Galilei erarbeiteten Gesetze über die Bewegung der Himmelskörper.

„Der Ackermann aus Böhmen"

An der Schwelle vom Mittelalter zur Neuzeit steht eine Dichtung des Stadtschreibers ***Johann von Tepl*** aus Saaz in Böhmen, „Der Ackermann aus Böhmen" (um 1400). Sie ist ein Streitgespräch des Ackermanns mit dem Tod.

Der Verfasser stellt sich selbst als der Ackermann (der Feder) vor: „Ich bin genannt der Ackermann. Vom Vogelkleid ist mein Pflug." Er hat seine junge Frau verloren und bäumt sich mit ganzer Leidenschaft gegen den Mörder Tod auf: „Grimmiger Tilger aller Leute, schändlicher Ächter aller Wesen, schrecklicher Mörder aller Menschen, Ihr Tod, Euch sei geflucht! Himmel, Erde, Sonne, Mond, Gestirne, Meer, Gewässer, Berg, Gefilde, Tal, Aue, der Hölle Abgrund, alles, was Leben und Wesen hat, sei Euch unhold, abgünstig und fluche Euch ewiglich." Es folgt Anklage auf Anklage, voller Schmerz,unbeherrscht, in wilder Auflehnung gegen den Vollstrecker Gottes. Gleichzeitig ist der Ackermann – im Gegensatz zum Tod – der Bejaher des Lebens und des Irdischen.

„Ihr nahmt sie hin, meine freudenreiche Augenweide, mein Friedeschild vor Ungemach. Verschwunden ist mein lichter Stern am Himmel. Zeter! Waffen! sei von Herzensgrunde geschrien."

Der Tod jedoch bleibt ungerührt und antwortet mit überlegenem Hohn. Er ist der Vertreter des mittelalterlichen Denkens: Der menschliche Leib ist ein Unrat, ein Wurmfraß, ein Stankhaus, ein gieriger Schlund. Schon bei der Geburt ist er zum Vergehen geschaffen. Die Erde aber ist eine Stätte sinnlosen Treibens. Sterben kann deshalb nur Befreiung aus diesem Jammertal sein. Der Ackermann beugt sich endlich und die zwei gehen zu Gott, um dessen Urteil zu vernehmen: Beide haben übertrieben, doch „jeder Mensch ist verpflichtet dem Tode das Leben, den Leib der Erde, die Seele Uns zu geben". Am Ende betet der Ackermann um das Seelenheil seiner Frau.

Aufgabe: *Warum ist der „Ackermann aus Böhmen" ein Werk des Übergangs?*

5.2 Renaissance und Humanismus

In Italien wurde das mittelalterliche Denken zuerst überwunden. Von dort kam das Neue dann mit Renaissance und Humanismus auch zu uns.

Renaissance heißt „Wiedergeburt", d. h. die Wiedergeburt der Antike, der römischen und griechischen Kultur. In Italien hatte man die Schönheit der antiken Kunstdenkmäler wieder entdeckt und schuf nach den großen Vorbildern Neues (Michelangelo, Raffael, Tizian und Leonardo da Vinci). Das kulturelle Leben Italiens erblühte in einmaliger Größe.

Uns schenkte diese Zeit die Maler Matthias Grünewald (nachweisbar nur 1503–1528), Albrecht Dürer (1471–1528), Lucas Cranach den Älteren (1472 bis 1553), Hans Holbein den Jüngeren (1497–1543). War Grünewald noch vornehmlich der Spätgotik verbunden (Isenheimer Altar), so erkennt man bei den anderen schon mehr den Einfluss der neuen Zeit. Sie schufen neben religiösen Werken auch Porträts, also Darstellungen von „Individuen". So stammt von Hans Holbein d. J. das Bildnis des Kaufmanns Georg Gisze.

Der Kaufmann Georg Gisze

Der Baustil der Renaissance lehnte sich an antike Vorbilder an. Seine Merkmale sind:

Strenge, harmonische Gliederung (goldener Schnitt);
kühl, verstandesbetont, zweckmäßig;
Betonung der waagerechten Linie an den Fassaden;
klare, symmetriche Ornamente (Verzierungen);
Säulenreihen in Eingängen und Fassaden;
große Kuppeln.

Einige deutsche Baudenkmäler im Renaissancestil sind das Heidelberger Schloss (siehe Seite 31), das Rathaus in Paderborn, das Zeughaus und das Rathaus in Augsburg, das Bürgerhaus in Danzig, die St. Michaeliskirche in München.

Humanismus (humanitas = „Menschlichkeit") bedeutet geistige ***Bildung*** des Menschen. Erst der gebildete Mensch war vollwertig. Der Humanismus entstand gleichzeitig mit der Renaissance in Italien. Deshalb verlangte die Bildung des Menschen Beschäftigung mit der Antike.

So war der Humanismus in Deutschland eine ***Wissenschaft***, die sich mit den Werken der römischen und griechischen Schriftsteller beschäftigte. Die Vertreter dieser Wissenschaft waren die Gelehrten, deren Hauptaufgabe darin bestand, die Bücher antiker Schriftsteller (z. B. von Homer, Cicero, Vergil, Ovid und Livius) zu übersetzen. Dadurch bildete sich ein neuer Stand heraus, der Stand der ***Gelehrten***. Diese waren die eigentlichen Humanisten, während das Volk keinen Anteil an der neuen Geistesrichtung hatte.

Zwei Männer ragen hervor: Johannes ***Reuchlin*** und ***Erasmus von Rotterdam***. Sie studierten und übersetzten hebräische, griechische und lateinische Texte, womit sie auch Vorarbeit für Luthers Bibelübersetzung leisteten.

Die humanistischen Gelehrten bedienten sich der Sprache ihrer Vorbilder und schrieben lateinisch. Die deutsche Sprache wurde vernachlässigt, ja missachtet. Die Begeisterung für das Lateinische ging oft so weit, dass man seinen Namen in die fremde Sprache übersetzte. Aus Müller wurde *Molitor*, aus Weber *Textor*, aus Schmied *Faber* oder aus Greif *Gryphius*.

Das Lateinische und daneben das Italienische gewannen Einfluss auf die Sprache des Kaufmanns, denn auch in wirtschaftlichen Dingen lernten die Deutschen manches von ihren südlichen Nachbarn. Die Wörter *Bilanz, Debitor, Kreditor, Giro, Tratte, Risiko, Konkurs, Skonto* oder *Bankrott* zeugen von den starken Wirtschaftsbeziehungen Deutschlands zu Italien.

Martin Luther (1483–1546)

Ein Verdienst Luthers war es, dieser Vermischung unserer Sprache mit fremden Bestandteilen entgegengetreten zu sein.

Martin Luther konnte die Reformation nur dann zum Erfolge führen, wenn er seine Schriften in deutscher Sprache abfasste. Dabei musste er nicht nur Fremdwörter vermeiden, sondern darüber hinaus auch eine Sprache finden, die allen Deutschen verständlich war. Das konnte nur eine sein, die Dialekte vermied.

Martin Luther
(Gemälde von Lucas Cranach d. Ä.)

Die Bibelübersetzung. Schon vor Luther waren Bibeln in deutscher Sprache erschienen, aber ihr Text war in farbloser Ausdrucksweise mit lateinischen Wörtern durchsetzt und oft hatte man falsch übersetzt. Luther ging daher 1521 auf der Wartburg daran, nach hebräischen und griechischen Urtexten eine neue Übersetzung zu schaffen. Sein Freund Philipp Melanchthon half ihm dabei. Nach 13-jähriger Arbeit lag die ganze Bibel in deutscher Sprache vor.

Welche Sprache hatte er nun dabei verwendet?

Schon seit längerer Zeit waren einige deutsche Fürsten und ihre Kanzleien (Amtsstuben) bemüht, eine einheitliche Schriftsprache für das ganze Reich zu schaffen, damit ihr Schriftverkehr untereinander nicht immer wieder durch den unterschiedlichen Gebrauch der Wörter erschwert wurde. Besonders die kursächsische Kanzlei zu Wittenberg war beispielhaft vorangegangen und hatte nach der obersächsischen Mundart eine Sprache geschaffen, die einheitlich in den Ämtern des Landes eingeführt wurde. Die Kurfürsten von Mainz, Köln und Trier übernahmen diese ***„Sächsische Kanzleisprache"*** für ihre Verwaltungen. Sie war eine Mischung von Hoch- und Niederdeutsch und deshalb verständlich für beide deutschen Sprachgruppen, für die hochdeutsche im Süden und die niederdeutsche im Norden.

Diese Sprache war es, die Luther bei der Übersetzung der Bibel verwandte. War sie vorher auf den Verkehr der Behörden beschränkt, so lasen nun alle Gebildeten die neue Sprache der Bibel. Nach und nach wurde sie Gemeingut.

Neben diesem Verdienst, die neue Sprache verbreitet zu haben, erwarb sich Luther noch ein zweites, nicht minder großes. Das Kanzleideutsch klang steif, verschroben und ermüdend. Hätte er diese Sprache ohne Änderungen übernommen, so wäre seine Bibel sicherlich kein Volksbuch geworden. Wie er aber zu seiner volkstümlichen und gemeinverständlichen Ausdrucksweise kam, schrieb er selbst: „Man muss die Mutter im Hause, die Kinder auf der Gasse, den gemeinen Mann auf dem Markte danach fragen und denselben auf das Maul sehen, wie sie reden, und danach dolmetschen."

Hier ist die größte sprachliche Leistung Luthers zu finden: Er gab der Kanzleisprache erst Leben, machte sie geschmeidig und kraftvoll. So fand er in Anlehnung an die Ausdrucksweise des Volkes eine Unmenge neuer deutscher Wörter und Redensarten, wie z. B. „Muttersprache" – „Sündenbock" – „das tägliche Brot" – „der ungläubige Thomas" – „seine Hände in Unschuld waschen" – „unrecht Gut gedeihet nicht" oder „sein Licht unter den Scheffel stellen".

Das Kirchenlied. Das dritte sprachliche Verdienst Luthers sind seine Kirchenlieder und Fabeln. Unter den 41 religiösen Liedern, die er zum Teil selbst dichtete, zum Teil aus dem Lateinischen übersetzte, findet man die schönsten ***lyrischen*** Schöpfungen des 16. Jahrhunderts. Einige Beispiele: „Ein feste Burg ist unser Gott" – „Vom Himmel hoch, da komm ich her" – „Komm heiliger Geist" und „Christ ist erstanden".

Aufgabe: *Inwiefern kann man Luther einen **Dichter** nennen?*

Weitere Schriftsteller dieser Zeit waren der Franziskanermönch und Gegner Luthers Thomas ***Murner***, der, wie Sebastian Brant in seiner „Narrenbeschwörung", die menschlichen Schwächen geißelt, und Johann ***Fischart*** mit seinen Streitschriften gegen kirchliche Missstände. Jörg ***Wickram*** schrieb mit dem „Rollwagenbüchlein" ein köstliches Schwankbuch und schuf außerdem als erster in Deutschland Romane in Prosaform: Im „Goldfaden" erlangt ein armer Hirtensohn die Hand einer Grafentochter und im „Knabenspiegel" zeigt der Dichter die Früchte einer guten und den Unsegen einer schlechten Erziehung. Alle Romane hat Wickram weitgehend frei, ohne ausländisches Vorbild geschrieben.

Der deutsche Roman wurde jedoch im Übrigen besonders von einem fremden Vorbild bestimmt: dem ***Amadisroman***, der sich von Spanien aus über ganz Europa verbreitete. Er beschreibt die Abenteuer des tugendhaften Königssohnes Amadis, der nach langen Irrfahrten die Liebe und das Königreich der stolzen Oriana erlangt. Aus diesem Roman entwickelte sich später auch in Deutschland eine große Zahl süßlicher Geschichten, die eine unvorstellbare Verbreitung fanden. Der Inhalt ist stets derselbe: Ein Ritter zieht aus und erlebt im Dienst seiner angebeteten Dame Abenteuer.

Da die Amadisromane in der belesenen Welt solch großen Anklang fanden, verdrängten sie Wickrams echte Ansätze, die daher auch ohne Nachfolge blieben.

6 Die Dichtung des Barocks (17. Jahrhundert)

Gegenreformation (1555–1648). Dreißigjähriger Krieg (1618–1648). Zersplitterung Deutschlands in Fürstentümer und Stadtstaaten. Habsburgs Macht nach Österreich verlagert. Deutschland unter dem Einfluss des französischen Absolutismus. Emporkommen Preußens unter dem Großen Kurfürsten (1640–1688).

Krise im gesamten Wirtschaftsleben infolge des Dreißigjährigen Krieges. Unsicherheit im Geldwesen. Eindringen ausländischer Handelsunternehmen. Merkantilismus.

6.1 Humanismus, Absolutismus und Gegenreformation

Drei Mächte waren es, die das kulturelle Leben des 17. Jahrhunderts formten: die Gegenreformation, der Humanismus und der Absolutismus.

Der Einfluss des Humanismus wirkte in Deutschland noch lange fort. Er machte sich, trotz Luthers Bemühungen, besonders auch in der Sprache bemerkbar. Das Lateinische, zunächst von den Gebildeten verwandt, drang im Laufe des 16. und 17. Jahrhunderts auch in die Sprache des Volkes ein.

Die Folgen des Absolutismus zeigten sich in noch stärkerem Maße. Wie der Hof der französischen Könige in fast allen Dingen für die erstarkten deutschen Fürsten Vorbild wurde, so drang auch die französische Sprache in die unsere ein. Das Bestreben vieler Menschen war es nun, „à la mode“ (nach der Mode) zu sein.

Das bedeutete sich nach französischem Vorbild zu benehmen, zu kleiden und besonders seine Sprache mit französischen Wörtern zu durchsetzen. Selbst die kaiserliche Kanzlei verkehrte in Französisch mit den Fürsten. Ihren Höhepunkt erreichte die Sprachverwirrung in und nach dem Dreißigjährigen Krieg.

Infolge dieses trostlosen Zustandes war Deutschland kaum in der Lage, große dichterische Werke hervorzubringen. Zwar bemühten sich die Fürsten, die Dichtkunst an ihren Höfen zu pflegen, die Verwilderung der Sprache ließ aber keine großen Werke zu. Doch schenkte die Zeit uns zwei bedeutende kulturelle Leistungen: die Baukunst und die Musik des Barocks.

6.2 Baukunst und Musik des Barocks

Das Wort „Barock“ kommt aus dem Portugiesischen und heißt so viel wie „schiefrunde, unregelmäßige Perle“. In der ***Baukunst*** ist der Barock eine Weiterentwicklung des Renaissancestils. Er kam ebenfalls von Italien zu uns und war ein Ausdruck der Pracht und des Selbstbewusstseins der Fürstenhöfe. Daneben war das 17. Jahrhundert noch von der Gegenreformation beeinflusst, vom Katholizismus, der ja die Pracht der Kirchen in den Dienst der Gottesverehrung stellt. Es entstanden, vor allem im Süden Deutschlands, viele herrliche Kirchen und Schlösser mit kunstvollen Gärten.

Die Merkmale des barocken Baustils sind:

Prunk
Kraftvolle Bewegung
Große Säulen, oft mehrere Geschosse hoch
Zwiebeltürme, mächtige Kuppeln
Vorherrschen der S-Form in den Verzierungen
Lichtdurchflutete Innenräume
Prächtige Innenmalereien und Skulpturen (Bildhauerarbeiten)
Gelb und Gold als bevorzugte Farben

Einige der schönsten Baudenkmäler sind die Theatinerkirche in München, die Kirchen Vierzehnheiligen (Seite 31) und Banz bei Staffelstein in Oberfranken, der Zwinger in Dresden, die

Der Ottheinrichsbau des Heidelberger Schlosses (Renaissance)

Vierzehnheiligen außen Barock

Vierzehnheiligen innen Rokoko

Residenz in Würzburg, das Schloss in Ludwigsburg, Schloss Brühl bei Köln, die Universität in Breslau.

Die bekanntesten deutschen Baumeister dieser Zeit waren Balthasar Neumann, Johann Dientzenhofer, Fischer von Erlach, Joh. Lukas von Hildebrandt, Andreas Schlüter, Joh. Conrad Schlaun und Daniel Pöppelmann.

Große Maler gab es nur im Ausland: Rembrandt, Vermeer van Delft, van Dyck, Rubens, Velazquez und El Greco.

Die Musik des Barocks brachte zwei große deutsche Komponisten hervor: Johann Sebastian Bach (1685–1750) und Georg Friedrich Händel (1685–1759).

Das Rokoko. Etwa um 1725, also im folgenden Jahrhundert der Aufklärung, verwandelten die Baumeister den Stil des Barocks zum Rokoko (vom französischen „rocaille“ Muschelwerk), in dessen Verzierungen oft ein Muschelmotiv verwandt wurde. Viele Merkmale des Barocks blieben erhalten, doch wurde das Wuchtige zierlich, leicht und beschwingt. Bekannte Baudenkmäler sind die Schlösser Sanssouci bei Potsdam und Benrath bei Düsseldorf, der Innenraum von Vierzehnheiligen.

Aufgabe: *Warum war der Barock Ausdruck des Absolutismus und Katholizismus?*

6.3 Die Dichtung des Auslandes

In einer Zeit, als in Deutschland Sprache und Poesie daniederlagen, entwickelte sich in England, Spanien und Frankreich eine Hochblüte der Dichtung. Das deutsche Drama wurde später von dort stark beeinflusst.

In England führte William ***Shakespeare*** (1564– 1616) die Dichtung zu höchster Vollendung. Er war einer der größten Dramatiker. In Stratford-on-Avon geboren, lebte er als Schauspieler und Dichter lange in London und starb als wohlhabender Mann in seinem Geburtsort. Fast alle der 37 erhaltenen Dramen gehören zur Weltliteratur. Sie sind auch auf den deutschen Bühnen häufig zu sehen. Es seien nur einige der bekanntesten genannt:

Tragödien: *„Hamlet“ – „König Lear“ – „Othello“ – „Macbeth“ – „Romeo und Julia“ – „Julius Cäsar“.*

Königsdramen: *„Richard II.“ – „Heinrich IV.“ – „Richard III.“.*

Komödien: *„Der Kaufmann von Venedig“ – „Ein Sommernachtstraum“ – „Der Widerspenstigen Zähmung“ – „Wie es euch gefällt“ – „Was ihr wollt“ – „Die lustigen Weiber von Windsor“.*

William Shakespeare

Englische Wanderbühnen brachten die Stücke (oft verstümmelt) nach Deutschland. Diese Spieltruppen beherrschten fast ein Jahrhundert lang in Deutschland das Theater. Bei uns gab es noch keine Berufsschauspieler; die Engländer beeinflussten deshalb entscheidend die Ausbildung eines deutschen Schauspielerstandes. Sie boten jedoch noch keine künstlerischen Darstellungen, wie man sie heute kennt. Beliebt waren einmal die sog. ***„Haupt- und Staatsaktionen“***, bei denen das Blut in Strömen aus Schweinsblasen floss, die unter der Verkleidung versteckt waren. Daneben wurden ***„Hanswurstiaden“*** aufgeführt, deren Inhalt komisch war und oft von derben Späßen strotzte. Hauptperson war der Clown, ein Nachfolger des italienischen Harlekins. Er nannte sich nach seinem Lieblingsgericht auch „Pickelhering" (Salzhering) und später „Hanswurst".

In Spanien waren Lope de Vega und Calderón die Vollender des Dramas. Von de Vega sind 470 Schauspiele erhalten, aber nur wenige werden noch aufgeführt. Calderóns Dramen sind reifer und gefälliger in der Sprache. „Der Richter von Zalamea", „Das Leben ein Traum" oder „Der standhafte Prinz" gehören auch auf der deutschen Bühne zum Spielplan. Besondere Erwähnung verdient Miguel de ***Cervantes*** (1547–1616).

Sein „Don Quichotte" kann als der erste große Roman der abendländischen Literatur bezeichnet werden. Don Quichotte, der „Ritter von der traurigen Gestalt", reitet mit seinem Diener Sancho Pansa durchs Land, um, wie früher die Ritter, Abenteuer zu suchen. Er gibt dabei eine erschütternd tragikomische Gestalt ab; tragisch, weil er voll edlen Willens ist, seine Taten aber misslingen – komisch, weil seine seltsamen Abenteuer allzu lächerlich wirken. Berühmt ist die Stelle, wo er gegen Windmühlen kämpft in dem Glauben, Riesen vor sich zu haben:

„Er sprengte mit Rosinante (seinem Pferd) in vollem Galopp auf die vorderste Windmühle los und gab ihr einen Lanzenstich in den Flügel. Doch der Wind drehte ihn so heftig herum, dass die Lanze in Stücke sprang, Pferd und Reiter aber eine große Strecke über das Feld geschleudert wurden."

Molière

In Frankreich erlebte das Drama mit ***Corneille, Racine*** und ***Molière*** seine Blüte. In Deutschland erfreuen sich besonders die Komödien Molières großer Beliebtheit, so „Der Geizige" (L'avare), „Der Menschenfeind" (Le misanthrope), „Der eingebildete Kranke" (Le malade imaginaire) und „Tartuffe".

6.4 Sprache und Dichtung in Deutschland

Das ganze 17. Jahrhundert brachte bei uns kaum nennenswerte Dichtung hervor. Es herrschte die Mittelmäßigkeit. Noch über hundert Jahre sollte es dauern, bis der Boden zu wirklich großen Leistungen bereitet war. Die Träger der Kunst waren die Gelehrten und deshalb entstanden aus den Bemühungen um die Dichtung meist nur theoretische Abhandlungen.

Martin Opitz (1597–1639)

Er war der größte der Theoretiker. In dem „Buch von der deutschen Poeterey" stellte er Regeln auf, die nach seiner Meinung beim Dichten beachtet werden müssen. Seine Vorbilder waren die französischen Dramatiker. Zwei ***Verdienste*** müssen ihm allerdings zugestanden werden.

Erstens trat er gegen den holprigen Knittelvers der Meistersinger auf. Jeder Vers brauchte dabei nur eine bestimmte Anzahl von Silben zu haben; wie sie betont wurden, spielte keine Rolle. Das hört sich dann etwa so an:

Ein húngriger fúchs thet áußgon
Und fánd bei einem dórf ein hón (Hahn).

Opitz' Hauptverdienst war es, dem wichtigsten metrischen Gesetz zur Anerkennung verholfen zu haben. Er forderte für den Vers die ***natürliche Betonung:*** Maßgebend ist der regelmäßige Wechsel von betonter und unbetonter Silbe, nicht nur die Anzahl der Silben. Für unsere Sprache sind

Jambus und Trochäus die natürlichen Versfüße (siehe S. 169). Nachdrücklich betonte Opitz die Wichtigkeit der metrischen Gesetze und fügte seinen Vorschriften Beispiele und Gebrauchsanweisungen bei.

Zweitens verlangte er, dass man auf Fremdwörter verzichte. Nicht ohne Erfolg verhöhnte er die Nachahmungssucht der deutschen „Dichter".

Bedauerlich ist aber, dass er auch Regeln über das Drama aufstellte. Er forderte, dass in der Tragödie nur Personen höherer Stände auftreten, da sie allein den erhabenen Stoffen gerecht würden. In der Komödie hingegen dürften die Personen nur einfache Leute sein, da angesehene Menschen nicht dem Gelächter ausgesetzt werden könnten. Erst 130 Jahre später hat Lessing diese Regeln kritisiert.

Martin Opitz

Hans Jacob Christoffel von Grimmelshausen (1622–1676)

Der Simplicissimus. Im Jahre 1669 erschien ein Buch unter dem Titel „Simplicissimus Teutsch". Der Schultheiß Christoffel von Grimmelshausen legte hier als eigene Lebensbeschreibung ein Werk vor, das nicht nur der größte deutsche Roman des 17. Jahrhunderts ist, sondern gleichzeitig auch der erste ***Entwicklungsroman*** (Erziehungsroman) in deutscher Prosa. Es ist ein Buch voller Lebenserfahrung, tiefem Einblick in menschliches Denken und Handeln und den Lauf der Welt.

Wie im „Parzival" wird auch im Simplicissimus der Lebensweg eines Menschen beschrieben, der alle Höhen und Tiefen des Lebens durchlaufen muss. Die Entwicklung wird als eine ***äußere*** und eine ***innere*** dargestellt. Dabei läuft die äußere (Ansehen, Reichtum, Auftreten) der inneren entgegen. Das Ideal der inneren Entwicklung ist ein Leben in Gott.

Simplicius (= der Einfältige), ein Findelkind, wird von Bauern in der Einsamkeit des Spessarts aufgezogen. Es ist die Zeit des Dreißigjährigen Krieges. Eines Tages kommen Soldaten und brennen das kleine Anwesen nieder. Der Junge flieht in den Wald, wo er zu einem Einsiedler gelangt. Dieser nimmt sich seiner an und erzieht ihn in christlicher Gesinnung zu einem Leben in Gott. Ein Gespräch zwischen dem Einsiedler und Simplicius zeigt in ergötzlicher Weise die Einfalt des Jungen:

> *„Einsiedel: Ich sehe wohl, dass du kein Mägdlein bist; wie hat dir aber dein Vater und Mutter gerufen? „Einsiedel: Wie heißt du? – Simplicius: Ich heiße Bub. – Simplicius: Ich habe keinen Vater oder Mutter gehabt. – Einsiedel: Wer hat dir denn das Hemd gegeben? – Simplicius: Ei, mein Meuder. – Einsiedel: Wie hieße dich dann dein Meuder? – Simplicius: Sie hat mich Bub geheißen, auch Schelm, ungeschickter Tölpel und Galgenvogel. – Einsiedel: Wer ist dann deiner Mutter Mann gewesen? – Simplicius: Niemand. – Einsiedel: Bei wem hat dann dein Meuder des Nachts geschlafen? – Simplicius: Bei meinem Knän. – Einsiedel: Wie hat dich denn dein Knän geheißen? – Simplicius: Er hat mich auch Bub genennt. – Einsiedel: Wie hieß aber dein Knän? – Simplicius: Er heißt Knän. – Einsiedel: Wie hat ihm aber deine Meuder gerufen? – Simplicius: Knän und auch Meister. – Einsiedel: Hat sie ihn niemals anders genennt? – Simplicius: Ja, sie hat. – Einsiedel: Wie denn? – Simplicius: Rülp, grober Bengel, volle Sau und noch wohl anders, wann sie haderte. – Einsiedel: Du bist wohl ein unwissender Tropf, dass du weder deiner Eltern noch deinen eigenen Namen nicht weißt. – Simplicius: Eia, weißt dus doch auch nicht . . . Einsiedel: Höre du, Simplici (denn anders kann ich dich nicht nennen), wenn du das Vaterunser betest, so musst du also sprechen: Vater unser, der du bist im Himmel, geheiliget werde dein Name, zukomme uns dein Reich, dein Wille geschehe auf Erden wie im Himmel, unser täglich Brot gib uns heute und . . . – Simplicius: Gelt du, auch Käs dazu? – Einsiedel: Ach, liebes Kind, schweige und lerne! Solches ist dir viel nötiger als Käs; du bist wohl ungeschickt, wie dein Meuder gesagt hat."*

Zwei Jahre bleibt er bei dem frommen Mann, der in Wirklichkeit unerkannt sein leiblicher Vater ist. Als dieser stirbt, gelangt er zum Kommandeur von Hanau, bei dem er, in ein Kalbfell genäht, einen Narren spielen muss. Seine Aufgabe ist es, der Welt in ihrer Lasterhaftigkeit den Spiegel vorzuhalten. Hanau ist für ihn der erste Schritt in die Welt, die ihn nun immer stärker in ihren Bann zieht. Er bereichert zwar sein Wissen und Können, entfernt sich jedoch schon von seinem inneren Ideal. Vor den Toren der Stadt nehmen Kroaten ihn gefangen und er folgt dem kaiserlichen Heere. In Westfalen wird er als „Jäger von Soest" ein gefürchteter Räuber. Nun ist er auf dem Höhepunkt seiner äußeren Entwicklung angelangt:

Er erwirbt großen Reichtum. Sein Vermögen wird in Köln angelegt. Er ist nun vollends ein Kind dieser Welt, ein gewissenloser Räuber, der seine Seele dem Irdischen verkauft. Was kümmert es ihn, wenn sein eigener Narr ihm jetzt den Spiegel vorhält!

Er kommt nach Paris, wo er ein ausschweifendes Leben führt. Da trifft ihn der schicksalhafte Schlag. Er erkrankt an den Blattern und wird schrecklich entstellt. Einige Zeit noch fristet er ein Leben als Kumpan des Räubers Oliver und gelangt unter mancherlei wilden Abenteuern sogar bis nach Russland. Aber allmählich empfindet er Reue über sein schimpfliches Tun. Der Weg zur Umkehr bahnt sich an.

Die Schriften eines Jesuitenpaters veranlassen ihn endlich der Welt zu entsagen und Einsiedler zu werden. In einer Klause im Schwarzwald findet er zurück zu einem Leben in Gott. Hier gibt er sich Rechenschaft: „Dein Leben ist kein Leben gewesen, sondern ein Tod, deine Tage ein schwerer Schatten, deine Jahre ein schwerer Traum. Du bist durch viele Gefährlichkeiten dem Kriege nachgezogen und hast in demselben viel Glück und Unglück eingenommen, bist bald hoch, bald nieder, bald groß, bald klein, bald reich, bald arm, bald beliebt, bald verhasst gewesen. Aber nun, o du meine arme Seele, was hast du von dieser ganzen Reise zuwegen gebracht? Dies hast du gewonnen: Mein Herz ist beschwert mit Sorgen, zu allem Guten bin ich faul und was das Allerelendste, so ist mein Gewissen beschwert."

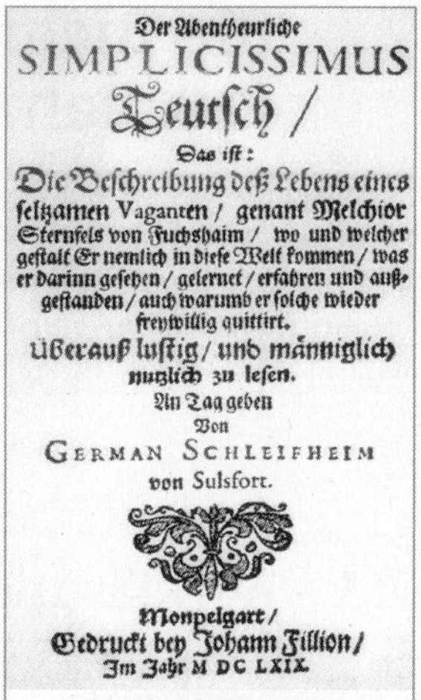
Der Abentheurliche
SIMPLICISSIMUS
Teutsch /
Das ist:
Die Beschreibung deß Lebens eines
seltzamen Vaganten / genant Melchior
Sternfels von Fuchshaim / wo und welcher
gestalt Er nemlich in diese Welt kommen / was
er darinn gesehen / gelernet / erfahren und auß-
gestanden / auch warumb er solche wieder
freywillig quittirt.
Überauß lustig / und männiglich
nutzlich zu lesen.
An Tag geben
Von
GERMAN SCHLEIFHEIM
von Sulsfort.
Mompelgart /
Gedruckt bey Johann Fillion /
Im Jahr M DC LXIX.

Titel der Erstausgabe des „Simplicissimus"

Erschließende Fragen:

1. *Welches sind die inneren Entwicklungsstufen des Simplicius?*
2. *Wie läuft die äußere Entwicklung der inneren entgegen?*

Andreas Gryphius (1616–1664)

Wie Opitz war auch der Schlesier Gryphius im Wesentlichen Gelehrter. Aber darüber hinaus hatte er ein beachtliches dramatisches Talent. Dass es ihm nicht gelang, seine Sendung zu erfüllen und das deutsche Drama ebenbürtig neben das englische, französische und spanische zu stellen, lag an den ungünstigen Voraussetzungen, die ihm das deutsche Theater bot (laienhafte Schauspieler, wenige Bühnen, „verbildetes" Publikum). Seine Tragödien sind gekennzeichnet von Weltverneinung; ihre Hauptthemen sind die Nichtigkeit des Irdischen und die Hoffnung auf ein besseres Jenseits. Gryphius' eigentliche Leistung aber ist die Komödie und hier besonders das originelle Scherzspiel „Horribilicribrifax".

Diese verwickelte Geschichte kreist um drei Frauen, die im Verlauf der Handlung ihren Mann finden. Den eigentlichen komischen Mittelpunkt bilden jedoch die Maulhelden Don Horribilicribrifax von Donnerkeil auf Wüsthausen und Don Daradiridatumtarides Windbrecher von Tausendmord, die sich gegenseitig im Prahlen und Aufschneiden zu überbieten suchen. Hier feiern barocke Liebe zum Prunk und barocke Sprachfreudigkeit höchste Triumphe.

6.4.1 Die Lyriker

Betrachtet man die allgemeine Sprachverwirrung und Fremdwörterei des 17. Jahrhunderts, so nimmt es wunder, dass diese Zeit doch einige beachtenswerte Lyriker hervorgebracht hat:

Paul Gerhardt (1610–1676) ist hier besonders zu erwähnen, der neben Luther bedeutendste Dichter des deutschen Kirchenliedes.Von ihm stammen z. B. „O Haupt voll Blut und Wunden", „Befiehl du deine Wege" oder „Wie soll ich dich empfangen".

Johannes Scheffler, bekannt unter dem Namen Angelus Silesius (der Engel aus Schlesien, 1624–1676), erinnert an die Mystiker des 13. Jahrhunderts. Von einer ähnlichen inbrünstigen Liebe zeugen auch seine Sinn- und Schlussreime im „Cherubinischen Wandersmann". Berühmt ist der Spruch:

Mensch, werde wesentlich, denn wenn die Welt vergeht,
So fällt der Zufall weg; das Wesen, das besteht.

7 Die Dichtung der Aufklärung (18. Jahrhundert)

Aufbau des preußischen Staats unter Friedrich Wilhelm I. (1713–1740) und Friedrich dem Großen (1740–1786). Kriege gegen Österreich, gegen Frankreich und Russland. Merkantilismus. In Preußen Förderung der Industrie auf Kosten von Handwerk und Landwirtschaft. Fruchtbarmachung von Ödland. Ausbau des Bankwesens. Preußen eines der wirtschaftlich stärksten Länder der Welt.

7.1 Aufklärung und Pietismus

Die ersten sieben Jahrzehnte des 18. Jahrhunderts waren die Zeit der Aufklärung, in deren Gefolge eine einseitige Betonung der verstandesmäßigen Seite des Menschen stand. Dagegen richtete sich der Pietismus.

Die Aufklärung war in gewisser Hinsicht eine Fortsetzung der Renaissance. Diese hatte einen neuen Menschen entstehen lassen, der sich gegen die mittelalterliche Weltauffassung wandte und mit seinem Verstand eigene Wege suchte, sich nicht mehr bedingungslos dem Willen der Kirche beugte. Die neue Entwicklung brachte nun eine absolute Überbewertung der vernunftmäßigen Seite des Menschen. Das Denken erlangte unbedingte Vorrangstellung gegenüber dem Gemüt und dem Glauben.

Nur der Verstand, die Vernunft (lateinisch = ratio) konnte „aufklären" über die Fragen, die den Menschen bewegten. Daher hieß diese Geistesrichtung auch ***„Rationalismus".*** Man ließ nur gelten, was sich beweisen ließ. „Keine Erkenntnis ohne die Sinne", sagten die Philosophen. Deshalb untersuchte man unter anderem auch die christlichen Glaubenslehren auf ihre Beweisbarkeit. Das Wunder z. B. ließ sich nicht verstehen – also war es eine Täuschung. Viele Menschen leugneten Gott, weil er sich nicht beweisen lässt.

Mit der Aufklärung begann die Überbetonung ***einer*** Seite des menschlichen Wesens. In ihrem Gefolge stand der Atheismus (Leugnen Gottes).

Der Pietismus (von lateinisch pietas = Frömmigkeit) kämpfte gegen diese übertriebene Betonung der „ratio" und bemühte sich um eine Vertiefung des Glaubenslebens. Die Pietisten erkannten, dass der Verstand allein nicht die Rätsel des Lebens zu lösen vermag, sondern der Glaube oft viel eher dazu fähig ist. Sie setzten sich deshalb für eine Erneuerung echter Religiosität ein. Die Pietisten fanden wohl Anklang, vermochten aber der Aufklärung keine wirksame Waffe entgegenzustellen.

Aufgabe: *Ist es richtig, am Menschen nur den Verstand gelten zu lassen und alles Religiöse zu leugnen?*

7.2 Die Dichtung

Für die Dichtung war die Aufklärung die Zeit der Vorbereitung auf die zweite große Blüte der deutschen Literatur, die Klassik. Gottsched schuf weitgehend das deutsche Theater, Klopstock war der Erneuerer der Lyrik und Lessing der Dichter der ersten großen Dramen deutscher Sprache.

Johann Christoph Gottsched (1700–1766)

Gottsched war kein Dichter, sondern Theoretiker wie Opitz. Er stellte Regeln darüber auf, wie man zu dichten habe. Deshalb waren auch manche seiner Vorschriften falsch, denn dichten kann man nicht nach nüchternen Gesetzen, sondern nur aus der Tiefe des Gefühls. So forderte er z. B. nach französischem Vorbild für das Trauerspiel die ***drei Einheiten*** von Ort, Zeit und Handlung. Einheit des Ortes bedeutet, dass sich das Geschehen auf der Bühne an einem Ort abspielt, dass die Szene nicht gewechselt werden darf. Die Einheit der Zeit verlangt, dass sich die gesamte Handlung höchstens über einen Tag erstreckt. Aber nur seine dritte Forderung, die nach der Einheit der Handlung, ist von Bedeutung. Danach soll das Bühnenstück eine Haupthandlung haben; auf diese müssen alle Nebenhandlungen abgestimmt werden. Die ersten beiden Einheiten machen das Drama leblos, gekünstelt, steif. Die Einheit der Handlung ist eine notwendige Forderung: Ohne sie würde das Drama auseinander fallen.

Johann Christoph Gottsched

Mitschöpfer des deutschen Theaters. Gottsched erwarb sich jedoch ein großes Verdienst. Er war Mitschöpfer des deutschen Theaters. Er verbannte die Haupt- und Staatsaktionen sowie die Hanswurstiaden von der Bühne und ersetzte sie durch würdige Schauspiele. Unterstützt wurde er dabei von einer Frau, der ***Neuberin*** (Karoline Neuber). Sie nahm Gottscheds Anregungen auf und spielte mit ihrer Truppe Stücke nach seinen Vorschriften.

Von nun an war der Theaterbesuch in Deutschland gesellschaftsfähig. Seit Gottsched gehört es zu den Pflichten des gebildeten Menschen, dem Theater Interesse entgegenzubringen. Ohne Gottscheds Vorbereitung hätten schwerlich einige Jahrzehnte später die Dramen Lessings, Goethes oder Schillers solchen Widerhall finden können.

So werden wir also die Kritik, die später besonders Lessing, aber auch Goethe gegen Gottsched vorbrachten, nicht in vollem Umfang hinnehmen können.

Friedrich Gottlieb Klopstock (1724–1803)

Klopstock war nach Jahrhunderten des sprachlichen Verfalls und der Nachahmung wieder ein eigenständiger deutscher Lyriker. Hatte man vor ihm weitgehend nach französischem Vorbild geschrieben, so zeigte er den deutschen Dichtern nunmehr den neuen Weg. Er überwand die Vorherrschaft des Verstandes in der Dichtung und setzt an dessen Stelle die Empfindung, das dichterische Gefühl.

Willkommen, o silberner Mond,
Schöner, stiller Gefährte der Nacht!
Du entfliehst? Eile nicht, bleib, Gedankenfreund!
Sehet, er bleibt; das Gewölk wallte nur hin.

So beginnt eine seiner vielen ***Oden.*** Man hört eine Sprache, wie man sie bisher nicht gekannt hat.

Der Messias ist Klopstocks Hauptwerk. Das umfangreiche Epos von zwanzig Gesängen besingt in Hexametern (Seite 170) die Leidensgeschichte Christi, seine Auferstehung und Himmelfahrt.

Friedrich Gottlieb Klopstock

Hier sei der Anfang eines seiner bekanntesten Gedichte genannt:

„Der Zürchersee"
Schön ist, Mutter Natur, deiner Erfindung Pracht
Auf die Fluren verstreut, schöner ein froh Gesicht,
Das den großen Gedanken
Deiner Schöpfung noch einmal denkt.

Die Sprache ist kraftvoll, erhaben, feierlich schreitend – gar nicht mehr „französisch". Trotzdem wirkt sie auf die Dauer ermüdend. Treffend ist Lessings Urteil über Klopstock:

Wer wird nicht einen Klopstock loben?
Doch wird ihn jeder lesen? – Nein.
Wir wollen weniger erhoben
Und fleißiger gelesen sein.

Gotthold Ephraim Lessing (1729–1781)

Lessing wurde in Kamenz (sächsische Oberlausitz) geboren. Schon in der Fürstenschule in Meißen bewies er eine außerordentliche Begabung, sodass sein Rektor sagte: „Er ist ein Pferd, das doppeltes Futter haben muss." Ab 17 Jahren legte er an der Universität Leipzig durch unermüdliches Studium der Theologie und Literatur den Grund für sein großes Wissen. Mit 23 Jahren begann die Wanderzeit, die ihn nach Berlin, Leipzig, Breslau und Hamburg führte. Während der letzten elf Jahre seines unsteten und von harten Schicksalsschlägen geprägten Lebens war er in Wolfenbüttel Leiter der braunschweigischen Landesbibliothek.

Lessing war einer der begabtesten Männer des deutschen Geisteslebens. Er war ein echtes Kind der Aufklärung, von rastlosem Streben nach neuen Erkenntnissen beseelt. Man kann ihn nicht nur als einen unserer großen Dichter, sondern auch als einen der glänzendsten Literaturtheoretiker bezeichnen, der durch seine kritischen Schriften die Entwicklung des deutschen Dramas entscheidend beeinflusste. Was Opitz und Gottsched nur beschränkt geglückt war, gelang ihm: Er zeigte den deutschen Dichtern den Weg, den sie zu gehen hatten.

Lessings kritische Schriften sind die „Literaturbriefe", „Laokoon" und die „Hamburgische Dramaturgie". Es sind Abhandlungen über die Dichtkunst und betreffen besonders das Drama. Hier seien nur zwei seiner wichtigsten Forderungen genannt:

Zunächst richtete er seine Kritik gegen die Franzosen und Gottsched, deren „drei Einheiten" er verurteilte. Er hielt allein die Einheit der Handlung für wichtig und verlangte, dass der große, lebensbejahende, temperamentvolle ***Shakespeare*** das Vorbild der deutschen Dramatiker werde.

Eine zweite Forderung war, dass in der Tragödie ***Helden der mittleren Gattung*** auftreten, d. h., die Hauptperson dürfe weder Verbrecher noch Engel, sondern müsse ein Mensch sein, dessen Gedanken und Gefühle der Zuschauer auch nachempfinden kann. Durch das Theater soll der Zuschauer gebessert werden, was aber nur möglich ist, wenn er das innere Ringen des Helden nachfühlen und miterleben kann. Der „Held der mittleren Gattung" soll also mit kleinen Fehlern behaftet sein, wie jeder Mensch. Infolge dieser kleinen Fehler handelt

Gotthold Ephraim Lessing

er dann einmal unrecht, macht sich eines Vergehens schuldig. Dieses Vergehen ist seine „tragische Schuld". Die Folge davon ist der Tod des Helden. Seine Schuld ist also deshalb tragisch, weil er einen kleinen Fehler mit dem Tode büßen muss.

Lessings Dramen zeigen uns die Anwendung dieser theoretischen Erkenntnisse. Sie waren die ersten bedeutenden Bühnenstücke der deutschen Literatur und Vorbilder für unsere Klassiker. Zwar sagte Lessing von sich, er müsse alles „durch Druckwerk und Röhren" aus sich herauspumpen, sei also kein Dichter; doch war diese Einschätzung der eigenen Begabung zu bescheiden. Er war ein echter Dichter, der uns neben dem ersten Werk „Miss Sara Sampson" drei Meisterwerke dramatischer Kunst schenkte. Allerdings spürte man hinter ihnen zuweilen den vernunftbetonten Aufklärer.

„Miss Sara Sampson" (1755) war das erste deutsche ***bürgerliche*** Trauerspiel. Lessing missachtete die Vorschriften des Martin Opitz, der gefordert hatte, dass in der Tragödie nur Personen der höheren Stände auftreten. Die handelnden Personen sind bürgerlicher Herkunft. Außerdem ist das Werk in Prosa verfasst, wodurch Lessing ebenso revolutionierend wirkte.

„Minna von Barnhelm" (1767) ist das erste bedeutende deutsche Lustspiel, gleichzeitig eine Schöpfung ohne fremdes Vorbild. Der Zuschauer wird nicht mehr wie früher mit derben Späßen, Verkleidungen, Verwechselungen oder anderen Zufällen erheitert, sondern durch Verwicklungen und Gegensätze, die sich aus den ***Charakteren*** der Personen ergeben.

Der preußische Major von Tellheim gerät nach dem Ende des Siebenjährigen Krieges in eine missliche Lage. Er hat aus Mitleid einem sächsischen Bezirk Steuern vorgestreckt. Durch diesen Edelmut gewinnt er die Liebe des wohlhabenden Fräuleins Minna von Barnhelm. Aber der Vorschuss wird nicht zurückgezahlt. Tellheim wird aus dem Heer entlassen und sogar der Bestechlichkeit bezichtigt.

So lebt er nun mit seinem treuen Diener Just in einem Berliner Gasthof. In seiner verzweifelten Geldnot verpfändet er seinen Verlobungsring. Minna findet Tellheim völlig verändert vor. Er will nicht, dass ihr Schicksal an einen armen und entlassenen Offizier gekettet wird, und möchte deshalb die Verlobung lösen. Minna aber, beseelt von ihrer Liebe, greift zu einer List. Sie gibt vor, ihr Oheim habe sie wegen des Verlöbnisses mit dem preußischen Offizier enterbt. Nun sucht sie bei Tellheim Schutz. Sofort ändert sich sein Verhalten. Ritterlich tritt er ihr zur Seite, um sie im Unglück zu beschützen. Da kommt ein königliches Schreiben, durch das er Ehre und Geld zurückgewinnt. Minnas Oheim trifft ein und ihr „Betrug" klärt sich auf. Der Hochzeit der beiden steht nun nichts mehr im Wege.

Erschließende Fragen:

1. *Charakterisieren Sie Werner, Just und Franziska.*
2. *Suchen Sie Szenen, die ans Tragische grenzen.*
3. *Warum ist „Minna von Barnhelm" trotzdem eine Komödie?*
4. *Warum enthalten Komödien Szenen, die ans Tragische grenzen?*
5. *Beurteilen Sie die Verhaltensweise der Minna.*
6. *Wie beurteilen Sie das Verhalten des Majors gegenüber Minna?*
7. *Unterscheiden Sie nach äußerer und innerer Ehre in Tellheims Charakter.*

„Emilia Galotti" (1772) spielt in Italien, weist aber auf deutsche Missstände hin. Der Prinz von Guastalla ist der typische Vertreter hemmungsloser Tyrannenwillkür, wie sie auch der deutsche Absolutismus hervorbrachte. Er ist gewalttätig, leichtsinnig und genusssüchtig, aber auch liebenswürdig.

Guastalla ist von Leidenschaft zu der schönen und tugendhaften Emilia, der Tochter des alten Odoardo Galotti, entbrannt. Emilia ist jedoch dem Grafen Appiani versprochen. Ihre Vermählung steht bevor; jedoch der Prinz will Emilia erlangen. Gedungene Räuber überfallen den Hochzeitswagen und töten den Grafen; Marinelli aber entführt Emilia als „Retter" auf ein Lustschloss des Prinzen.

Nun folgt der dramatische Höhepunkt: Die Gräfin Orsina sucht Emilias Vater auf und berichtet ihm die fürchterliche Wahrheit. Sie war des Prinzen Geliebte, wurde aber wegen Emilia von ihm verlassen. Doch der Prinz entgeht der Strafe. Emilia sieht ihre Reinheit bedroht und bittet den Vater sie zu töten.

Erschließende Fragen:

1. *Wem hält Lessing in dem Trauerspiel den Spiegel vor?*
2. *In welchen Szenen erkennt man diese Absicht besonders?*
3. *Charakterisieren Sie den Prinzen, Marinelli, Appiani, Claudia.*

Nathan der Weise (1779) ist ein dramatisches Lehrgedicht des „aufgeklärten" Lessing, der darin sein persönliches Glaubensbekenntnis niederlegt. Das Kernstück ist die „Ringparabel" des dritten Aktes.

Der Tempelherr Leu von Filneck wurde von Sultan Saladin in Jerusalem gefangen, aber nicht getötet, weil er dem verstorbenen Bruder Saladins ähnlich sieht. Er rettet Recha, die angenommene Tochter des reichen Kaufmanns Nathan, aus einem brennenden Hause. Aus religiöser Abneigung weist er jedoch den Dank des Judenmädchens zurück, verliebt sich aber gegen seinen eigenen Willen in sie. Er will Nathan um ihre Hand bitten. Schließlich stellt sich heraus, dass er und Recha Kinder von Saladins Bruder sind. Der Sultan ist also der Oheim der beiden Geschwister.

Diese äußere Handlung ist Lessing nur der dramatische Rahmen für das eigentliche Anliegen. Er stellt die Vertreter der drei großen Religionsgemeinschaften einander gegenüber, den Christen (Tempelherr), den Mohammedaner (Saladin) und den Juden (Nathan). Saladin, der die Freundschaft Nathans findet, stellt dem weisen Juden die Frage, welche der drei Religionen die richtige sei. Nathan antwortet darauf mit der „Ringparabel":

Ein Mann besaß einen Ring mit Wunderkraft, den er an den liebsten seiner drei Söhne weitergeben wollte. Doch alle waren ihm gleich wert. Deshalb ließ er zwei genaue Nachbildungen anfertigen. Nach seinem Tode stritten nun die drei Brüder, wer den richtigen Ring besitze. Sie gingen zum Richter, der sein Urteil fällte:

„Es eifre jeder seiner unbestochnen,
Von Vorurteilen freien Liebe nach!
Es strebe von euch jeder um die Wette,
Die Kraft des Steins in seinem Ring an Tag
Zu legen! Komme dieser Kraft mit Sanftmut,
Mit herzlicher Verträglichkeit, mit Wohltun,
Mit innigster Ergebenheit in Gott
Zu Hilfe . . ."

Lessing fordert also zweierlei: Erstens soll jeder selbst beweisen, welche Kraft seine Religion besitzt. Zweitens sollen die Angehörigen verschiedener Religionsgemeinschaften ***tolerant*** (duldsam) gegeneinander sein.

Äußerlich ist bemerkenswert, dass Lessing im „Nathan" den fünffüßigen reimlosen Jambus oder „Blankvers" (siehe Seite 169) von Shakespeare übernahm. Dieses Versmaß wurde dann auch von Goethe und Schiller verwandt.

8 Die zweite Blüte: Die Klassik (1770–1832)

1789 Französische Revolution. Koalitionskriege gegen Napoleon. 1806 legt Kaiser Franz II. die Krone nieder. Befreiungskriege (1813–1815). 1815 Wiener Kongress. 1833 Deutscher Zollverein.

8.1 Baukunst, Malerei und Musik

In der Baukunst und der Malerei nennt man den Kunststil der klassischen Zeit „Klassizismus", in der Musik „Klassik".

Die Baukunst des Klassizismus zeigt ganz andere Merkmale als die des Barocks und Rokokos. Sie ist eine Nachahmung des Baustils der Antike mit seinen klaren und strengen Formen. Damit ist der klassizistische Baustil eher der Renaissance verwandt. Als Beispiele seien genannt: das Brandenburger Tor und die Hauptwache in Berlin, die Glyptothek in München.

Malerei. Ein klassizistischer Maler war Joh. Heinr. Wilhelm Tischbein (1751 bis 1829), von dem das Bild „Goethe in der Campagna" (Seite 46) stammt.

Die Musik erlebte wie die Dichtung in dieser Zeit ihre große Blüte. Die Meister der klassischen Musik waren Haydn, Mozart, Beethoven und Schubert. Sie komponierten Werke, die auch heute noch Deutschland und Österreich als die Völker mit den größten Komponisten der westlichen Welt gelten lassen.

Der österreichische Komponist ***Joseph Haydn*** (1732–1809) war das Vorbild der anderen Klassiker. Er schrieb über 100 Sinfonien sowie die Oratorien „Die Schöpfung" und „Die Jahreszeiten". Seinem „Kaiserquartett" wurde die Melodie für unsere Nationalhymne entnommen.

Wolfgang Amadeus Mozart (1756–1791), ebenfalls aus Österreich, war der genialste der klassischen Komponisten. Seine Werke enthalten auch Rokokoelemente. Sie sind vollendet schön und voller Melodienreichtum. Mozart schuf in 36 Lebensjahren ein unglaublich großes Werk.

Einige seiner Opern sind „Die Entführung aus dem Serail" – „Die Hochzeit des Figaro" – „Don Giovanni" und „Die Zauberflöte". Ferner komponierte er 15 Messen, über 50 Chöre und Lieder, 41 Sinfonien und vieles mehr. Ludwig von Köchel ordnete das Werk in einem Verzeichnis („Köchel-Verzeichnis").

Ludwig van Beethoven (1770–1827) wurde in Bonn geboren, verbrachte aber den größten Teil seines Lebens in Wien. Sein Werk ist von unerhörter Leidenschaft und Tragik. Da er allmählich sein Gehör verlor und (als Musiker!) die letzten Jahre völlig taub war, steigerte sich die Leidenschaft des Ausdrucks noch. Die größten Werke sind seine neun Sinfonien, fünf Klavierkonzerte, ein Violinkonzert und seine einzige Oper „Fidelio". In seinen späteren Werken verspürt man romantische Einflüsse.

Franz Schubert (1797–1828) war zwar noch Klassiker, leitete aber schon die Romantik ein: Die Elemente seiner Musik sind gläubige Heiterkeit und dunkle Schwermut. Schubert war der Schöpfer des neuen deutschen Liedes. Bekannt sind außerdem seine Sinfonien (besonders die „Unvollendete"), die h-Moll-Messe und das „Forellenquintett".

8.2 Die Dichtung des Sturm und Drang (1770–1786)

Um 1770 entstand in Deutschland mit einigen jungen Dichtern eine leidenschaftliche Gegenbewegung zur Aufklärung, der „Sturm und Drang". Seine Anhänger waren die „Stürmer und Dränger". Diesen Namen gaben sich die jungen Leute nach dem Drama „Sturm und Drang" von Maximilian Klinger. Auch Goethe und Schiller gehörten mit ihren ersten Werken dieser revolutionären Richtung an.

Leitbilder der Stürmer und Dränger waren die Ideen des Franzosen Jean-Jacques ***Rousseau,*** dessen Hauptthese lautete: „Gefühl ist mehr als Vernunft." Die jungen Dichter kämpften gegen die kalte Verstandesherrschaft der Aufklärung. An ihre Stelle setzten sie das Gemüt, das Gefühl, die Leidenschaft. Weil sie sich nicht an vernunftmäßige Regeln binden wollten, schätzten sie die Freiheit über alles. Deshalb hassten sie besonders die Willkürherrschaft der Fürsten. Oft übertrieben sie aber ihren Gefühlskult und Freiheitsdrang.

Die Helden der Stürmer und Dränger waren der Naturbursche, der Kraftmensch, das Genie, das Original: Menschen, die alle Regeln ablehnten und sich selbst ihr Gesetz gaben. Spöttisch nannte man sie die „Original- und Kraftgenies". Um ihre Ideen zur Schau zu tragen, kleideten sie sich auch danach. Sie schlenderten in betont lässiger Haltung umher, trugen offene Kragen, ließen die Haare flattern und begrüßten sich mit „Kerl".

Stürmer und Dränger waren neben dem jungen Goethe, dem jungen Schiller und einigen Unbedeutenden (z. B. Lenz und Klinger) die gemäßigten Dichter Johann Gottfried Herder und Gottfried August Bürger.

Johann Gottfried Herder (1744–1803) war der kluge Führer der temperamentvollen jungen Generation. Er wurde in Mohrungen (Ostpreußen) geboren, studierte in Königsberg Theologie und Philosophie und unternahm weite Reisen. Während ein Augenleiden ihn zwang ein halbes Jahr in Straßburg zu verweilen, lernte er den jungen Goethe kennen. Auf dessen Betreiben wurde er später Generalsuperintendent in Weimar. Der reizbare, misstrauische Herder überwarf sich in den letzten Jahren seines Lebens mit Goethe und Schiller. Verbittert starb er mit 60 Jahren in Weimar.

Johann Gottfried Herder

Herders Bedeutung beruht u. a. darin, dass er das Wesen großer Lyrik zu erkennen versuchte: Echte Lyrik soll schlicht und ungekünstelt sein, soll den Volkston treffen. Diese Erkenntnis war von großem Einfluss auf Goethe. Unter Herders Anleitung wurde er, 600 Jahre nach Walther von der Vogelweide, zum größten Lyriker der deutschen Sprache.

Von Herder stammt auch das Wort ***„Volkslied".*** In der Sammlung „Stimmen der Völker in Liedern" stellte er 182 der schönsten lyrischen Dichtungen aus aller Welt zusammen. Vierzig davon sind deutsche Volkslieder.

Gottfried August Bürger (1747–1794) war mit seiner ***„Lenore"*** der Begründer der deutschen Ballade. Sie berichtet die alte Geschichte vom toten Bräutigam, der beim Mondenschein seine Braut holt, um sie ins Grab zu ziehen. Kaum eine andere deutsche Ballade kommt in ihren typischen Merkmalen der „Lenore" gleich. Einmalig schildert Bürger das Geheimnisvolle, das Schaurige und die furchtbare Verzweiflung. Eine eindrucksvolle Klangmalerei veranschaulicht meisterhaft das Geschehen: „Und hurre, hurre, hopp, hopp, hopp! gings fort in sausendem Galopp."

Matthias Claudius (1740–1815) lehnte ebenfalls die nüchterne Aufklärung ab. Wir verdanken ihm einige der schönsten Gedichte der deutschen Literatur. Er lebte in Wandsbek bei Hamburg und war der Herausgeber des „Wandsbecker Boten", einer bedeutenden literarischen Zeitschrift, zu der auch Lessing, Herder, Goethe und Bürger Beiträge lieferten. Herder nannte den Dichter einen „Knaben der Unschuld, voll Mond, Licht und Lilienduft der Unsterblichkeit in der Seele". So ist Claudius' Dichtung schlicht, voll stiller Weisheit und kindlicher Gläubigkeit.

Die Mutter an der Wiege

Schlaf, süßer Knabe, süß und mild!
Du deines Vaters Ebenbild!
Das bist du; zwar dein Vater spricht,
Du habest seine Nase nicht.

Nur eben itzo war er hier
Und sah dir ins Gesicht
Und sprach: Viel hat er zwar von mir,
Doch meine Nase nicht.

Mich dünkt es selbst, sie ist zu klein,
Doch muss es seine Nase sein;
Denn wenns nicht seine Nase wär,
Wo hättst du denn die Nase her?

Schlaf, Knabe, was dein Vater spricht,
Spricht er wohl nur im Scherz,
Hab immer seine Nase nicht,
Und habe nur sein Herz!

Bedeutende Gedichte sind außerdem „Stimmt an mit hellem, hohen Klang"– „Der Mensch lebt und bestehet" – „Wenn jemand eine Reise tut" – „Ach, es ist so dunkel in des Todes Kammer". Voller Lebensweisheit ist der „Brief an meinen Sohn Johannes". Der Anfang des „Abendliedes" lautet:

Der Mond ist aufgegangen,
Die goldnen Sternlein prangen
Am Himmel hell und klar;
Der Wald steht schwarz und schweiget
Und aus den Wiesen steiget
Der weiße Nebel wunderbar.

8.3 Die Dichtung der Klassik (1786–1832)

Der Ausdruck „Klassik" kommt von „classicus"; das war bei den Römern ein Bürger erster Steuerklasse. Heute bezeichnet man mit „klassisch" (erstklassig) etwas Hervorragendes, Einmaliges. Die Literatur hat das Wort übernommen. Hier bedeutet es zweierlei: einmal die Blütezeit in der Dichtung eines Volkes (in England verkörpert durch Shakespeare, in Spanien durch Lope de Vega, Calderón und Cervantes, in Frankreich durch Corneille, Racine und Molière, in Deutschland durch Goethe und Schiller); zweitens ist es bei uns jene Dichtung, die sich die Antike zum Vorbild nahm.

Der antike Mensch wurde für unsere Klassiker der Inbegriff der Vollkommenheit. Die knappste und treffendste Formulierung dieses idealen Menschenbildes gab der Kunsthistoriker Johann Joachim ***Winckelmann*** (1717–1768), der sich eingehend mit der antiken Kultur beschäftigt hatte. ***Edle Einfalt und stille Größe*** waren nach ihm die Merkmale des antiken Werkes. Es galt als ausgeglichene, schlechthin vollkommene Schöpfung. Nach diesem Bild schufen Goethe und Schiller ihre bedeutendsten Werke. Goethes „Iphigenie" ist die vollendete klassische Dichtung.

Goethes Leben

Im Elternhaus. Johann Wolfgang Goethe wurde am 28. August 1749 in Frankfurt am Main geboren. Sein Vater Johann Caspar war Kaiserlicher Rat, ein strenger, gebildeter, weit gereister Mann. Die Seele der Familie war die Mutter Elisabeth Katharina. Goethe sagte später:

„Vom Vater hab ich die Statur,
Des Lebens ernstes Führen,
Vom Mütterchen die Frohnatur,
Die Lust zu fabulieren."

Johann Wolfgang Goethe

Vaterstadt und Elternhaus übten starken Einfluss auf seine Entwicklung aus. Die alte Reichsstadt Frankfurt war mit ihren 30 000 Einwohnern eine der bedeutendsten Städte Deutschlands. Als wichtiger Handelsmittelpunkt bot sie besonders während der Messen ein buntes

Bild. In Goethes junge Jahre fiel der Siebenjährige Krieg, der dem neuen Hause im Hirschgraben die Einquartierung des kunstliebenden französischen Offiziers Graf Thoranc brachte. Er erzählte dem Jungen vom französischen Theater, von Malerei und Musik. In den Läden der Stadt fand er reichlich Lektüre, etwa die Volksbücher aus der Zeit der bürgerlichen Dichtung („Faust") oder Klopstocks „Messias". Den ersten Unterricht erhielt er vom Vater, später halfen Privatlehrer.

Das kleine Puppentheater, das die Großmutter dem Vierjährigen geschenkt hatte, gab besondere Anregung und viel Freude. Beim Spiel konnte er seiner Phantasie freien Lauf lassen, wenn etwa die Schwester Cornelia ihm zuhörte. „Meine Einbildungskraft brütete über der kleinen Welt", erzählte er später selbst in dem Roman „Wilhelm Meisters Lehrjahre".

Als Student in Leipzig. Bald konnten Vater und Lehrer seine Weiterbildung nicht mehr übernehmen. Mit 16 Jahren ging er nach Leipzig, um an der Universität Rechtswissenschaft zu studieren. Aber die trockene Juristerei sagte ihm nicht zu. Auch die Professoren Gottsched und Gellert vermochten ihn nicht zu fesseln. Er nahm Zeichenunterricht und studierte Winckelmanns Schriften, die ihn mit dem antiken Kunstideal bekannt machten. Es entstanden auch die ersten, noch unbedeutenden Dramen nach französischem Vorbild: „Die Laune des Verliebten" und „Die Mitschuldigen". Infolge Überanstrengung erlitt er mit 18 Jahren einen Blutsturz und kehrte nach Frankfurt zurück, wo Mutter und Schwester ihn pflegten.

In Straßburg. Um seine juristischen Studien zu beenden, ging er 1770 nach Straßburg. Die eineinhalb Jahre dieses Aufenthaltes sollten von entscheidender Bedeutung für seine Entwicklung werden. Zwei Erlebnisse waren es, die seine genialen Kräfte weckten, die ihn zum Dichter reifen ließen: das Zusammentreffen mit Herder und die Liebe zu Friederike Brion.

Herder zeigte ihm das Wesen echter Poesie. Wahre Lyrik muss aus eigenem tiefem Erleben kommen, darf nicht konstruiert werden. Erst dadurch ist sie natürlich. Sie muss außerdem schlicht sein. So erfuhr er vom Wesen und der Schönheit des Volksliedes.

Gehört zur Geburt einer lyrischen Schöpfung das aus tiefstem Herzen gefühlte Erlebnis, so fand Goethe dieses in der großen Liebe zu ***Friederike Brion,*** der Pfarrerstochter aus Sesenheim bei Straßburg.

Es entstanden Lieder wie „Heideröslein" – „Mailied" („Wie herrlich leuchtet mir die Natur") oder:

Willkommen und Abschied

Es schlug mein Herz geschwind zu Pferde!
Es war getan fast eh gedacht,
Der Abend wiegte schon die Erde
Und an den Bergen hing die Nacht;
Schon stand im Nebelkleid die Eiche,
Ein aufgetürmter Riese, da,
Wo Finsternis aus dem Gesträuche
Mit hundert schwarzen Augen sah.

Der Mond von einem Wolkenhügel
Sah kläglich aus dem Duft hervor
Die Winde schwangen leise Flügel,
Umsausten schauerlich mein Ohr;
Die Nacht schuf tausend Ungeheuer,
Doch frisch und fröhlich war mein Mut;
In meinen Adern, welches Feuer!
In meinem Herzen, welche Glut! ...

Dies waren die ersten Gedichte des Mannes, den man heute den größten deutschen Lyriker aller Zeiten nennt.

Wieder in Frankfurt. 1771 kehrte Goethe nach Frankfurt zurück, wo er bis 1775 als Jurist tätig war. Diese Jahre wurden für ihn die Zeit des inneren Gärens, des Sturm und Drang. All sein Freiheitsstreben legte er in sein erstes bedeutendes Drama, den „Götz von Berlichingen". Auch der erste Roman, ***„Die Leiden des jungen Werthers",*** stand ganz im Zeichen des Stürmens und Drängens. Goethe hat sich während eines kurzen Aufenthaltes in Wetzlar in ein junges Mädchen, Charlotte Buff, verliebt, musste jedoch auf sie verzichten, da sie mit seinem Freund Kestner verlobt war. Aus diesem Schmerz entstand der Roman von nicht zu überbietender Empfindsamkeit, an dessen Ende Werther sich selbst den Tod gibt. Eine Welle von Rührseligkeit ging von dem Buch aus; die Wirkung auf die Zeitgenossen war unvorstellbar. Die Welt wurde von einem regelrechten „Wertherfieber" ergriffen. Zahlreiche Nachahmungen entstanden, der Roman wurde in alle Kultursprachen übersetzt, es gab eine „Werthertracht", die Zahl der Selbstmorde stieg. Damit war aber auch Goethes Ruhm über Deutschlands Grenzen hinaus begründet.

In Frankfurt entstand auch seine großartige Sturm-und-Drang-Lyrik, wie etwa „Wanderers Sturmlied" oder ***„Prometheus"*** (Prometheus war nach der griechischen Sage ein Titan, der den Göttern das Feuer stahl, um es den Menschen zu bringen, ja, der selbst Menschen erschaffen konnte):

Bedecke deinen Himmel, Zeus,
Mit Wolkendunst
Und übe, dem Knaben gleich,
Der Disteln köpft,
An Eichen dich und Bergeshöhn!
Musst mir meine Erde doch lassen stehn
Und meine Hütte, die du nicht gebaut,
Und meinen Herd,
Um dessen Glut
Du mich beneidest.

Ich kenne nichts Ärmeres
Unter der Sonn als euch, Götter!
Ihr nähret kümmerlich
Von Opfersteuern
Und Gebetshauch
Eure Majestät
Und darbtet, wären
Nicht Kinder und Bettler
Hoffnungsvolle Toren …

So sind die Werke der Frankfurter Jahre echte Zeugnisse des Sturm und Drang. Der „Götz von Berlichingen" wurde zum Ausdruck eines starken Freiheitsdrangs, „Werthers Leiden" waren ein überschwänglicher Gefühlsrausch und im „Prometheus" entlud das junge „Kraftgenie" seine Anklage gegen Gott.

Inzwischen hatte sich Goethe mit der Bankierstochter Lili Schönemann verlobt. Bald erkannte er aber, dass er sich noch nicht durch eine Ehe binden durfte. Er unternahm, um die geliebte Lili zu vergessen, eine Reise in die Schweiz. Im Jahre 1775 folgte er einem Rufe des Herzogs Karl August nach Weimar. Dort blieb er, mit einigen Unterbrechungen, bis an sein Lebensende.

Das erste Jahrzehnt in Weimar. Als Goethe in Weimar eintraf, war es mit seinen 6000 Seelen kaum mehr als heute ein großes Dorf. Und doch sollte es einmal der geistige Mittelpunkt Europas werden.

Zunächst war er nur der Gast des um einige Jahre jüngeren Herzogs, entschloss sich aber bald zu bleiben. Er wurde Minister und führte viele Staatsgeschäfte. Karl August übertrug ihm die Leitung über Heerwesen, Bergbau, Finanzen und wissenschaftliche Einrichtungen. 1782 wurde er von Kaiser Joseph II. geadelt. Zum Dichten bliebt ihm anfangs wenig Zeit. Fast hätte die Verwaltungsarbeit den Dichter in ihm erstickt. Was er schuf, war meist Gelegenheitsarbeit. Hinzu kam ein ausgelassenes „Genietreiben" mit dem Herzog, das den biederen Weimarern reichlich Stoff zum Klatsch bot. Am stärksten wurde Goethe von der sieben Jahre älteren Hofdame Charlotte von Stein angezogen, einer feinsinnigen, edlen Frau, die Mutter von sieben Kindern war. Sie allein verstand ihn ganz und hatte einen tiefen, segensreichen Einfluss auf ihn. Aus ihrer Freundschaft wurde ein „Verhältnis so heilig, dass es nicht mit Worten ausgedrückt werden kann".

In diesen Jahren entstanden die „Iphigenie" in Prosafassung, der Anfang von „Egmont", Teile des „Torquato Tasso" und die erste Form des „Wilhelm Meister". Unter den wenigen Gedichten sind besonders zu nennen „Der Fischer", „Erlkönig" und die folgenden:

Wanderers Nachtlied

Der du von dem Himmel bist,
Alles Leid und Schmerzen stillest,
Den, der doppelt elend ist,
Doppelt mit Erquickung füllest!

Ach, ich bin des Treibens müde!
Was soll all der Schmerz und Lust?
Süßer Friede,
Komm, ach komm in meine Brust!

Ein gleiches	*An den Mond*
Über allen Gipfeln Ist Ruh, In allen Wipfeln Spürest du Kaum einen Hauch; Die Vöglein schweigen im Walde. Warte nur, balde Ruhest du auch.	*Füllest wieder Busch und Tal Still mit Nebelglanz, Lösest endlich auch einmal Meine Seele ganz; Breitest über mein Gefild Lindernd deinen Blick, Wie des Freundes Auge mild Über mein Geschick ...*

Der Dichter erkannte immer mehr, dass er sich von den nüchternen Geschäften losreißen musste, um Muße und neue Anregungen zu finden. Er war „des Treibens müde". So trat er im Jahre 1786 eine Reise nach Italien an. Ohne seine Weimarer Freunde zu verständigen, fuhr er von Karlsbad, wo er sich gerade zur Kur aufhielt, gen Süden. Damit erfüllte sich ein lang gehegter Wunsch.

In Italien. Ein und ein halbes Jahr blieb er in Italien. In dieser Zeit vollzog sich die entscheidende Wandlung seines Wesens. Aus dem Stürmer und Dränger wurde der maßvolle Klassiker.

Goethe in der Campagna

Bis auf eine Reise nach Sizilien war sein Aufenthaltsort Rom. Dort verkehrte er in Künstlerkreisen, z. B. mit dem Maler Tischbein, von dem das oben stehende Bild „Goethe in der Campagna" stammt. Bei der Vertiefung in die Werke antiker Kunst fand er endlich die Ruhe wieder, die er zum Dichten brauchte. Wie er später selbst sagte, war diese Zeit für ihn der Gipfel seines Glücks. Das Ergebnis des Italienaufenthaltes war, dass er sich vom Vorbild seiner Sturm- und-Drang-Zeit, von Shakespeare, abwandte und stattdessen die Griechen Homer und Sophokles zu seinen Lehrmeistern wählte, Dichter also, durch deren Werke die Forderung nach Besonnenheit und maßvollem Tun geht, deren Menschen sich immer dann in Widerspruch zum Göttlichen setzen, sobald sie ihren Leidenschaften nachgeben.

In Italien bildete er „Iphigenie" in Versform um, vollendete „Egmont" und arbeitete am „Tasso" weiter, der dann in Weimar fertig gestellt wurde.

Wieder in Weimar. Nach Weimar zurückgekehrt, fand der innerlich Veränderte nicht mehr das frühere Verhältnis zu seinen Freunden. Auch legte er die meisten Staatsämter nieder. Später trennte ihn die Ehe mit der Bürgerlichen Christiane Vulpius noch mehr von der Gesellschaft.

In Italien war sein Interesse an naturwissenschaftlichen Dingen gestiegen; deshalb verwandte er nun viel Zeit auf botanische und optische Untersuchungen. Die dichterische Kraft schien versiegt zu sein. Nur ein großes Werk entstand innerhalb von sechs Jahren. Es war die Umformung von Gottscheds „Reineke Fuchs“ aus der Prosaform in Hexameter.

Freundschaft mit Schiller (1794–1805). Neue Kraft zum Dichten floss aus der Bekanntschaft mit dem um zehn Jahre jüngeren Schiller, aus der sich eine Freundschaft entwickelte, wie sie beispiellos in der Literaturgeschichte ist. Schon einmal hatte Schiller nach Goethes Rückkehr aus Italien versucht sich ihm zu nähern, aber die Gegensätze waren zu groß. Schiller hatte den Sturm und Drang noch nicht ganz überwunden, Goethe jedoch war schon Klassiker. Inzwischen war Schiller durch das Studium der kantischen Philosophie gereift, und so fanden die Dichterfürsten nach Jahren zueinander.

Zwei begnadete Persönlichkeiten trafen zusammen, der kluge Weltmann Goethe und der Idealist Schiller. In gemeinsamer Arbeit entstanden die „Xenien“ (Gastgeschenke), ein Strafgericht über die Plattheit der zeitgenössischen Dichter, in denen manch bitteres Wort fiel. Goethes Schaffenskraft erwachte wieder. Es entstanden unter anderem die Balladen „Der Zauberlehrling“ und „Der Schatzgräber“. Der Roman „Wilhelm Meisters Lehrjahre“ wurde abgeschlossen, das Epos „Hermann und Dorothea“ veröffentlicht.

Im Jahre 1805 starb Schiller. Goethe verlor in ihm, wie er sagte, die Hälfte seines Daseins. Der Briefwechsel zwischen Schiller und Goethe gehört zu den großen Zeugnissen deutschen Geisteslebens.

Goethes Alter. Der große Einsame, der „Olympier in Weimar“, zog sich auch von den anderen Freunden noch mehr zurück, um angestrengt zu arbeiten. Trotzdem sah sein Haus manchen erlauchten Gast. Dichter aus aller Welt pilgerten zu ihm als ihrem großen Vorbild. Sein Werk, sein Ruf und sein Einfluss wuchsen ins Unermessliche.

Schon in Frankfurt hatte er begonnen an seinem Lebenswerk, dem „Faust“, zu arbeiten, dessen erster Teil 1808 fertig wurde. Der zweite Teil war erst im Jahr vor seinem Tode vollendet. Mit 62 Jahren ging er daran, in „Dichtung und Wahrheit“ seine Lebensbeschreibung aufzuzeichnen. Sie reicht bis zu seiner Ankunft in Weimar. Neben dem „Faust“ wurde auch sein zweites Hauptwerk, „Wilhelm Meisters Wanderjahre“, fertig gestellt, ferner der Roman „Die Wahlverwandtschaften“. In den letzten Jahren schrieb er eine große Anzahl von Sprüchen und Gedichten wie den „Westöstlichen Diwan“, die „Marienbader Elegie“ und „Urworte Orphisch“.

Er vereinsamte immer mehr. 1816 starb seine Frau, 1828 der herzogliche Freund Karl August, 1830 der einzige Sohn August. In Johann Peter Eckermann fand er einen klugen Gesprächspartner, der in seinem Buch „Gespräche mit Goethe“ die Gedanken des alten Dichters niederschrieb und uns damit einen wahren Schatz an Lebensweisheiten hinterließ. Am 22. März 1832 setzte der Tod dem überaus reichen Leben ein Ende. Goethe wurde in der Fürstengruft zu Weimar neben Schiller beigesetzt.

Des Dichters Enkel Walther und Wolfgang starben kinderlos.

Goethes Werk

Vertieft man sich in Goethes Werk, so wird man feststellen, dass es unausschöpflich ist und dass wohl ein ganzes Menschenleben darauf verwandt werden könnte, den Reichtum seiner Dichtungen auch nur annähernd zu ermessen.

Die Lyrik ist schon im Zusammenhang mit der Lebensbeschreibung erwähnt worden. Seine Gedichte füllen allein mehrere Bände. Bei der Betrachtung der Dramatik und Epik soll nur das Wichtigste herausgegriffen werden.

„Götz von Berlichingen mit der eisernen Hand“ (1773) ist ein echtes Werk des Sturm und Drang, unter dem Einfluss Shakespeares geschaffen. Daher sind die Personen blutvolle Menschen, getrieben von Leidenschaft, Liebe und Hass.

Götz ist der lautere Charakter, für den Treue, Recht und Gerechtigkeit noch erstrebenswerte Tugenden sind. Er ist hineingestellt in eine sittenlose Zeit, in der er zerbrechen muss. Im Kampf gegen Doppelzüngigkeit und Untreue wird er selbst schuldig, denn er bricht seinen Eid.

- *Götz liegt mit dem Bischof von Bamberg in Fehde. Eines Tages nimmt er seinen ehemaligen Freund Adalbert von Weislingen gefangen, der in des Bischofs Diensten steht. Auf Götzens Burg Jagsthausen versöhnen sich beide, ja Weislingen verlobt sich sogar mit Maria, der Schwester des Ritters. Götz zieht gegen die Nürnberger, um auf eigene Faust sein Recht zu suchen. Die neuen kaiserlichen Verordnungen haben aber das Faustrecht abgeschafft; die Reichsgerichte sollen über Recht und Unrecht entscheiden. Götz handelt also gegen das Gesetz.*
- *In Bamberg, wo sich seit kurzem Adelheid von Walldorf – ein „Engel in Weibsgestalt" – aufhält, wird Weislingen doppelt wortbrüchig. Er heiratet Adelheid und schlägt sich wieder ganz auf die Seite des Bischofs.*
- *Inzwischen zieht sich über Götz das Unheil zusammen. Er kann nicht davon ablassen, den Bedrängten zu helfen, sodass der Kaiser die Acht über ihn verhängt. Seine Burg wird von Reichstruppen belagert. Durch Verrat gerät er in die Hände der Feinde, die ihn nach Heilbronn bringen, wo er wegen Landfriedensbruchs angeklagt wird. Im letzten Augenblick befreit ihn Franz von Sickingen. Er schwört Urfehde (Frieden) und zieht sich auf seine Burg zurück. Da zetteln die Bauern einen „entsetzlichen Aufstand" an. Sie bitten Götz, ihr Führer zu sein. Um ihr furchtbares Morden und Brennen einzudämmen, sagt er trotz der Urfehde zu. Doch die Bauern fügen sich nicht seinem beschwichtigenden Zureden. Weislingens Reiter überfallen die Aufständischen, verwunden Götz und nehmen ihn gefangen.*
- *Adelheid ist inzwischen Weislingens überdrüssig geworden. Sie strebt nun danach, die Gunst des neuen Kaisers Karl zu erlangen. Um Weislingen aus dem Wege zu räumen, lässt sie ihn vergiften. Franz, sein eigener Bursche, führt die Tat aus. Als er sieht, was er angerichtet hat, stürzt er sich aus dem Fenster in den Fluss. Adelheid wird durch ein Femegericht zum Tode verurteilt.*
- *Der schwer verwundete Götz sitzt im Turm zu Heilbronn gefangen. Er stirbt, umgeben von seiner Frau, Maria und dem Freund Lerse. Seine letzten Worte sind „Freiheit, Freiheit" .*

Erschließende Fragen:

1. *Was veranlasst Weislingen zu seinem zweimaligen Umschwenken? Wie beurteilen Sie ihn danach?*
2. *Verfolgen Sie Adelheids Verhalten und beurteilen Sie sie danach.*
3. *Beschreiben Sie in einer Skizze die wichtigsten Etappen in Götz' Schicksal.*
4. *Wie wird Götz schuldig?*
5. *Warum ist „Götz von Berlichingen" ein Werk des Sturm und Drang?*

„Egmont" zeigt eine neue Stufe in Goethes Schaffen. Die Handlung ist gegenüber dem „Götz" einheitlicher, auch steht nicht mehr das bewegte äußere Geschehen im Vordergrund, sondern das innere, das seelische, der Charakter.

- *In den Niederlanden erscheint als Abgeordneter König Philipps II. von Spanien der Herzog Alba mit einem Heere, um die aufsässigen Bewohner niederzuwerfen. Graf Egmont, der Liebling des Volkes, tritt freimütig, aber unvorsichtig vor Alba, um sich für die Rechte des Volkes einzusetzen. Sein Freund Wilhelm von Oranien hatte ihn gewarnt und war nach Deutschland geflohen, um von dort weiter zu wirken. Egmont hatte aber die Gefahr nicht erkannt. Alba lässt ihn gefangen nehmen und zum Tode verurteilen. Vor der Hinrichtung erscheint ihm im Traume Klärchen, seine Geliebte, die sich selbst den Tod gegeben hat, als Verkörperung der Liebe und Freiheit – jener Ideale, die Egmonts ganzes Leben bestimmt haben.*

Erschließende Fragen:

1. *Wie wird Egmonts Charakter schon vor seinem ersten Auftreten beschrieben?*
2. *Steht Margarete von Parma zu Egmont?*
3. *Wie sieht der Schneider Jetter Egmonts Schicksal voraus?*
4. *Wie beurteilt Oranien Egmont beim entscheidenden Zusammentreffen?*
5. *Wie zeigt sich Egmont vor Alba?*
6. *Wie verhält sich das Volk nach Klärchens aufrührerischem Versuch?*
7. *Wodurch wird Egmont im Gefängnis gestärkt?*

8. Warum stirbt Egmont mutig und gefasst? Wie beurteilen Sie seine Einstellung?
9. Beurteilen Sie Egmonts Charakter.

„Iphigenie auf Tauris". Zwischen dem „Götz" des Stürmers und Drängers und der „Iphigenie" des Klassikers Goethe liegt eine Welt. Das zeigt sich sowohl am ***Aufbau*** als auch am ***Inhalt*** der Dramen. Der „Götz" ist locker und in Prosa geformt, die Szenen wechseln etwa 50-mal, die Einheit der Handlung wird nur durch die Hauptperson gewährleistet. In der „Iphigenie" ist der dramatische Aufbau mustergültig. Die Sprache ist in fünffüßige Jamben gefasst, die Handlung spielt an einem Ort, in wenigen Stunden. Inhalt des „Götz" sind Kampf, List und Untreue. Die Spannung wird durch äußeres Geschehen hervorgerufen. Auch die Tragik ist nicht tief, da Götz an den Widerwärtigkeiten der Umwelt zugrunde geht. Wirkliche Tragik entsteht aber erst, wenn auch die inneren Konflikte des Helden geschildert werden. Die „Iphigenie" hat die läuternde Wirkung einer großen, reinen Seele zum Thema. Iphigeniens Konflikt ist ein innerer; sie kämpft sich durch zu wahrer Seelengröße: „Reinen Herzens zu bleiben, das ist das Höchste, dessen der Mensch fähig ist."

Iphigenie ist von der Göttin Diana nach Tauris, dem Lande des Königs Thoas, entrückt worden. Hier dient sie der Diana als Priesterin. Ihr edles Wesen hat dem Barbarenkönig und seinem rauhen Volke milde Sitten gebracht. Die Werbung des Königs weist die Priesterin aber zurück. Deshalb führt er die unter ihrem Einfluss abgeschafften Menschenopfer wieder ein. Als Erste sollen Orest und sein Freund Pylades getötet werden, die als Fremdlinge auf Tauris gefangen wurden. Iphigenie erkennt in Orest ihren Bruder. Beide wollen Thoas täuschen und fliehen. Da zeigt sich Iphigeniens Seelengröße. Selbst auf die Gefahr des Untergangs hin vermag sie Thoas nicht zu betrügen. Offen gesteht sie ihm die Wahrheit und gewinnt ihn dadurch. Nach anfänglichem Zögern lässt er alle in Frieden in ihre Heimat ziehen.

Der „Faust" ist Goethes Lebenswerk, an dem er durch die Jahrzehnte immer wieder gearbeitet hat. Die Faustsage stammt aus dem Mittelalter. Sie berichtet von einem Manne, der seine Seele dem Teufel verschrieb, um dadurch zu außergewöhnlichen Genüssen und Kenntnissen zu gelangen. Er war Alchimist, konnte Tote erwecken und weissagen. Goethe erhielt die Anregung zu seiner Dichtung durch das spätmittelalterliche Volksbuch von Doktor Faust und durch ein Puppenspiel, das durch englische Komödianten nach Deutschland gekommen war.

Durch Goethe entstand im Faust das Bild des rastlos nach Wahrheit und Glück suchenden Menschen, der durch alle Höhen und Tiefen des Lebens endlich „zu Gott" gelangt. Das Werk besteht aus zwei Teilen und einem Vorspiel.

Im Vorspiel, *dem „Prolog im Himmel", erhält Mephisto (der Teufel) vom Herrgott die Erlaubnis, Faust von seinem hohen Streben ins Gemeine herabzuziehen. Aber der Herr versichert, dass er sich trotz aller Irrtümer wieder aufrichten werde.*

Im ersten Teil *sehen wir Faust auf der Suche nach irdischem Glück. Da weder das Studium noch die Magie ihn befriedigen können, hat er seine Seele Mephisto verschrieben. Dafür will dieser ihm einen solch vollkommenen Genuss verschaffen, dass Faust zum Augenblicke sagt: „Verweile doch, du bist so schön." Deshalb verhilft der Teufel ihm nun zu allen erdenklichen Sinnesfreuden. In „Auerbachs Keller" soll er die Genüsse des Zechers kennen lernen. Doch das wilde Treiben ekelt ihn an. Dann führt Mephisto ihn in die „Hexenküche", wo der durch übermäßiges Studium früh Gealterte verjüngt wird.*

Er soll nun in der sinnlichen Liebe das höchste Glück finden. Mephisto zeigt ihm Gretchen, ein schönes und reines Bürgermädchen. Vergebens kämpft er gegen die Leidenschaft. Er erliegt, zerstört Gretchens Glück und das ihrer Familie. Die Mutter wird durch einen Schlaftrunk getötet, der Bruder, der für Gretchens Ehre eintritt, im Kampf erstochen. Gretchen bringt ihr Kind um und wartet nun, dem Wahnsinn verfallen, im Kerker auf ihre Hinrichtung. Faust will sie retten, doch sie will ihr Verbrechen mit dem Tode büßen. Dadurch ist sie für Gott gerettet.

Faust hat den tiefsten Punkt seiner Entwicklung erreicht. Im Taumel des Genusses ist er zum Verbrecher geworden. Aber die Gretchentragödie hat ihn auf den Weg der Läuterung geführt. „Der Menschheit ganzer Jammer" hat ihn gepackt. Er wendet sich von den niederen Genüssen ab und sagt sich innerlich von Mephisto los.

- ***Der zweite Teil** zeigt uns Faust als **Menschen der Tat.** Nach der Vermählung mit der Göttertochter Helena, die jedoch vom Sohn Euphorion ins Reich der Schatten gezogen wird, drängt es ihn zu guter Tat. Er bewahrt ein Kaiserreich vor wirtschaftlicher Not, indem er das Papiergeld erfindet. Er erhält vom Herrscher als Lehen eine unfruchtbare Wattenküste, die er kultivieren will. In harter Arbeit ringt er als Strandfürst dem Meere Land ab. Im Hochgefühl dieses Glückes stirbt er. So hat er sich von Mephisto freigemacht. Fausts Suche nach dem Glück erstickt nicht im Genussleben, er läutert sich, indem er seine Arbeit in den Dienst an der Gemeinschaft stellt. Deshalb lässt auch die Liebe Gottes ihn nicht fallen:*

Gerettet ist das edle Glied	*Wer immer strebend sich bemüht,*
Der Geisterwelt vom Bösen;	*Den können wir erlösen.*

„Hermann und Dorothea". Diese zur Zeit der Freundschaft mit Schiller entstandene Dichtung ist eins der schönsten Epen in deutscher Sprache. Den Stoff fand der Dichter in einem Erlebnis von protestantischen Salzburger Auswanderern, die ihres Glaubens wegen aus Österreich vertrieben waren und bis nach Ostpreußen wanderten.

- *Der Schauplatz der Handlung ist eine behäbige Kleinstadt. Die beschauliche Stille des Ortes wird durch einen Zug von Vertriebenen gestört, die ihre Heimat aus Furcht vor den französischen Revolutionären verlassen haben. Mitleidig sorgen sich die Einwohner um die Flüchtlinge. Auch Hermann, der Sohn des angesehenen Löwenwirts, kommt hinzu. Er fasst besondere Zuneigung zu Dorothea, einem schönen und herzensreinen Mädchen. Er möchte sie heiraten, aber der Vater sieht nicht gern eine arme Schwiegertochter im Hause. Ganz verzweifelt darüber, will Hermann in den Krieg ziehen. Doch die liebevolle und kluge Mutter steht ihm bei. Auch der Pfarrer und der Apotheker des Ortes helfen ihm. Schließlich holt der Vater bei den Auswanderern Erkundigungen über das Mädchen ein. Als er nur Gutes erfährt und selbst das seelenvolle, edle Wesen Dorotheas kennenlernt, gibt er freudig sein Ja zu dem Bunde.*

Schiller schätzte „Hermann und Dorothea" am meisten von Goethes Werken. Es ist in Hexametern abgefasst, einem Versmaß, das uns in seiner getragenen Feierlichkeit heute fremd ist (siehe S. 170). Folgender bekannter Ausschnitt lässt uns auch die veränderte Einstellung zu gesellschaftlichen Fragen des 18. Jahrhunderts erkennen:

„Dienen lerne beizeiten das Weib nach ihrer Bestimmung;
Denn durch Dienen allein gelangt sie endlich zum Herrschen,
Zu der verdienten Gewalt, die doch ihr im Hause gehöret.
Dient die Schwester dem Bruder doch früh, sie dienet den Eltern,
Und ihr Leben ist immer ein ewiges Gehen und Kommen
Oder ein Heben und Tragen, Bereiten und Schaffen für andre.
Wohl ihr, wenn sie daran sich gewöhnt, dass kein Weg ihr zu sauer
Wird und die Stunden der Nacht ihr sind wie die Stunden des Tages,
Dass ihr niemals die Arbeit zu klein und die Nadel zu fein dünkt,
Dass sie sich ganz vergisst und leben mag nur in andern!
Denn als Mutter, fürwahr, bedarf sie der Tugenden alle,
Wenn der Säugling die Krankende weckt und Nahrung begehrt
Von der Schwachen und so zu Schmerzen Sorgen sich häufen.
Zwanzig Männer verbunden ertrügen nicht diese Beschwerde,
Und sie sollen es nicht; doch sollen sie dankbar es einsehn."

Die Zeichnung der Charaktere ist meisterhaft gelungen. Hermann ist der männliche und stolze, aber auch gemütvolle deutsche Jüngling, Dorothea eine edle, bescheidene und tapfere Seele, deren innerer Adel das gute Ende herbeiführt; heftig und zugleich gutmütig der Vater, tüchtig und liebevoll die Mutter, der Goethe manche Züge seiner eigenen Mutter gegeben hat.

Schillers Leben

Elternhaus und Schule. Friedrich Schiller wurde am 10. November 1759 in Marbach am Neckar geboren. Sein Vater Johann Caspar war Wundarzt und Offizier. Die Mutter Elisabeth Dorothea war eine tief religiöse Frau.

Friedrich Schiller

Den ersten Unterricht erhielt der Junge vom Pfarrer Moser, dem er später in den „Räubern" ein Denkmal setzte. Nachdem der Vater nach Ludwigsburg versetzt worden war, besuchte Fritz die Lateinschule. In jungen Jahren war es sein Wunsch, Theologie zu studieren und Prediger zu werden.

Aber der Herzog Karl Eugen, ein typischer Vertreter der absolutistischen Herrschaft, zwang ihn 1773 zum Besuch der sog. Militärpflanzschule, die der Dichter Schubart einmal eine „Sklavenplantage" nannte. Diese war zunächst in der Solitude bei Stuttgart untergebracht. Dort musste Schiller Rechtswissenschaft studieren, was aber gar nicht seinen Neigungen entsprach. Noch mehr litt er unter dem strengen Kasernenleben, bei dem der Tagesverlauf bis ins Kleinste vorgeschrieben und überwacht war. Als die Schule zwei Jahre später nach Stuttgart verlegt und eine medizinische Abteilung angegliedert wurde, durfte er fortan Medizin studieren. Die Abgeschlossenheit von der Außenwelt war hier nicht mehr so streng wie auf der Solitude. Deshalb konnten auch heimlich die Werke der neueren Schriftsteller in die Akademie gelangen. Schiller machte so Bekanntschaft mit Klopstock, Rousseau und Goethe, aber auch mit Shakespeare, dessen Einfluss in vielen seiner Werke zu spüren ist. Auf der Festung Hohenasperg lernte er als politischen Gefangenen den revolutionären Dichter Schubart kennen, dem er den Stoff für die „Räuber" verdankte. 1780 bestand er die Abschlussprüfung und wurde aus der Militärakademie entlassen. Da er, der freiheitsliebende Feuerkopf, sich mit dem despotischen Herrscher überworfen hatte, musste er als Regimentsmedikus mit kärglichem Gehalt in einer verachteten Truppeneinheit Dienst tun.

Im nächsten Jahr beendete er die Sturm-und-Drang-Tragödie „Die Räuber". Die Erstaufführung im Mannheimer Nationaltheater war ein überwältigender Erfolg. Ein Besucher berichtete: „Das Theater glich einem Irrenhause, rollende Augen, geballte Fäuste im Zuschauerraum! Fremde Menschen fielen einander schluchzend in die Arme, Frauen wankten, einer Ohnmacht nahe, zur Tür." Schiller wusste nun, dass er zum Dramatiker geschaffen war, und sein Talent, das mit äußerster Willensanstrengung gepaart war, ließ ihn zu einem der größten Dramatiker unserer deutschen Sprache werden.

Aber Karl Eugen verbot das Stück, das sich so offensichtlich gegen die Missstände der Zeit richtete. Als Schiller heimlich einer zweiten Aufführung beigewohnt hatte, sperrte der Herzog ihn zwei Wochen ein. Er verbot ihm darüber hinaus, irgendwelche andere als medizinische Schriften zu verfassen. Deshalb blieb ihm nur die Wahl, aus Stuttgart zu fliehen oder sich dem Befehl zu fügen. Er wählte die Flucht. Mithilfe des Freundes Andreas Streicher entwich er unter abenteuerlichen Umständen nach Mannheim.

Wanderjahre. Damit begann für ihn die Zeit der Sorgen. Sein Leben sollte ein endloser Kampf werden und so ganz anders verlaufen als das Goethes.

Der Intendant des Mannheimer Theaters, auf dessen Hilfe er gehofft hatte, ließ ihn im Stich. Nur von seinem Freund unterstützt, arbeitete er an dem Trauerspiel „Die Verschwörung des Fiesco zu Genua". Nach einer Einladung der großherzigen Frau von Wolzogen auf ihr Gut Bauerbach bei Meiningen konnte er in ländlicher Stille „Kabale und Liebe" beenden, eine Anklage gegen die Willkürherrschaft und Intrigen der Fürstenhöfe. Dann erhielt Schiller in Mannheim eine Stelle als Theaterdichter mit der Auflage, jährlich drei Stücke zu schreiben. Er lebte hier zwei Jahre und vollendete „Fiesco" und „Kabale und Liebe". Seine finanzielle Lage wurde immer drückender. Hinzu kam ein Fieber, das seine Gesundheit untergrub und den Grund für sein späteres Lungenleiden legte, an dem er so früh sterben sollte.

Hilfe brachte ihm Gottfried Körner, der Vater des Freiheitsdichters Theodor Körner. Er folgte 1785 seiner Einladung und verlebte in Loschwitz bei Dresden frohe Tage. Sein Glücksgefühl drückte er aus in der Ode „An die Freude", die später von Beethoven in seiner 9. Sinfonie vertont wurde:

Freude, schöner Götterfunken,
Tochter aus Elysium,
Wir betreten feuertrunken,
Himmlische, dein Heiligtum.
Deine Zauber binden wieder,
Was die Mode streng geteilt;
Alle Menschen werden Brüder,
Wo dein sanfter Flügel weilt.
Seid umschlungen, Millionen!
Diesen Kuss der ganzen Welt!
Brüder – überm Sternenzelt
Muss ein lieber Vater wohnen.

Wem der große Wurf gelungen
Eines Freundes Freund zu sein,
Wer ein holdes Weib errungen,
Mische seinen Jubel ein!
Ja, wer auch nur eine Seele
Sein nennt auf dem Erdenrund!
Und wers nie gekonnt, der stehle
Weinend sich aus diesem Bund.
Was den großen Ring bewohnet,
Huldige der Sympathie!
Zu den Sternen leitet sie,
Wo der Unbekannte thronet. …

Die Hauptarbeit aber galt dem Trauerspiel „Don Carlos". Er musste dazu umfangreiche geschichtliche Studien über den Abfall der Niederlande von Spanien bewältigen. Mit „Don Carlos" wandte sich Schiller historischen Stoffen zu, die er nun für seine Dramen bevorzugte. Aus der Dresdener Zeit stammt auch die Erzählung „Der Verbrecher aus verlorener Ehre".

Lehrjahre. Nach zwei Jahren verließ Schiller den Freund Körner und ging nach Weimar, dem geistigen Mittelpunkt Deutschlands. Aber der Herzog war abwesend und Goethe in Italien. Schiller fand liebevolle Aufnahme bei Herder, Wieland und der Herzogin. Nach Goethes Rückkehr brachte das erste Zusammentreffen die beiden zwar einander nicht näher, aber der spätere Freund verschaffte ihm eine Professorenstelle für Geschichte an der Universität Jena. Im Jahre 1790 heiratete er Charlotte von Lengefeld, die ihm 15 Jahre lang eine sorgende Gattin und eine Förderin der Arbeiten war. Der Ehe entstammten vier Kinder.

Die Weimarer Zeit und die Jahre in Jena brachten ausgedehnte geschichtliche und philosophische Studien. Wenn Goethe in Italien zum Klassiker reifte, so wurde es Schiller durch die Beschäftigung mit der Geschichte und den Schriften des Philosophen Immanuel Kant. Das Ergebnis dieser langen Mühen waren mehrere historische und philosophische Abhandlungen.

Die rastlose Arbeitsweise war aber auch die Ursache für die neu ausbrechende Lungenschwindsucht. Im Jahre 1791 brachte die Krankheit ihn an den Rand des Grabes. In Dänemark verbreitete sich unter Freunden sogar die falsche Nachricht, dass er gestorben sei. Man hatte sich schon zu einer Trauerfeier versammelt. Aus Freude über den Irrtum gewährte ihm ein Verehrer drei Jahresrenten von je 1.000 Gulden, um „der Menschheit einen ihrer Lehrer zu erhalten". Trotzdem nahmen aber die finanziellen Sorgen kein Ende. Auch wurde die Krankheit immer bedrohlicher. Der Tod stand nun bis zum Lebensende beständig an seiner Seite. Vierzehn Jahre lang rang er mit letzter Energie um sein Werk, dem Leiden und dem Tod vertraut. So wurde Schiller für die Nachwelt der heldenhafte Mensch, der mit mächtiger Kraft den siechenden Körper unter die Herrschaft seines Willens zwang. Goethe beschreibt uns, wie Schiller arbeitete:

„Er behauptete, der Mensch müsse können, was er wolle, und nach dieser Manier verfuhr er auch. Ich will Ihnen ein Beispiel geben: Schiller stellte sich die Aufgabe den ‚Tell' zu schreiben. Er fing damit an, alle Wände seines Zimmers mit so viel Spezialkarten der Schweiz zu bekleben, als er auftreiben konnte. Nun las er Schweizer Reisebeschreibungen, bis er mit Weg und Steg des Schauplatzes des Schweizer Aufstandes auf das Genaueste bekannt war. Dabei studierte er die Geschichte der Schweiz, und nachdem er alles Material zusammengebracht hatte, setzte er sich über die Arbeit, und buchstäblich genommen stand er nicht eher vom Platze auf, bis der ‚Tell' fertig war.

Überfiel ihn die Müdigkeit, so legte er den Kopf auf den Arm und schlief. Sobald er wieder erwachte, ließ er sich starken schwarzen Kaffee bringen, um sich munter zu halten. So wurde der ‚Tell' in sechs Wochen fertig; er ist aber auch wie aus einem Guss."

Meisterjahre. Schiller war 35 Jahre, als der Freundschaftsbund mit Goethe begründet wurde. Er führte auch den Jüngeren zur poetischen Erneuerung. Die verflossenen Jahre waren für die Dichtung fast verloren gewesen, aber ab 1795 entstanden Schöpfungen von vollendeter Meisterschaft. Während der letzten zehn Lebensjahre gelangen Schiller Werke, die ihn zum größten Dramatiker deutscher Sprache machten.

In den ersten Jahren entstanden die großen Balladen. Überwog in Goethes Balladen die schauerliche, geheimnisvolle Stimmung (z. B. im „Erlkönig"), so liebte Schiller mehr das Dramatische. Immer siegte bei ihm die Gerechtigkeit, stets wird das Gute belohnt oder das Schlechte bestraft.

Im „Taucher" spielt ein Mensch leichtsinnig mit seinem Leben und muss dafür mit dem Tode büßen; vor menschlicher Vermessenheit warnt „Der Ring des Polykrates"; in den „Kranichen des Ibykus" wird der Mörder entlarvt; ein Lob der Treue ist die „Bürgschaft"; der „Kampf mit dem Drachen" schildert die Selbstüberwindung als den größten Sieg und im „Grafen von Habsburg" findet eine edle Tat ihren Lohn. – In diese Jahre fällt auch das Gedicht „Das Lied von der Glocke". Es beschreibt das Schicksal des Menschen von der Geburt bis zum Tode.

Die seit dem „Don Carlos" unterbrochene Arbeit an der dramatischen Dichtung wurde nun wieder aufgenommen. Fast jedes Jahr schrieb er ein neues Werk: 1799 „Wallenstein", 1800 „Maria Stuart", 1801 „Die Jungfrau von Orleans", 1803 „Die Braut von Messina", 1804 „Wilhelm Tell". Der „Demetrius" blieb Fragment (Bruchstück).

Seit 1799 wohnte Schiller in Weimar. Dank der Honorare seines Verlegers Cotta waren die letzten Jahre in finanzieller Hinsicht erträglich. Auf Anregung des Herzogs wurde er vom Kaiser geadelt. Doch die Krankheit verschlimmerte sich. Am 9. Mai 1805 starb Schiller.

Ein gemeinsamer Freund beschreibt, wie Goethe von seinem Tode erfuhr:

In der letzten Krankheit Schillers war Goethe ungemein niedergeschlagen. Ich habe ihn einmal in seinem Garten weinend gefunden; aber es waren nur einzelne Tränen: sein Geist weinte, nicht seine Augen, und in seinen Augen las ich, dass er etwas Großes, Überirdisches, Unendliches fühlte. „Das Schicksal ist unerbittlich und der Mensch ist wenig!" Das war alles, was er sagte. – Aber als Schiller gestorben war, war eine große Besorgnis, wie man es Goethe beibringen wollte. Niemand hatte den Mut, es ihm zu melden. Die Einsamkeit, in der sich Goethe befindet, die Verwirrung, die er überall wahrnimmt, das Bestreben ihm auszuweichen, das ihm nicht entgehen kann — alles dieses lässt ihn wenig Tröstliches erwarten. „Ich merke es", sagte er endlich, „Schiller muss sehr krank sein" und ist die übrige Zeit des Abends in sich gekehrt. Er ahnte, was geschehen war; man hörte ihn in der Nacht weinen. Am Morgen sagt er zu seiner Freundin Christiane Vulpius: „Nicht wahr, Schiller war gestern sehr krank?" Der Nachdruck, den er auf das sehr legt, wirkt so heftig auf jene, dass sie sich nicht länger halten kann. Statt ihm zu antworten, fängt sie laut an zu schluchzen. „Ist er tot?", fragt Goethe mit Festigkeit. „Sie haben es selbst gesprochen", antwortete sie. „Er ist tot?", wiederholt Goethe noch einmal und bedeckt sich die Augen mit den Händen.

Schiller ruht neben Goethe in der Weimarer Fürstengruft. Von den Nachkommen seiner vier Kinder leben nur noch die der jüngsten Tochter.

Schillers Werk

Die Lyrik. Schillers Lyrik ist „Gedankenlyrik". Er war zu sehr Denker und Philosoph, um die Meisterschaft Goethes zu erreichen. Dieser schuf seine großen Gedichte aus dem Gefühl, meist ungewollt und zufällig. Sie sind schlicht und treffen oft den echten Volkston. Schillers Gedankenlyrik ist auf ihre Art auch groß. Aber sie ist mehr gedacht als gefühlt und will oft belehren. Er hat sie sich regelrecht abgerungen, hat sie ständig verbessert und bis zur bestmöglichen Form gefeilt. Seine Gedichte stellen meist erhabene Gedanken dar wie Freiheit, Freude oder Schönheit. Schillers bekanntesten Gedichte sind aber die Balladen. Mit ihnen schuf er wirklich große Meisterwerke. Das ist verständlich, denn er war in erster Linie Dramatiker. Die Ballade hat ja stark dramatische Elemente, sie enthält Handlung und Spannung.

Die historischen und philosophisch-ästhetischen Schriften Schillers umfassen unter anderem die ,,Geschichte des Abfalls der Niederlande", die „Geschichte des Dreißigjährigen Krieges", die Aufsätze „Über Anmut und Würde", „Vom Erhabenen", „Briefe über die ästhetische Erziehung des Menschen" sowie „Über naive und sentimentalistische Dichtung".

Die Dramen sind Schillers größte Leistung. Was für England Shakespeare, ist für die deutsche Literatur Schiller. Seine Tragödien gehören auch heute noch zu den häufig gespielten Stücken unserer Theater. Das hat verschiedene Gründe.

Einmal sind seine Dramen wirklich „dramatisch", voller spannungsgeladener Handlung. Zweitens sind die handelnden Personen lebendige und blutvolle Menschen, keine konstruierten Typen, wie sie bis dahin von Frankreich her die deutsche Bühne beherrschten. Und nicht zuletzt versinnbildlichen alle schillerschen Dramen ein hohes Ideal, nämlich die ***Freiheit.*** Entweder wird die Handlung bestimmt vom Willen zur Freiheit gegenüber der Gewaltherrschaft oder von einer inneren Freiheit des Menschen, der Befreiung von sich selbst, von schlechten Trieben und Leidenschaften: Der schuldig gewordene Held erlangt seine innere Freiheit zurück, indem er seine Schuld bereut, indem er sie büßt und sich so davon befreit.

Aus all diesen Gründen war Schiller ein Lieblingsdichter der Jugend.

„Die Räuber" tragen das Motto „in tyrannos", gegen die Tyrannen. Das Drama richtet sich gegen die Knechtung der menschlichen Freiheit durch Gewaltherrschaft. „Die Räuber" machten den jungen Schiller mit einem Schlag berühmt, denn der Inhalt und auch die Sprache des „Genies" sprachen weiten Kreisen des Volkes aus dem Herzen. Das Drama hat sich bis heute auf der Bühne gehalten.

„Die Verschwörung des Fiesco zu Genua" (Trauerspiel) verteidigt ebenfalls die Freiheit gegen die Tyrannenwillkür. In diesem Trauerspiel stellt Schiller zum ersten Mal geschichtlichen Stoff dar. Das Stück ist straffer aufgebaut als „Die Räuber".

„Kabale und Liebe". Im Mittelpunkt des Trauerspiels stehen zwei Liebende: Ferdinand, der edeldenkende Sohn des Präsidenten von Walter, und Luise, die schöne und tugendhafte Tochter des Musikers Miller.

Der Präsident kann nicht glauben, dass sein Sohn die „Bürgerkanaille" wirklich liebt, wie sein Sekretär Wurm ihm berichtet. Er hat den Plan, Ferdinand mit der Lady Milford zu verheiraten, die lange die Geliebte des Herzogs war. Auf diese Weise will er sich die Gunst des Landesherrn sichern. Sein Sohn will jedoch seine Liebe nicht den politischen Interessen des Vaters opfern. Der aber droht ihn mit Gewalt gefügig machen zu wollen. Ferdinand begibt sich daraufhin zu Lady Milford, um ihr den Spiegel ihres unmoralischen Tuns vorzuhalten. Aber zu seiner Überraschung lernt er in ihr eine aufrichtige, vom Schicksal schwer geprüfte Frau kennen, die in ihrer Jugend ein Opfer des gewissenlosen Herzogs wurde. Sie hielt das Verhältnis nur aufrecht, um weitere Verbrechen des Landesherrn zu verhindern: „Ich habe Kerker gesprengt, habe Todesurteile zerrissen und manche Ewigkeit auf Galeeren verkürzt." Sie liebt nur Ferdinand. Er gesteht ihr aber sein Verhältnis zu Luise ein.

Nun beginnt der Kampf, den Ferdinand offen, der Vater unter Anwendung aller Kabale (Ränke) und Macht führt. Der Präsident kommt zu Millers Wohnung, um Vater, Mutter und Tochter einsperren zu lassen. In einer dramatischen Szene stehen sich Ferdinand und sein Vater gegenüber. Als der Präsident zum Äußersten schreitet, schleudert ihm Ferdinand entgegen, er würde „der Residenz eine Geschichte erzählen, wie man Präsident wird". Der verbrecherische Vater zieht sich daraufhin zurück. Doch der erschlagene Wurm weiß einen Ausweg.

- *Er zwingt Luise, eigenhändig einen Liebesbrief an den Hofmarschall von Kalb zu schreiben, aus dem ihre scheinbare Untreue gegenüber Ferdinand hervorgeht. Dieser findet den Brief und vergiftet sich und die Geliebte. Erst von der sterbenden Luise erfährt er die Wahrheit. Er ist selbst schon vom Tode gezeichnet, da eilt der Präsident herbei, der nun alle Schuld auf Wurm schieben will. Dieser droht jedoch fürchterliche Dinge zu enthüllen. Im Tode reicht der Sohn dem um Vergebung flehenden Vater die Hand. Der Präsident übergibt sich selbst dem Gericht.*

So ist dieses Drama eine erschütternde Auflehnung des um seine Freiheit kämpfenden liebenden Herzens gegen die Unterdrückung. Die Tragödie erinnert in manchem an Lessings „Emilia Galotti". Hier wie dort kämpfen die Unterdrückten gegen die Willkür der herrschenden Schicht und unterliegen. Schillers Helden bewahren das Gute und Edle, während die Vertreter des Adels die Verderbtheit der Welt darstellen.

Erschließende Fragen:

1. *Erklären Sie die gesellschaftlichen Verhältnisse der Familie Miller:*
   a) Welche klaren Ordnungen herrschen hier?
   b) Welche Rolle spielt der Vater darin und wie ergibt sich daraus seine Einstellung zu Luisens Bindung an Ferdinand?
   c) Welcher Gegensatz offenbart sich zwischen dem alten Miller und seiner Frau?
   d) Ist dieses Bürgertum gesichert?
   e) Welcher Konflikt ergibt sich daraus für Luise?
2. *Klären Sie ebenso die Verhältnisse am Hof:*
   a) Welche Ziele allein kennen die Vertreter des Hofes?
   b) Sind die Mitglieder des Hofes gesichert? Wie kann sich der Einzelne nur behaupten?
3. *Wurm kommt aus dem Bürgerstand und lebt nun am Hofe. Charakterisieren Sie ihn danach.*
4. *Wie muss der Hof die Verbindung zwischen Ferdinand und Luise sehen?*
5. *Wie trägt der Präsident zur tragischen Entwicklung bei?*
6. *Charakterisieren Sie den Präsidenten. Vergessen Sie nicht I, 7 und V, 8.*
7. *Beurteilen Sie nochmals das Furchtbare der Intrige (Kabale), welche die Liebenden in den Tod zu treiben vermag.*

„Don Carlos, Infant von Spanien". In Schillers Schaffen bedeutet dieses Werk den Übergang vom Sturm und Drang zur Klassik. Es umfasst neben der Liebeshandlung auch eine politische. In der Gestalt des Marquis Posa tritt uns ein Vorkämpfer für die Freiheit, besonders der Gedankenfreiheit, entgegen.

- *Don Carlos, der Sohn Philipps II. von Spanien, liebt Elisabeth, seine ehemalige Verlobte und jetzige Frau seines Vaters, die jedoch seine Werbung zurückweist. Neben der Liebeshandlung steht die politische. Carlos und dessen Freund, der Marquis Posa, lehnen sich auf gegen die Knechtung der flandrischen Provinzen und den grausamen Vollstrecker der Blutgerichte, Herzog Alba. Aber der Intrige des Hofes ist der heldenhafte Idealismus der Freunde nicht gewachsen. Als Posa sein Leben opfert, um damit Carlos den Widerstand gegen die Unterdrückung zu ermöglichen, werden die geheimen Pläne von Alba entdeckt.*

Erschließende Fragen:

1. *Wie entwickelt sich das Verhältnis zwischen König und Carlos im Laufe des Stückes?*
2. *Wie nutzt Posa die Freundschaft des Königs für seine Ziele?*
3. *Warum opfert Posa sein Leben? Charakterisieren Sie den Marquis.*
4. *Charakterisieren Sie Alba.*
5. *Das Stück ist (zwei Jahre vor der Französischen Revolution) ein Manifest der Menschenrechte. Beurteilen Sie es danach.*

„Wallenstein" ist das erste der fünf klassischen Meisterdramen Schillers. Es ist eine Trilogie, d. h., es umfasst drei Teile: „Wallensteins Lager", „Die Piccolomini" und „Wallensteins Tod".

„Wallensteins Lager" zeigt keinen eigentlichen Handlungsablauf. Es hat eine zweifache Aufgabe: Einmal zeichnet es den allgemeinen geschichtlichen Hintergrund des Dramas und zweitens führt es in das Hauptgeschehen ein, trägt also zum besseren Verständnis Wallensteins und seiner Handlungen bei. Es ist interessant, zu beobachten, wie Schiller verschiedene Soldatentypen als „kleine" Abbilder der Hauptgestalten auftreten lässt: den Wachtmeister für Wallenstein, den ersten Kürassier für Max Piccolomini, den irländischen Dragoner für Buttler usw. – Das Heer, das der Kaiser fürchtet, steht hinter seinem Feldherrn: ein Machtmittel, das in der Hand eines ehrgeizigen Befehlshabers zu einem furchtbaren Werkzeug gegen den Kaiser werden könnte.

Die beiden Teile „Die Piccolomini" und „Wallensteins Tod" enthalten die eigentliche Handlung der Tragödie. Oktavio Piccolomini ist der eigentliche Gegner des Friedländers – er ist sein Vertrauter und gleichzeitig ein Werkzeug des Kaisers. Sein Sohn Max ist dem Feldherrn in schwärmerischer Weise zugetan. Er liebt dessen Tochter Thekla.

Wallenstein spielt mit dem Gedanken, den Krieg auf eigene Faust zu beenden und sich mit den Schweden zu verbinden. Aber noch zögert er den entscheidenden Schritt zu tun. Als der Kaiser die Aufspaltung des starken Heeres verlangt, wollen die Unterfeldherren Illo und Terzky alle hohen Offiziere erneut dem Feldherrn verpflichten. Auf einem Bankett verlesen sie ihnen eine Treueerklärung, die auch einen Schwur auf den Kaiser enthält. Zu vorgerückter Stunde legen sie ihnen jedoch eine Fälschung vor, bei der die Eidesformel ausgelassen ist. Oktavio erkennt als Einziger den Betrug. Als bald darauf ein Unterhändler festgenommen wird, der Dokumente über Wallensteins Verhandlungen mit den Schweden bei sich trägt, ist der Verrat endgültig bewiesen. Die Katastrophe steht bevor. Noch könnte sich Wallenstein retten, indem er auf Macht und Stellung verzichtet – doch sein Charakter macht diesen Schritt unmöglich. Seine Herrschernatur, Machtgier und Selbstherrlichkeit lassen es nicht zu, dass er sich tatenlos zurückzieht: „Wenn ich nicht wirke mehr, bin ich vernichtet". So wird sein Charakter sein Schicksal.

Jetzt stehen die Sterne für ihn günstig. Er empfängt den schwedischen Obersten Wrangel, um den Vertrag abzuschließen. Der Höhepunkt der tragischen Entwicklung ist erreicht, der Verrat am Kaiser ist perfekt. Damit wendet sich aber auch sein Schicksal zum Verderben. Oktavio gewinnt die Führer des Heeres und die besten Regimenter fallen aus althergebrachter Kaisertreue von Wallenstein ab. Diese Macht der Gewohnheit, das Verharren der Regimenter in ihrer Anhänglichkeit an den Kaiser, führt seinen Untergang vollends herbei. Zwar gewinnt er im Angesicht der Gefahr noch einmal seine ganze Tatkraft und Sicherheit zurück, aber der „unsichtbare Feind", das Beharren der Regimenter, ist stärker. –

Max Piccolomini sucht und findet den Tod im Kampf gegen die Schweden. Thekla flüchtet zu seinem Grab und ist seitdem verschollen. An der Stelle Buttlers, von dessen Treubruch er noch nichts weiß, geht Wallenstein nach Eger, wo jener die Acht an ihm vollstrecken läßt. Oktavio aber wird in den Fürstenstand erhoben.

Schillers „Wallenstein" ist unsere erste historische Charaktertragödie. Der Held geht zugrunde, weil sein Charakter keinen anderen Weg zulässt. Das Machtstreben ist die stärkste Triebfeder seiner Handlungen. Unter dem Bann der Herrschsucht vermag er sich nicht von vornherein klar für das Gute oder das Böse zu entscheiden – er ist in seinen Entscheidungen stark beeinflusst. Als er vor die Wahl gestellt wird auf Macht und Ehre zu verzichten oder den Weg des Verrates zu gehen, zwingt sein unbändiger Stolz ihn zum Verrat. Wallenstein glaubt auch nicht an die innere Freiheit des Menschen. Er sieht sein Schicksal vielmehr vorherbestimmt und versucht daher, es aus dem Lauf der Gestirne zu lesen.

Oktavio hingegen ist der realistische Diplomat, dem es nicht schwer fällt, den verblendeten und unentschlossenen Feldherrn zu vernichten. Zwischen den Gegnern, jenseits von Untreue und Verrat, steht das Liebespaar Max und Thekla. Ihr Schicksal ist eine Tragödie für sich. Max ist im Gegensatz zu Wallenstein Idealist, ein Held, der so recht dem schillerschen Herzen entspringt. Er geht unter, weil er sich nicht zwischen der Treue zu Kaiser oder Wallenstein entscheiden kann. Es bleibt ihm nur der Weg, im Kampf den Tod zu suchen und dadurch seine sittliche Freiheit zu bewahren.

Erschließende Fragen:

1. *Welche Stelle nimmt „Wallensteins Lager" im Rahmen des Gesamtdramas ein? Zeigen Sie das im Einzelnen.*
2. *Warum ist Oktavio der eigentliche Gegner Wallensteins?*
3. *Beurteilen Sie das Verhalten Oktavios. Ist er ein Verräter?*
4. *Welche Motive bestimmen Wallensteins Handeln?*
5. *Wie beurteilen Sie seine Entschlusskraft?*
6. *Warum gibt er nichts Schriftliches von sich?*
7. *Warum hält er sich einen Astrologen?*
8. *Wo zögert er misstrauend, wo vertraut er blindlings?*
9. *Warum muss Wallenstein scheitern?*
10. *Charakterisieren Sie a) Max, b) Illo, c) Terzky.*
11. *Skizzieren Sie die wichtigsten Szenen der Gesamthandlung.*

„Maria Stuart". Kern dieses Dramas ist die Läuterung der Königin. Als verwöhnte, umworbene und lebensbejahende Herrscherin über Schottland hat sie in ihrer Jugend schwere Schuld auf sich geladen. Grausam trifft sie der Sturz ins Elend und erbittert kämpft sie gegen ihre Feindin Elisabeth, bis sie den Weg zur Demut und Buße und damit zum Seelenfrieden findet.

Maria, die schöne und lebensfreudige Königin von Schottland, ist vor einem Aufstand aus ihrer Heimat nach England geflohen, um bei der Königin Elisabeth Schutz zu suchen. Diese aber, die kalte und ehrgeizige Frau, lässt sie einkerkern und zum Tode verurteilen, weil sie fürchtet, Maria könne ihre rechtmäßigen Ansprüche auf den englischen Thron geltend machen. Die stolze Maria erkennt aber weder die Richter an, die „unter vier Regierungen viermal den Glauben änderten", noch das Urteil, das nach einem eigens zu ihrem Untergang geschaffenen Gesetz gefällt worden ist. Auch ist die Einstellung des Hofes zu Marias Bestrafung sehr unterschiedlich. Gewichtige Stimmen verlangen ihren Tod, aber der edle Graf Shrewsbury tritt als ihr Anwalt auf. Durch Mortimer bietet sich sogar eine Gelegenheit, Maria ins Ausland zu schaffen, und als Elisabeth zögert, das ungerechte Urteil vollstrecken zu lassen, benutzt Graf Leicester die Gelegenheit und versucht Rettung zu bringen. Er vermittelt eine Zusammenkunft der beiden Frauen. Maria bittet in äußerster Selbsterniedrigung auf Knien um Freiheit und Achtung ihrer Würde. Aber kalter Hochmut und Hohn sprechen aus Elisabeths Entgegnung. Da trifft Maria sie, zum Äußersten gereizt, in leidenschaftlichem Ausbruch an empfindlichster Stelle. Ihr Schicksal ist damit besiegelt, denn auch Mortimers Absicht wird vereitelt und Shrewsburys Warnung bleibt unbeachtet. Im Kerker wartet sie auf die Vollstreckung des Urteils. Nun geht die entscheidende Wandlung in ihr vor: Sie betrachtet den ungerechten Tod als Sühne für schwere Schuld, die sie auf sich geladen, als sie sich an der Ermordung ihres früheren Gatten Darnley beteiligt hatte. Sie gibt ihr Leben, an dem sie so sehr hängt, und nimmt den Tod freudig hin.

Erschließende Fragen:

1. *Zeichnen Sie (vielleicht in einer grafischen Darstellung) die wichtigsten Ereignisse auf, die Maria Hoffnung oder Unglück bringen.*
2. *Ist Elisabeth berechtigt Maria zum Tode zu verurteilen?*
3. *In welcher Szene entscheidet sich Elisabeth endgültig für Marias Untergang? Warum?*
4. *Charakterisieren Sie Elisabeth.*
5. *Charakterisieren Sie Mortimer und Leicester.*

„Die Jungfrau von Orleans" nennt Schiller eine „romantische Tragödie".

Der Norden Frankreichs ist um 1430 bis nach Orleans von den Engländern erobert. König Karl VII. ist vom Parlament in Paris abgesetzt worden. Selbst Isabeau, die Mutter des Königs, huldigt dem neuen Herrscher. Die Lage der Franzosen ist hoffnungslos. Da erhält ein junges Mädchen, Jeanne d'Arc, vom Himmel den Befehl, Frankreich zu retten. Sie muss aber geloben reine Jungfrau zu bleiben und keinen Mann zu lieben. Sie rüstet sich für den Kampf und nimmt Abschied von ihrer ländlichen Heimat.

- *Karl hält indessen in Chinon Hof. Der tapfere Dunois ist empört über die Tatenlosigkeit des Königs, der die Tage verträumt, statt mutig dem Feind entgegenzutreten. Da trifft die Nachricht ein, dass die Engländer vor Orleans in einer Schlacht wie durch ein Wunder besiegt worden sind. Eine „Jungfrau mit behelmtem Haupt" habe die französischen Truppen mitgerissen. Bald tritt Johanna selbst ein und erzählt von ihrer Berufung. Die Mutter Gottes sei ihr dreimal erschienen und habe sie aufgefordert Frankreich zum Siege zu führen. Mit dem Bilde der Himmelskönigin auf ihrer Fahne zieht sie wieder in den Kampf. – Im englischen Lager herrscht inzwischen große Verwirrung. Der Feldherr Talbot und der Herzog von Burgund geraten in Streit. Plötzlich bricht Johanna mit ihrem Heer in das Lager ein und besiegt die Engländer abermals. Auch gelingt es ihr, das abtrünnige Burgund für Frankreich zurückzugewinnen. Nach solchen Erfolgen bitten die edlen französischen Offiziere Dunois und La Hire um ihre Hand, doch Johanna weist sie, eingedenk ihres göttlichen Auftrages, zurück. Weiter geht der siegreiche Kampf. Talbot wird getötet, das englische Heer immer weiter zurückgeworfen, der endgültige Sieg ist nicht mehr fern.*
- *Mitten in der Schlacht wendet sich Johannas Schicksal. Sie trifft im Kampf auf den englischen Feldherrn Lionel. Als sie ihm ins Gesicht schaut, ist sie so tief beeindruckt, dass sie ihn nicht zu töten vermag. Sie liebt ihn und lädt damit schwere Schuld auf sich: „Was hab ich getan! Gebrochen hab ich mein Gelübde!" In Reims wird der König gekrönt, doch Johanna stürzt entsetzt aus der Kathedrale, weil ihr Gewissen sie quält. Draußen steht ihr Vater und beschuldigt sie vor Volk und König, mit dem Teufel im Bunde zu sein. Sie schweigt und nimmt als Sühne die ungerechtfertigten Vorwürfe auf sich. Alle verlassen sie, nur Raimond, der ehemalige Verlobte, bleibt bei ihr und durchstreift mit ihr die Wälder. Nach drei Tagen gerät sie willenlos in die Gefangenschaft der Königin Isabeau. Als sie sich im Turm Lionel gegenübersieht, widersteht sie siegreich der Liebe. – Draußen tobt erneut die Schlacht. Die Engländer jagen die Franzosen in die Flucht, der König wird gefangen. Da betet Johanna noch einmal inbrünstig zu Gott, zerreißt die schweren Ketten und stürzt aufs Schlachtfeld. Sie befreit den König und besiegt die Feinde ein letztes Mal. Sie selbst wird schwer verwundet und stirbt, schon in den geöffneten Himmel schauend: „Hinauf, hinauf, die Erde flieht zurück, kurz ist der Schmerz und ewig ist die Freude."*

In dichterischer Freiheit gestaltet Schiller so das Schicksal der historischen Jeanne d'Arc, die in Wirklichkeit nach langem Prozess von den Engländern als Hexe verbrannt worden war. In den Mittelpunkt der Tragödie stellt er auch hier das Problem der Freiheit: Johanna entsagt der irdischen Liebe und erfüllt in heldenhafter Selbstüberwindung die göttliche Sendung. Bei dem englischen Dichter George Bernard Shaw wird Johanna verbrannt, weil sie sich gegen die geistliche und weltliche Macht ihrer Zeit auflehnt.

Erschließende Fragen:

1. *Warum nennt Schiller das Bühnenstück eine „romantische" Tragödie?*
2. *Warum wird Johanna schuldig?*
3. *Wie entwickelt sich die Handlung bis zu ihrem Schuldigwerden und wie unterscheiden sich davon die Geschehnisse nachher?*
4. *Wodurch wird Johanna geläutert?*
5. *Charakterisieren Sie Karl VII. und Isabeau.*

„Die Braut von Messina". Diese Tragödie schrieb Schiller nach dem Vorbild des Griechen Sophokles, von dem er auch den Chor übernahm, der aber nun nicht nur Betrachter und Deuter ist, sondern auch in die Handlung eingreift.

- *Inhalt ist der Zwist zweier Brüder um die Geliebte, die – ohne dass sie es wissen – ihre Schwester ist. Don Cesar tötet seinen Bruder Don Manuel und ersticht sich dann voller Reue selbst. So erfüllt sich der Fluch des Geschlechtes, dass die eigene Tochter dem Stamm den Untergang bringen wird.*

Vererbt hat sich jedoch nicht der Fluch, sondern der Charakter des Geschlechtes, die ungestüme Leidenschaft. So ist denn das Werk auch kein eigentliches Schicksalsdrama nach dem Vorbild des griechischen Dichters Sophokles. Dort wird die Handlung von einer übermenschlichen Schicksalsmacht bestimmt. Bei Schiller dagegen entwickelt sich die Schuld aus den Charakteranlagen und dem freien Willensentscheid der Helden.

„Wilhelm Tell" ist Schillers volkstümlichstes Drama. Es beschreibt, wie das Schweizer Volk in seinen Kantonen Schwyz, Uri und Unterwalden seine Freiheit gegen die Unterdrückung durch die österreichische Hausmacht verteidigt. Tells Schicksal ist jedoch nicht das Hauptanliegen des Dichters, vielmehr tritt es hinter das des Volkes zurück. Tell verkörpert nur das Freiheitsstreben der Schweizer – wie der Landvogt den Typ des Despoten.

Das Drama spielt um das Jahr 1300. Das Volk stöhnt unter der Gewalttätigkeit der österreichischen Landvögte. Sie wollen die Einwohner durch Misshandlungen für die Unterwerfung unter Österreichs Krone gefügig machen. Besonders brutal geht der Vogt Hermann Geßler vor. Die Schweizer greifen zur Notwehr. So erschlägt Konrad Baumgarten aus Unterwalden einen Landvogt und muss fliehen. Tell rettet ihn vor den Reitern des Vogts. Allmählich greift eine allgemeine Empörung um sich. Nachts kommen die Abgesandten der drei Kantone auf einer abgelegenen Waldwiese, dem Rütli, zusammen und schwören sich Treue: „Wir wollen sein ein einzig Volk von Brüdern, in keiner Not uns trennen und Gefahr." Man beschließt das drückende Joch nun mit Waffengewalt abzuschütteln.

Während aber die Rütlimänner noch abwarten, gibt Tell den eigentlichen Anstoß. In Altdorf hat Geßler auf einer Stange einen Hut anbringen lassen, den die Schweizer mit entblößtem Haupt an Kaisers statt grüßen sollen. Tell, der mit seinem kleinen Sohn dort vorbeikommt, weigert sich die Huldigung zu erweisen. Als Strafe verlangt Geßler von ihm, dass er mit der Armbrust einen Apfel vom Kopfe des eigenen Kindes schieße. Der Meisterschuss gelingt. Mit einem zweiten Pfeil hätte er den Landvogt durchbohrt, wenn sein Sohn getroffen worden wäre. Als Geßler diese freimütige Erklärung vernimmt, lässt er ihn gefangen nehmen. Es gelingt Tell aber zu fliehen. Um sich und seine Angehörigen vor der Willkür des Vogts zu schützen, beschließt er ihn zu töten. In der „hohlen Gasse" bei Küssnacht durchbohrt ein wohlgezielter Pfeil den Tyrannen. Damit ist der Anstoß zum offenen Aufstand gegeben, der dem Volk die Freiheit bringt.

Erschließende Fragen:

1. *Unterscheiden und beschreiben Sie die drei Handlungen:*
   a) die Volk-Handlung,
   b) die Tell-Handlung,
   c) die Rudenz-Handlung.
2. *In welcher Szene vereinigen sich diese drei Handlungen?*
3. *Wer ist der eigentliche Held in „Wilhelm Tell"?*
4. *Ist Tell ein Mörder?*

9 Die Dichtung zwischen Klassik und Romantik

In den Jahrzehnten um 1800 nehmen drei Dichter eine Sonderstellung ein: Hölderlin, Jean Paul und Kleist. Sie gehören weder zur Klassik noch zur folgenden Romantik. Sie sind Einzelgänger, jeder auf seine eigene Art.

Friedrich Hölderlin (1770–1843)

Der Dichter stammt aus Lauffen am Neckar. Sein Schicksal ist ergreifend. Von zarter seelischer Natur, bedeutet jede Berührung mit der Welt für ihn Schmerz. Deshalb baute er sich in seiner Dichtung eine griechische Traumwelt. Entbehrungen und Erniedrigungen setzten ihm so zu, dass er mit 33 Jahren in geistige Umnachtung verfiel, von der ihn der Tod erst nach 40 Jahren erlöste.

Menschenbeifall

Ist nicht heilig mein Herz, schöneren Lebens voll,
Seit ich liebe? Warum achtetet ihr mich mehr,
Da ich stolzer und wilder,
Wortereicher und leerer war?

Ach, der Menge gefällt, was auf den Marktplatz taugt,
Und es ehret der Knecht nur den Gewaltsamen;
An das Göttliche glauben
Die allein, die es selber sind.

Hölderlin war Lyriker in allem, was er schrieb. Durch seine Gedichte ist er einer der größten Dichter deutscher Sprache. Auch die anderen Werke, der Erziehungsroman „Hyperion" und das Drama „Empedokles", zeigen deutlich lyrischen Charakter.

Friedrich Hölderlin

„Hyperion" ist ein Roman in Briefform. Hyperion will den Griechen im Kampf gegen die Türken helfen. Doch seine Ideale zerbrechen an der rohen Wirklichkeit. Deshalb zieht er sich nach dem Tod der geliebten Diotima zurück, um in den heilenden Kräften der Natur Linderung von seinem Schmerz zu finden. Zu groß ist der Riss zwischen Ideal und Leben.

In allen Dichtungen Hölderlins erkennt man das Ideal des Griechentums. Man hat den Dichter deshalb auch einen „deutschen Griechen" genannt.

Abbitte

Heilig Wesen! gestört hab ich die goldene
Götterruhe dir oft, und der geheimeren,
Tiefern Schmerzen des Lebens
Hast du manche gelernt von mir.
O vergiss es, vergib! gleich dem Gewölke dort
Vor dem friedlichen Mond, geh ich dahin, und du
Ruhst und glänzest in deiner
Schöne wieder, du süßes Licht!

Jean Paul (1763–1825)

Jean Paul, der eigentlich Jean Paul Friedrich Richter hieß, stammte aus Wunsiedel im Fichtelgebirge. Er war der meistgelesene Dichter seiner Zeit. Seine Romane wurden auch von den gebildeteren Lesern mehr geschätzt als die Werke von Goethe oder Schiller. Leider greift heute nur noch der Literaturkenner danach; dabei ist er ein großer Meister der Sprache. Er hat in seinen Romanen manch seltsamen Kauz und manch wunderliche Gestalt geschaffen.

Jean Paul

Jean Paul war der erste große Humorist der deutschen Dichtung. Eine Eigenart ist es allerdings, dass seine Werke oft ausschweifen und dass viel Flickwerk die eigentliche Handlung überwuchert. Schuld daran sind auch seine berühmten Zettelkästen, in denen er eifrig alle Gedanken und Lesefrüchte sammelte, um sie dann – oft an unpassender Stelle – einzustreuen. Aber wer es versteht, beim Lesen die Schönheit der Sprache zu genießen, wird in seinen Werken eine wahrhaft unerschöpfliche Quelle literarischer Freuden finden.

Jean Pauls bleibendes Verdienst ist es, dem Roman die führende Stellung unter den Literaturgattungen verschafft zu haben. Er bildet seit ihm die Hauptlektüre des Volkes.

Die wichtigsten seiner Romane sind: „Schulmeisterlein Wuz" – „Quintus Fixlein" – „Siebenkäs" – „Titan" und „Flegeljahre".

Die ersten Zeilen des „Schulmeisterlein Wuz" sind bezeichnend für Jean Pauls Schreibweise:

> *Wie war dein Leben und Sterben so sanft und meerstille, du vergnügtes Schulmeisterlein Wuz! Der stille laue Himmel eines Nachsommers ging nicht mit Gewölk, sondern mit Duft um dein Leben herum: deine Epochen waren die Schwankungen und dein Sterben war das Umlegen einer Lilie, deren Blätter auf stehende Blumen flattern – und schon außer dem Grabe schliefest du sanft!*
>
> *Jetzt aber, meine Freunde, müssen vor allen Dingen die Stühle um den Ofen, der Schenktisch mit dem Trinkwasser an unsre Knie gerückt und die Vorhänge zugezogen und die Schlafmützen aufgesetzt werden und an die grand monde über der Gasse drüben und ans palais royal muss keiner von uns denken, bloß weil ich die ruhige Geschichte des vergnügten Schulmeisterleins erzähle – und du, mein lieber Christian, der du eine einatmende Brust für die einzigen feuerbeständigen Freuden des Lebens, für die häuslichen, hast, setze dich auf den Arm des Großvaterstuhls, aus dem ich heraus erzähle, und lehne dich zuweilen ein wenig an mich!*

Heinrich von Kleist (1777–1811)

Kleist wurde in Frankfurt an der Oder geboren. Er war zunächst Offizier, studierte nach seinem Abschied Physik und Philosophie und führte dann ein ruheloses Wanderleben, das ihn nach Paris, in die Schweiz, nach Weimar und schließlich nach Berlin brachte. Er war ein Einzelgänger, wie Hölderlin und Jean Paul. Aber war Hölderlin der große Grieche und ergab sich Jean Paul mit der Schlafmütze hinter dem Ofen der Träumerei, so war Kleist der ehrgeizige, leidenschaftlich um sein Werk ringende Dichter, der Goethe den Kranz von der Stirn reißen wollte.

Seine Forderung hieß „alles oder nichts". Da seine Werke aber nicht die erhoffte Anerkennung fanden und die politische Entwicklung ihn enttäuschte, erschoss er sich, erst 34 Jahre alt. Damit erlosch die neben Schiller größte Hoffnung des deutschen Theaters.

Kleist war in erster Linie Dramatiker. Das bezeugen nicht nur seine Bühnenwerke, sondern auch die spannungsgeladenen Novellen.

Heinrich von Kleist

„Michael Kohlhaas" ist die bedeutendste:

- *„An den Ufern der Havel lebte um die Mitte des sechzehnten Jahrhunderts ein Rosshändler namens Michael Kohlhaas, Sohn eines Schulmeisters, einer der rechtschaffensten zugleich und entsetzlichsten Menschen seiner Zeit. – Dieser außerordentliche Mann würde bis in sein dreißigstes Jahr für das Muster eines guten Staatsbürgers haben gelten können. . . . Aber das Rechtsgefühl machte ihn zum Räuber und Mörder."*

Seltsam und unheimlich ist die Art, wie in so dramatischer, gedrängter Ausdrucksweise Ungeheuerliches ausgesagt wird.

- *Kohlhaas, in manchem Kleists Charakter verwandt, wird aus verletztem Rechtsgefühl zum Verbrecher. Als ihm ein sächsischer Junker aus reiner Willkür zwei Pferde zurückhält, versucht er vor Gericht zu seinem Recht zu gelangen. Die Richter lassen sich jedoch bestechen, sodass seine Klage abgewiesen wird. Diese Rechtsbeugung bringt ihn so weit, Familie und Besitz aufzugeben, um sich auf eigene Faust sein Recht zu verschaffen. Dabei wird er zum Mordbrenner und Räuberhauptmann, der ganzen Städten den Kampf ansagt. – Vor ein gerechtes Gericht gestellt, wird er zum Tode verurteilt, den er dann auch willig auf sich nimmt, um so seine Untaten zu sühnen.*

Michael Kohlhaas ist ein Mensch von außerordentlich streng ausgebildetem Rechtsgefühl. Als dieses vergewaltigt wird, begeht er auf der Suche nach seinem Recht selbst Unrecht. Aus der Spannung zwischen Recht und Unrecht entwickelt sich die ganze meisterhaft dargestellte Handlung.

Damit wurde Kleist der Schöpfer der „psychologischen Novelle". Ihr Problem ist psychologischer (seelischer) Natur. Es wird nicht hauptsächlich eine äußere Handlung dargestellt, sondern die Art, wie sich der Mensch innerlich mit den Problemen Recht und Unrecht, Liebe und Hass, Freude und Schmerz oder Ehre und Schande auseinander setzt.

„Der zerbrochene Krug" ist eins der wenigen wirklich großen Lustspiele der deutschen Sprache.

- *Das Komische der Handlung wird aus dem Charakter des Dorfrichters Adam entwickelt, der in einer Gerichtsverhandlung klären soll, wer in der letzten Nacht den Krug der Frau Marthe Rull zerbrochen hat. Er versucht durch Verdrehung der Tatsachen dem Bauern Ruprecht die Schuld zuzuschieben, wird aber vom zufällig revidierenden Gerichtsrat Walter selber als Täter überführt.*

„Das Käthchen von Heilbronn" ist ein romantisches Ritterschauspiel voller Märchenzauber, das auch in unserer Zeit noch das Herz des Zuschauers zu rühren vermag.

- *Käthchen erblickt im Traum den Grafen vom Strahl, dem sie nach dem Erwachen, trotz vieler Demütigungen, aus Liebe „wie ein Hündlein" folgt. Nach manchen Irrwegen trennt sich der Graf von seiner bösen Braut Kunigunde und heiratet das unschuldige Mädchen, dessen Liebe ihn so tief gerührt hat.*

„Prinz Friedrich von Homburg". Mit diesem Drama erreicht Kleist seine höchste dramatische Meisterschaft.

- *Der Prinz hat mit einem befehlswidrigen Angriff zwar über die Schweden den Sieg errungen, aber es ist nur ein Zufallssieg, der dazu aus Ungehorsam gegen die Vorschriften des Großen Kurfürsten zustande kam. Dafür wird er zum Tode verurteilt. Er sieht aber nicht ein, dass er sich schuldig gemacht hat. Beim Anblick seines eigenen Grabes gerät er in fürchterliche Verzweiflung und fleht auf Knien um sein Leben. Da gibt der Kurfürst ihm eine Chance:*

- *Er soll selbst entscheiden, ob er schuldig ist oder nicht. Zur Verantwortung aufgerufen, erkennt er nun sein*
- *Vergehen: Ein Staat und eine Armee können nur bestehen, wenn ihre Glieder gehorsam sind.*

Durch die innere Bereitschaft mit seinem Leben für die Erhaltung dieser Ordnung einzustehen, wird er zum Helden. Nun erst verdient er es, vom Kurfürsten begnadigt zu werden.

Erschließende Fragen:

1. *Warum schenken fast alle Personen dem Prinzen ihre Sympathie?*
2. *Wodurch wird der Prinz ausdrücklich auf seine Pflicht in der Schlacht hingewiesen? Warum handelt er dem Befehl zuwider?*
3. *Ermessen Sie die Größe der Schuld, die er auf sich lädt.*
4. *Wie beurteilen Sie seine große Entscheidung im Angesicht des Todes? Wie hat er sich geändert?*
5. *Kann man ihn einen „Helden" nennen? Worin besteht echtes Heldentum?*

Die anderen Dramen Kleists sind „Penthesilea" – „Die Hermannsschlacht" (gegen den Kaiser Napoleon) und das Fragment „Robert Guiskard".

10 Die Dichtung der Romantik (1795-1848)

10.1 Die Romantik

Wenn von „romantisch“ gesprochen wird, so versteht man noch heute darunter etwas Schwärmerisches, Verträumtes, Unwirkliches. Der romantisch veranlagte Mensch ist gefühlsbetont und wird weniger von seinem Verstande beherrscht.

Diese Eigenschaften zeichneten auch die Dichter der Romantik aus, nur in viel stärkerem Maße, als wir Menschen des technischen Zeitalters es uns vorstellen können. Sie waren von einer Lebensstimmung befangen, die nachzufühlen uns heute unmöglich ist. Überall nahmen sie Geheimnisvolles, Unbegreifliches, Unendliches wahr.

Die Romantik als gefühlsbetonte Dichtung richtete sich gegen die „nüchterne“ Klassik. Goethe meinte: „Klassisch ist das Gesunde, romantisch das Kranke.“ Gewiss hatte er nicht ganz unrecht, denn manchmal verloren sich die Romantiker im Phantastischen. Aber sie erwarben sich auch unschätzbare Verdienste um die deutsche Dichtung und um die ganze deutsche Kultur.

Eine geheimnisvolle Sehnsucht nach der Ferne und in die Vergangenheit war der stärkste Antrieb für die Leistungen der Romantiker. Aus dieser Ursache lässt sich all ihr Wirken erklären.

Die Sehnsucht in die Ferne. Die Romantiker waren die Dichter der Wanderfreuden. Sie entdeckten die Schönheit des deutschen Waldes und der alten deutschen Städte, etwa Heidelbergs, Rothenburgs, Nürnbergs oder Bambergs. Aus ihren Erlebnissen erwuchs eine herrliche Wanderlyrik. So entstanden die längst zu Volksliedern gewordenen Weisen „Wem Gott will rechte Gunst erweisen“ – „Das Wandern ist des Müllers Lust“ oder die Waldlyrik, etwa „Wer hat dich, du schöner Wald . . .“.

Diese Sehnsucht nach der Ferne führte sie auch zu anderen Völkern, mit deren Kulturen sie sich auseinander setzten. In genialem Einfühlungsvermögen übersetzten sie Shakespeares, Calderóns und Cervantes' Werke. Selbst die persische, arabische und indische Dichtung mit ihrer märchenhaften Wunderwelt machten sie uns zugänglich.

Zugleich führte die Sehnsucht in die Ferne sie aber auch von dieser Welt fort ins Reich des Wundersamen. In ihren Geschichten werden Gespenster und Teufel heraufbeschworen, ein Kater philosophiert gar über die Schwächen der Menschen, jemand tauscht seinen Schatten gegen Geld ein.

Die Sehnsucht nach der Vergangenheit war die andere Triebfeder der Romantiker. Die Gegenwart war ihnen zu grau und nüchtern. So richtete sich ihr Sehnen ins ***Mittelalter,*** zu den Hohenstaufen, den tapferen Rittern, reitenden Kaufleuten und frommen Mönchen. Diese Epoche erhoben sie zu ihrem Idealbild. Schwärmerisch wünschten sie diese große Zeit zurück, als das Abendland noch nicht zerfallen war in eine weltliche und eine kirchliche Macht, als der Einzelne eingebettet war in die große gottgewollte Gemeinschaft des Heiligen Römischen Reiches Deutscher Nation.

Die Beschäftigung mit dem Mittelalter bedeutet, dass sie sich mit der Vergangenheit auseinander setzten. Die Romantik war der Beginn einer intensiven, wissenschaftlichen ***Geschichtsforschung.*** Dabei beschäftigten sie sich auch mit der Dichtung der deutschen Vergangenheit. Ihre Liebe galt besonders der deutschen Volksdichtung. So waren sie rechte Schatzgräber vergessener Literatur. Das Nibelungenlied wurde uns wiedergeschenkt und mit anderen Ritterepen ins Neuhochdeutsche übersetzt. Man sammelte Märchen und Sagen und erzählte die alten Volksbücher nach. Die Geschichte unserer Sprache und ihre Verwandtschaft mit anderen Sprachen wurden erforscht. Die Brüder Grimm begannen mit dem gewaltigen „Wörterbuch der deutschen Sprache“ – das erst 1961 fertig gestellt wurde – und stellten eine umfangreiche deutsche Grammatik zusammen.

Die „romantische Ironie". Da die Sehnsucht der Romantiker oft auf unerreichbare Ziele gerichtet war, musste sie letztlich unbefriedigt bleiben. Diese schmerzliche Erkenntnis verleitet manchen Dichter dazu, seine Phantasiegebilde selbst wieder zu zerstören. Er stellt sich über sein Werk, spielt mit ihm, verspottet es scheinbar. Dabei wird die ursprünglich beabsichtigte Wirkung, den Leser in die Zauberwelt der Illusion zu entrücken, aufgehoben. Clemens v. Brentano lässt z. B. den Helden im Roman „Godwi" zum Dichter sagen: „Dies ist der Teich, in den ich Seite 266 im 1. Band falle." Der Autor „stirbt zum Schluss des Romans, weil er sich beim Dichten so schrecklich langweilt"! — Diese Erscheinung nennt man „romantische Ironie".

10.2 Baukunst, Malerei und Musik

Romantik
Hans Hinz/Artothek

Caspar David Friedrich (1774–1840)
Kreidefelsen auf Rügen

Die Baukunst. So wie der Klassizismus häufig auf die Vorbilder der Antike zurückgegriffen hatte, so suchten die Architekten der Romantik ihre Vorbilder meistens im Mittelalter. Unvollendete gotische Bauten wurden nun zu Ende geführt (Kölner Dom, Ulmer Münster), neugotische Kirchen und Profanbauten (weltliche Bauten) entstanden, z. B. das Rathaus in Wien. Meist wirkt der Stil dieser Gebäude nicht echt, da die Menschen von 1830 nicht mehr so empfinden konnten wie die Ritter oder Bürger von 1200 bis 1500.

Die Malerei der Romantik ist ein Abbild der Dichtung. Sie ist lyrisch gestimmt, stellt häufig Landschaftsbilder dar, verträumte Menschen, vor denen sich der Blick in die Weite des Tales öffnet. Man malte alte Burgen und Schlösser, Waldeinsamkeit oder versteckte Winkel und Brunnen. Die Maler der Romantik waren Caspar David Friedrich (1774–1840), Moritz von Schwind (1804–1871), Ludwig Richter (1803–1884) und Carl Spitzweg (1808–1885).

Biedermeier
Joachim Blanel/Artothek

Carl Spitzweg (1808–1885)
Rosenduft-Erinnerung

Musik. ***Robert Schumann*** (1810–1856). Er ist bis heute neben Schubert der größte Meister des deutschen Liedes („Liederkreis", „Dichterliebe" usw.).

Felix Mendelssohn Bartholdy (1809–1837) war einer der melodienreichsten deutschen Komponisten. Seine Sinfonien, Konzerte und Ouvertüren gehörten zu den häufig gespielten Werken in den Konzertsälen.

Carl Maria von Weber (1786–1826) war der Schöpfer der deutschen romantischen Oper, des „Freischütz", der „Euryanthe" und des „Oberon", nachdem bisher die italienische Oper die Szene beherrscht hatte.

Johannes Brahms (1833–1897) gilt als der bedeutendste nachklassische Sinfoniker (4 Sinfonien, Violinkonzert und Klavierkonzerte, Requiem; außerdem etwa 200 Lieder). Seine Musik ist grüblerisch, ernst und innig.

Richard Wagner (1813–1883), der Schöpfer des Musikdramas, schrieb selbst die Texte zu seinen gewaltigen Opern, die meist in der Welt des Mittelalters spielen: „Lohengrin" – „Tristan und Isolde" – „Parsifal" – „Ring der Nibelungen" – „Tannhäuser" – „Rienzi" – „Der fliegende Holländer" – „Meistersinger". Sein Werk ist immer noch umstritten. Die Meinungen reichen von schärfster Ablehnung bis zur Vergötterung.

10.3 Die Dichter

Die Dichter der Romantik waren vornehmlich Lyriker. Das ist nicht verwunderlich, denn Lyrik ist ja Gefühlsdichtung. Einigen von ihnen gelang eine große Novelle, während keiner ein bühnenwirksames Drama schrieb.

Novalis (1772–1801)

Novalis war der Dichtername Friedrich von Hardenbergs. Er erfand in seinem unvollendeten Roman „Heinrich von Ofterdingen" das berühmte Symbol der Romantiker, die ***„blaue Blume"***. So wie Heinrich, einem Traume folgend, sehnsüchtig die blaue Blume sucht, so erstrebten die anderen Romantiker das ferne Wunderland, in dem der ruhelose Mensch Frieden finden kann.

Man hat Novalis den „romantischen Bruder Hölderlins" genannt. Und wirklich glichen sich die beiden Dichter nicht nur äußerlich, sondern auch in ihrem lyrischen Werk. Novalis' Gedichte sind durchweg religiös gestimmt. Von tiefer Musikalität zeugen seine „Hymnen an die Nacht". In den „Geistlichen Liedern" werden Erinnerungen an die Tage der Kindheit im frommen Vaterhaus wach.

Novalis

Joseph Freih. v. Eichendorff

Joseph Freiherr von Eichendorff (1788–1857)

Eichendorff ist der bekannteste unter den Dichtern der Romantik. Er stammt aus Oberschlesien, studierte in Heidelberg, wo er andere Romantiker kennen lernte, und wirkte später als hoher Beamter in Berlin.

Seine Liebe galt der schönen Gottesnatur, dem deutschen Wald, dem Frühling, den alten Kapellen und schlafenden Brunnen. Er ist einer unserer volkstümlichsten Dichter. Seine Lieder treffen häufig den echten Volkston: „In einem kühlen Grunde" – „Wer hat dich, du schöner Wald" – „O Täler weit".

Mondnacht

Es war, als hätt der Himmel	*Die Luft ging durch die Felder,*	*Und meine Seele spannte*
Die Erde still geküsst,	*Die Ähren wogten sacht,*	*Weit ihre Flügel aus,*
Dass sie im Blütenschimmer	*Es rauschten leis die Wälder,*	*Flog durch die stillen Lande,*
Von ihm nun träumen müsst.	*So sternklar war die Nacht.*	*Als flöge sie nach Haus.*

Eichendorff hat auch Novellen geschrieben, darunter die schönste:

„Aus dem Leben eines Taugenichts". Man hat sie einmal „eines der ewigen Märchenbücher der Menschheit" genannt. Sie ist die Geschichte eines „göttlichen Faulenzers", eines verträumten Müllersohnes, der auszieht, um sein Glück zu machen. Er gelangt bis nach Italien, wo er nach mancherlei phantastischen Abenteuern das Mädchen, das er liebt, als Frau erhält. Alles ist von gütigem Humor überstrahlt und atmet rechte romantische Luft: die Sehnsucht nach der Ferne, die Mondscheinnächte, die italienischen Burgen und die fahrenden Studenten.

E. T. A. Hoffmann (1776–1822)

E. T. A. Hoffmann

Ernst Theodor Amadeus Hoffmann wurde in Königsberg geboren und war nicht nur Dichter, sondern auch Jurist (er war Kammergerichtsrat), Maler, Regisseur und Musiker. Wegen seiner dämonischen Fantasie nannte man ihn den „Gespensterhoffmann", den die Furcht vor den Wahnsinnsgebilden der eigenen Fantasie nicht zur Ruhe kommen ließ.

Hoffmann verstand es, dem Leser diese unwahrscheinlichen Auswüchse der Einbildung so vor Augen zu zaubern, dass er sie wirklich schaut und vergisst, dass es ja nur Hirngespinste sind.

Seine bekanntesten Romane und Erzählungen sind: „Die Elixiere des Teufels" – „Lebensansichten des Katers Murr" – „Das Fräulein von Scuderi" und „Meister Martin der Küfner und seine Gesellen". Zu den schönsten Beispielen deutscher Kunstmärchen gehören „Der goldene Topf", ein Erwachsenenmärchen, und „Nussknacker und Mausekönig", das für Kinder bestimmt ist. Der Komponist Jacques Offenbach verwandte die Erzählungen „Nachtstücke" in seiner bekannten Oper „Hoffmanns Erzählungen".

Im ***„Meister Martin"*** , einer „gespensterfreien" Erzählung, gestaltet Hoffmann eine Novelle aus der Zeit der Zünfte, der Gilden und des Meistergesangs zu einem Hohelied auf das rechtschaffene Handwerk.

Der stolze Meister Martin will nur demjenigen seine hübsche Tochter Rosa zur Frau geben, der ein hervorragendes Meisterstück liefert. Dem Mädchen zuliebe erlernen ein Ritter, ein Patrizier und ein Bürger das Küferhandwerk. Sie arbeiten im Wettstreit um die Gunst, bis der Bürgersohn die anderen aus dem Felde schlägt.

Adelbert von Chamisso (1781–1838)

Chamisso war gebürtiger Franzose. Er musste mit seinen Eltern vor der Revolution nach Deutschland fliehen, wo er aber nie recht Wurzeln schlagen konnte. Stets sehnte er sich zurück nach dem heimatlichen Schloss in der Champagne. Mit innerem Zwiespalt musste er als Offizier im preußischen Heere dienen. Später unternahm er eine Weltreise und erhielt nach der Rückkehr eine Anstellung im Botanischen Garten in Berlin.

Der Dichter war „Franzose an ritterlichem Blut und Feuer – ein Deutscher an Gemüt und zartem Sinn". Zuerst ganz von romantischen Ideen befangen, wandte er sich später auch der politischen Tendenzdichtung zu.

„Peter Schlemihls wundersame Geschichte". In dieser Novelle fand sein eigenes Schicksal Niederschlag. Sie erzählt von einem Mann, der dem Teufel seinen Schatten verkauft. Die Schattenlosigkeit versinnbildlicht Chamissos Heimatlosigkeit. Schlemihl wird überall verhöhnt und gemieden und muss auf das geliebte Mädchen verzichten. Ruhelos irrt er deshalb durch die Welt, bis er in der Erforschung der Natur sein Lebensglück findet.

Es ist bewundernswert, wie Chamisso es als geborener Franzose zu vollendeter Meisterschaft in der Beherrschung der deutschen Sprache brachte, die ihn sogar zu Balladen befähigte: „Die Sonne bringt es an den Tag", „Das Riesenspielzeug".

Adelbert von Chamisso

Clemens Brentano (1778–1842)

Brentano sagte von sich, dass die Fantasie ihn besitze und nicht er sie. So war er denn der schwärmerischste und lyrischste unter den Dichtern der Romantik.

Abendständchen

Hör, es klagt die Flöte wieder
Und die kühlen Brunnen rauschen,
Golden wehn die Töne nieder –
Stille, stille, lass uns lauschen.
Holdes Bitten, mild Verlangen,
Wie es süß zum Herzen spricht;
Durch die Nacht, die mich umfangen,
Blickt zu mir der Töne Licht.

Clemens Brentano

Frühling

Frühling soll mit süßen Blicken
Mich entzücken und berücken,
Sommer mich mit Frucht und Myrten
Reich bewirten, froh umgürten

Herbst, du sollst mich Haushalt lehren,
Zu entbehren, zu begehren,
Und du, Winter, lehr mich sterben,
Mich verderben, Frühling erben

Zusammen mit dem Schwager ***Achim von Arnim*** (1781–1831), der seine Schwester Bettina heiratete, gab er ***„Des Knaben Wunderhorn"*** heraus, eine Sammlung von fast 600 Volks- und Kinderliedern. Es ist das schönste Buch der Romantik, von dem Goethe sagte, es müsse in jedem Haus zu finden sein. Dort stehen die Volkslieder „Es blies ein Jäger wohl in sein Horn" – „Guten Abend, gute Nacht" – „Maikäfer flieg" – „O Tannenbaum" – „Wenn ich ein Vöglein wär" – „Schlaf, Kindlein, schlaf" u. A.

Ludwig Tieck (1773–1853)

Ludwig Tieck

Der Berliner Ludwig Tieck war einer der großen Erneuerer der alten deutschen Dichtung. Viele vergessene Minnelieder hat er wieder entdeckt. Ebenso dankbar sind wir ihm für die Bearbeitung der alten Volksbücher, etwa der Geschichte von den Schildbürgern, der schönen Magelone, der Melusine und den Heymonskindern. Zwar sind seine Märchen „Der gestiefelte Kater" – „Der blonde Eckbert" oder „Ritter Blaubart" heute vergessen, aber ihr Stoff ist doch bleibendes Gut unseres Volkes geworden.

Auch dieses Gedicht – das man als das am meisten „romantische" jener Zeit bezeichnet hat – stammt von Ludwig Tieck:

Ruf der Romantik
Mondbeglänzte Zaubernacht,
Die den Sinn gefangen hält,
Wundervolle Märchenwelt,
Steig auf in der alten Pracht.

Im Alter wurde Tieck der kluge Berater und Förderer der jüngeren Dichter und nach Goethes Tod galt er als der Mittelpunkt des schöngeistigen Lebens in Deutschland. Er gab literarische Zeitschriften heraus und veröffentlichte Gesamtwerke anderer Dichter, z. B. Kleists.

August Wilhelm Schlegel (1767–1845)

Schlegel war einer der größten Übersetzer deutscher Sprache. Neben spanischen und italienischen Klassikern übertrug er besonders Shakespeares Dramen. Mit außerordentlich feinem Einfühlungsvermögen verdeutschte er sie. Dorothea Tieck, die Tochter des Dichters, setzte das Werk mit dem Grafen Baudissin fort.

Die Brüder Grimm

Von besonderer, nicht allein literarischer Bedeutung sind die Brüder Jacob (1785–1863) und Wilhelm Grimm (1786–1859). Sie gleichen dem Königssohn im Märchen, der durch die Dornenhecke dringt, um die Prinzessin zu neuem Leben zu erwecken. Auf ihren Wanderungen trugen die Unzertrennlichen zusammen, was der Volksmund ihnen erzählte. So entstand die Sammlung der ***„Kinder- und Hausmärchen"***, ein wahrer Märchenschatz für Groß und Klein. Später kamen die „Deutschen Sagen" hinzu.

Daneben waren die Brüder Grimm die Begründer der Germanistik, der deutschen Sprachwissenschaft. Sie schrieben eine „Deutsche Grammatik", eine „Geschichte der deutschen Sprache" und begannen mit dem „Wörterbuch der deutschen Sprache" – jenem gewaltigen Werk, in dem jedes deutsche Wort nach Entstehung und Verwendung untersucht wird und das erst 1961 mit dem 32. Band vollendet wurde.

Die schwäbischen Romantiker

Sie waren weniger „romantisch" im eigentlichen Sinne. Ihre Begeisterung für das Mittelalter und für die Schönheit der Heimat war schlichter. Ein natürlicher Grundton herrscht in ihren Werken.

Gustav Schwab (1792–1850) bearbeitete die „Schönsten Sagen des klassischen Altertums" und die „Deutschen Volksbücher"; von ***Wilhelm Hauff*** (1802–1827) stammen der Ritterroman „Lichtenstein" und viele reizvolle Kunstmärchen, wie „Kalif Storch" – „Zwerg Nase" und „Das kalte Herz" (aus der Sammlung „Das Wirtshaus im Spessart").

Besondere Beachtung verdient ein Schwabe, der wohl einer der volkstümlichsten deutschen Dichter überhaupt war: ***Ludwig Uhland*** (1787–1862). Er war einer unserer großen Balladendichter. Seine Stoffe entnahm er gern der Sagenwelt oder der Geschichte: „Bertran de Born" – „Das Glück von Edenhall" – „Des Sängers Fluch" – „Schwäbische Kunde" – „Der blinde König" oder „Die Rache".

Ludwig Uhland

Ebenso volkstümlich sind seine Lieder: „Ich hatt einen Kameraden" – „Es zogen drei Burschen" oder das Gedicht:

Schäfers Sonntagslied

Das ist der Tag des Herrn!
Ich bin allein auf weiter Flur;
Noch eine Morgenglocke nur,
Nun Stille nah und fern.

Anbetend knie ich hier.
O süßes Graun, geheimes Wehn,
Als knieten viele ungesehn
und beteten mit mir.

Der Himmel, nah und fern,
Er ist so klar und feierlich,
So ganz, als wollt er öffnen sich.
Das ist der Tag des Herrn.

Weitere Romantiker. Die Dichter Ernst Moritz Arndt, Theodor Körner und Friedrich Rückert waren die Lyriker der Befreiungskriege. Während der „Olympier" Goethe von Weimar aus dem Kriegsgewirr gelassen zuschaute, standen sie gegen Napoleon auf und rissen in ihrer Begeisterung und Freiheitsliebe das ganze Volk mit.

11 Zwischen Romantik und Realismus

Fünf Dichter stehen zwischen den beiden Epochen der Romantik und des aufkommenden Realismus. Ihre Werke zeigen Merkmale beider Richtungen. Es sind Eduard Mörike, Adalbert Stifter, Franz Grillparzer, Heinrich Heine und Annette von Droste-Hülshoff.

Eduard Mörike (1804–1875)

Eduard Mörike

Mörike ist einer der liebenswertesten deutschen Dichter. Er stammt aus Ludwigsburg und hat seine schwäbische Heimat nur ungern und selten verlassen. Nach der Gymnasialzeit in Ludwigsburg und Stuttgart besuchte er das Tübinger Stift. Krankheit und Menschenscheu ließen ihn nach 20 Jahren auf seine Pfarre in Cleversulzbach verzichten, um fortan fast nur noch dem Dichten zu leben. Fern vom Weltgetriebe führte er in Stuttgart ein ganz nach innen gerichtetes, stilles und verträumtes Leben. Doch blieb sein Inneres nicht vor Erschütterungen bewahrt, wie seine Liebeslieder „Peregrina" bezeugen. Bei seinem Tod war der bescheidene Mann in der damals politisch stürmischen Welt kaum bekannt. Heute zählt er zu unseren größten Lyrikern.

Mörikes Lyrik ist der goetheschen verwandt, findet aber durchaus eigene Klänge. Innig und weich, zuweilen melancholisch sind die Töne. Zum Schönsten zählt seine Naturlyrik, in der es ihm gelingt, volksliedhafte Verse zu finden. Nicht von ungefähr sind viele seiner Gedichte vertont worden (Hugo Wolf). Zu den schönsten gehören die folgenden:

Er ists

Frühling lässt sein blaues Band
Wieder flattern durch die Lüfte;
Süße, wohlbekannte Düfte
Streifen ahnungsvoll das Land.
Veilchen träumen schon,
Wollen balde kommen.
– Horch, von fern ein leiser Harfenton!
Frühling, ja du bists!
Dich hab ich vernommen!

Gebet

Herr! Schicke, was du willt,
Ein Liebes oder Leides,
Ich bin vergnügt, dass beides
Aus deinen Händen quillt.
Wollest mit Freuden
Und wollest mit Leiden
Mich nicht überschütten!
Doch in der Mitten
Liegt holdes Bescheiden.

Goethe verwandt ist Mörike auch in seinen Balladen, deren Reiz besonders in der dämonischen und gespenstischen Stimmungsmalerei liegt („Der Feuerreiter" – „Schön Rotraut").

Mörike hat auch ***Novellen*** geschrieben. „Mozart auf der Reise nach Prag" gehört zum Tiefsten und Feinsten deutscher Novellenkunst. Es nimmt nicht wunder, dass er sich dieses Thema erwählte, war doch sein Wesen dem des großen Komponisten verwandt.

Die Novelle schildert einen Tag aus Mozarts Leben, einen Sommertag, an dem er sich mit seiner Frau Konstanze auf der Fahrt nach Prag befindet. Beide geraten zufällig in eine Verlobungsfeier, auf der Mozart aus seiner Jugend und Konstanze vom Leben des Meisters erzählen. Das Fest erreicht seinen Höhepunkt, als Mozart Teile aus dem noch unvollendeten „Don Juan" vorträgt.

Adalbert Stifter (1805–1868)

Der Dichter wurde als Sohn eines Webers im Böhmerwald geboren. 15 Jahre lang war er Schulrat.

Stifter ist der große Erzähler des Kleinen, Unscheinbaren, Stillen, Einfachen:

„Das Wehen der Luft, das Rieseln des Wassers, das Wachsen der Getreide, das Wogen des Meeres, das Grünen der Erde, das Glänzen des Himmels, das Schimmern der Gestirne halte ich für groß: das prächtig einherziehende Gewitter, den Blitz, welcher Häuser spaltet, den Sturm, der die Brandung treibt, den Feuer speienden Berg, das Erdbeben, welches Länder verschüttet, halte ich nicht für größer als obige Erscheinungen, ja ich halte sie für kleiner, da sie nur Wirkungen viel höherer Gesetze sind. – Ein ganzes Leben voll Gerechtigkeit, Einfachheit, Bezwingung seiner selbst, Wirksamkeit in seinem Kreise halte ich für groß: mächtige Bewegung des Gemütes, furchtbar einherrollender Zorn, die Begier nach Rache, den entzündeten Geist, der nach Tätigkeit strebt, umreißt, ändert, zerstört, halte ich nicht für größer. Wir wollen das ***sanfte Gesetz*** *zu erblicken versuchen, wodurch das menschliche Geschlecht geleitet wird."*

Adalbert Stifter

Stifters Novellen sind in den Sammlungen „Studien" und „Bunte Steine" zusammengefasst, bestimmt für Menschen, die die feine Sprache eines tiefgründigen Dichterherzens zu verstehen vermögen. Äußere Spannung und Sensationen gibt es bei ihm nicht. Zu erwähnen sind der Entwicklungsroman „Nachsommer" und der historische Roman „Witiko".

Franz Grillparzer (1791–1872)

Nach Jahrhunderten wurde in dem Dramatiker Grillparzer den Österreichern wieder ein großer Dichter geschenkt. Er ist in Wien geboren und erhielt im Zollwesen einen dürftigen Posten, bevor er erst spät zum Vorsteher des kaiserlichen Archivs berufen wurde. Manche Werke fielen der harten metternichschen Zensur zum Opfer. Hinzu kam seine unglückliche Natur, die nicht Kraft genug besaß das Leben zu meistern. Deshalb veröffentlichte er bald nichts mehr. Man vergaß ihn und als die Anerkennung zu seinem 80. Geburtstag kam, war es zu spät. Er starb hoch geehrt in Wien.

Grillparzers Dramen werden auch heute noch aufgeführt. Die wichtigsten: das Schicksalsdrama „Die Ahnfrau", das griechische Trauerspiel „Sappho", die Tragödien „Des Meeres und der Liebe Wellen", „Ein Bruderzwist in Habsburg", „König Ottokars Glück und Ende", das Märchenspiel „Der Traum ein Leben", das Lustspiel „Weh dem, der lügt".

Franz Grillparzer

„Weh dem, der lügt" ist eines der schönsten Lustspiele deutscher Sprache.

Der Küchenjunge Leon will den Neffen seines Bischofs aus der Gefangenschaft befreien, darf aber, wie sein Herr fordert, dabei keine Lüge benutzen. Zwar gelingt der Plan gerade wegen der Wahrhaftigkeit, aber der Bischof muss doch einsehen, dass seine Forderung undurchführbar war. Das Komische der Handlung ergibt sich aus der Schwierigkeit, das Versprechen zu halten, das Leon seinem bischöflichen Herrn gegeben hat.

Das Werk ist aus dem Charakter des Dichters zu verstehen. Überall sind seine Unentschlossenheit und mangelnde Tatkraft festzustellen. Es ist Grillparzers tragische Erkenntnis, dass der Mensch schuldig werden muss, sobald er große Dinge vollführen will. Deshalb soll er allem Handeln entsagen und ***in Zurückgezogenheit leben.*** Das zeigt auch das dramatische Märchen **„Der Traum ein Leben".**

Der ungestüme Jäger Rustan lebt bei seinem Onkel Massud, einem reichen Landmann, dessen Tochter Mirza er liebt. Den Jäger hält es nicht länger in der Stille des Landes, er will mit seinem Negersklaven Zanga in die große Welt ziehen, um Abenteuer zu bestehen und Ruhm zu erwerben. Der Onkel rät ihm den Plan noch eine Nacht zu bedenken. Diese Nacht bringt nun für Rustan ein entscheidendes Erlebnis. Im Traume naht ihm der König, verfolgt von einer Schlange. Ein anderer, „der Mann vom Felsen", tötet sie, doch Rustan gibt vor der Retter zu sein. So ist gleich seine Ankunft in der großen Welt von einer Lüge begleitet, die nun weitere Schuld nach sich zieht. Er erlangt zunächst die Gunst der Königstochter. Doch nun erscheint der Mann vom Felsen wieder. Da er ihm im Wege ist, tötet Rustan ihn. Um den Gipfel der Macht zu erklimmen, räumt er auch den König beiseite. Aber bald wird er von seinen Gegnern in die Enge getrieben; er flieht, wird verfolgt und schließlich von den Kriegern gestellt. Verzweifelt stürzt er sich in den Abgrund. Seine wilden Angstrufe lassen ihn aus dem Traum erwachen.

Geheilt von seinem Ehrgeiz, will er nun mit der geliebten Mirza ein friedliches Leben führen. Der Traum hat ihm die Erkenntnis gebracht:

„Eines nur ist Glück hienieden,
Eins: des Innern stiller Frieden
Und die schuldbefreite Brust!
Und die Größe ist gefährlich,
Und der Ruhm ein leeres Spiel;
Was er gibt, sind nicht'ge Schatten,
Was er nimmt, es ist so viel!"

Großartig hat Grillparzer es verstanden, Traum und Wirklichkeit ineinander zu verweben, besonders auch in der Übereinstimmung der Charaktere.

Erschließende Fragen:

1. *Wie verstrickt sich Rustan immer mehr in Schuld?*
2. *Muss der Mensch wirklich schuldig werden, sobald er große Dinge vollbringen will?*

Heinrich Heine (1797–1856)

Der Dichter stammt aus einer jüdischen Düsseldorfer Kaufmannsfamilie. Nach dem Studium in Bonn und Göttingen und kurzer Dozententätigkeit siedelte er nach der Julirevolution 1830 nach Paris über. Dort blieb er, mit seinem Vaterland verfeindet und vielfach in großer Not, bis zu seinem Tode.

Heinrich Heine

Heine war ein zwiespältiger Mensch, in dessen Brust zwei Seelen in Widerstreit lagen. Die eine Seite seines Wesens befähigte ihn zu einer ***Lyrik,*** die zur schönsten deutschen Dichtung gehört, wie etwa die Weise:

Leise zieht durch mein Gemüt
Liebliches Geläute,
Klinge, kleines Frühlingslied,
Kling hinaus ins Weite!

Kling hinaus bis an das Haus,
Wo die Blumen sprießen.
Wenn du eine Rose schaust,
Sag, ich lass sie grüßen.

Viele seiner innigen und bezaubernden Gedichte sind auch vertont worden, etwa „Du bist wie eine Blume" – „Im wunderschönen Monat Mai" oder „Der Tod, das ist die kühle Nacht". Von

Heine stammen auch die zum Volkslied gewordenen Balladen „Loreley" („Ich weiß nicht, was soll es bedeuten") oder „Die Grenadiere" – „Belsazar" und „Die Wallfahrt nach Kevelaer".

Die andere Seite seines Wesens ließ ihn Verse voll beißendem Spott schreiben, weshalb man ihn „die Spottdrossel des deutschen Dichterwaldes" nannte. Beispiele echter romantischer Ironie sind viele seiner Verse, in denen er zunächst die feinste Seelenstimmung hochzüchtet, um dann die Illusion zynisch zu zerstören und dem Leser gleichsam ins Gesicht zu schlagen.

Heines geistreiche ***Prosa*** wird oft von demselben Spott getragen, z. B. die ,,Reisebilder" oder „Deutschland, ein Wintermärchen", zwei politisch-satirische Dichtungen. Durch viele seiner Schriften wurde er neben ***Ludwig Börne*** (1786–1837) der Wortführer einer revolutionären Schriftstellergruppe, die sich „Junges Deutschland" nannte. Diese Bewegung kämpfte gegen die Romantik und das Biedermeier (etwa 1820–1850), jene Zeit politischer und wirtschaftlicher Tatenlosigkeit und Gemächlichkeit, gegen die „Mittelalterlichen", Rückständigen – für den Fortschritt. Da ihre Schriften verboten wurden, waren sie zur Verbreitung ihrer Ideen z. T. auf das Feuilleton der Zeitungen angewiesen. So entstanden mit Heine und Börne die ersten großen deutschen Journalisten.

Annette von Droste-Hülshoff (1797–1848)

Diese größte deutsche Dichterin stammt von Schloss Hülshoff bei Münster. Ihr Leben verlief still und in sich gekehrt in der Wald- und Heideeinsamkeit ihrer westfälischen Heimat, der ihre tiefe Liebe gehörte. Auch als sie später wegen ihrer schwächlichen Gesundheit den mütterlichen Besitz Rüschhaus verlassen und auf Schloss Meersburg am Bodensee leben musste, galt noch dem Münsterland ihre Sehnsucht.

Annette von Droste-Hülshoff

Diese Liebe zu Heimat und Natur atmen fast alle ihre Gedichte. Ihre Sprache ist westfälisch: herb und kraftvoll; sie liebt das Gespenstische und Spukhafte. Ihre Gestalten haben oft die Gabe des zweiten Gesichts.

Die Dichterin war in erster Linie Lyrikerin und unter ihren Gedichten zählen die ***Naturbilder*** zu ihren schönsten Werken. Aus ihnen spricht zum ersten Mal die „naturversponnene Dämmerung des Münsterlandes, die noch nie vom Wort des Dichters durchlichtet worden war". Sie entdecken die eigenartige Stimmung der Moore und die Poesie der westfälischen Heidelandschaft. Bezeichnend für die Ausdrucksweise ist ein starkes Einfühlungsvermögen in die kleinen Dinge der Natur. Die feinnervige Dichterin hört die geringsten Geräusche und beobachtet mit außerordentlicher Schärfe das Unscheinbare der Gottesnatur:

Es verrieselt, es verraucht,
Mählich aus der Wolke taucht
Neu hervor der Sonnenadel.
In den feinen Dunst die Fichte
Ihre grünen Dornen streckt,
Wie ein schönes Weib die Nadel
In den Spitzenschleier steckt;
Und die Heide steht im Lichte
Zahllos blanker Tropfen, die
Am Wacholder zittern, wie
Glasgehänge an dem Lüster.
Überm Grund geht ein Geflüster,
Jedes Kräutlein reckt sich auf,
Und in langgestrecktem Lauf
Durch den Sand des Pfades eilend,
Blitzt das goldne Panzerhemd
Des Kuriers; am Halme weilend
Streicht die Grille sich das Nass
Von der Flügel grünem Glas.
Grashalm glänzt wie eine Klinge,
Und die kleinen Schmetterlinge,
Blau, orange, gelb und weiß,
Jagen tummelnd sich im Kreis.
Alles Schimmer, alles Licht;
Bergwald mag und Welle nicht
Solche Farbentöne hegen
Wie die Heide nach dem Regen.

Ihre schönsten Gedichte sind: „Im Grase" – „Mondesaufgang" – „Am Turm".

Der Knabe im Moor (Ballade)

O schaurig ists, übers Moor zu gehn,
Wenn es wimmelt vom Heiderauche,
Sich wie Phantome die Dünste drehn
Und die Ranke häkelt am Strauche,
Unter jedem Tritte ein Quellchen springt,
Wenn aus der Spalte es zischt und singt! –
O schaurig ists, übers Moor zu gehn,
Wenn das Röhricht knistert im Hauche!
Vom Ufer starret Gestumpf hervor,
Unheimlich nicket die Föhre,
Der Knabe rennt, gespannt das Ohr,
Durch Riesenhalme wie Speere;
Und wie es rieselt und knittert darin!
Das ist die unselige Spinnerin,
Das ist die gebannte Spinnlenor',
Die den Haspel dreht im Geröhre!
Da birst das Moor, ein Seufzer geht
Hervor aus der klaffenden Höhle;
Weh, weh, da ruft die verdammte Margret:
„Ho, ho, meine arme Seele!"
Der Knabe springt wie ein wundes Reh;
Wär nicht Schutzengel in seiner Näh,
Seine bleichenden Knöchelchen fände spät
Ein Gräber im Moorgeschwele.
Fest hält die Fibel das zitternde Kind
Und rennt, als ob man es jage;
Hohl über die Fläche sauset der Wind –
Was raschelt drüben am Hage?
Das ist der gespenstische Gräberknecht,
Der dem Meister die besten Torfe verzecht;
Hu, hu, es bricht wie ein irres Rind!
Hin ducket das Knäblein zage.
Voran, voran! Nur immer im Lauf,
Voran, als woll es ihn holen!
Vor seinem Fuße brodelt es auf,
Es pfeift ihm unter den Sohlen
Wie eine gespenstige Melodei;
Das ist der Geigemann ungetreu,
Das ist der diebische Fiedler Knauf,
Der den Hochzeitheller gestohlen!
Da mählich gründet der Boden sich,
Und drüben, neben der Weide,
Die Lampe flimmert so heimatlich,
Der Knabe steht an der Scheide.
Tief atmet er auf, zum Moor zurück
Noch immer wirft er den scheuen Blick:
Ja, im Geröhre wars fürchterlich,
O schaurig wars in der Heide!

„Die Judenbuche" ist ebenfalls eine psychologische Novelle, in der die seelische Entwicklung eines jungen Mannes bis zum Mörder gezeigt wird.

Friedrich Mergel wird geboren als Kind eines trunksüchtigen Vaters und einer allzu nachgiebigen Mutter, die ihn falsch erzieht. Als der Vater stirbt, adoptiert ihn der Ohm Simon, dessen Einflüssen er immer mehr zum Opfer fällt. Die Entwicklung vollzieht sich ganz folgerichtig, Schritt für Schritt. Um im Dorfe angesehen zu sein, verdient er mit unrechtmäßigen Mitteln Geld. Er begeht Holzfrevel, leistet Mithilfe zum Mord und wird schließlich selbst zum Mörder an dem Juden Aaron, den er unter einer Buche erschlägt, weil er auf einem Dorffest sein Ansehen öffentlich herabgesetzt hat. Friedrich entkommt, kehrt aber, vom Gewissen getrieben, nach 28 Jahren zurück. Unheimlich zieht die Judenbuche ihn in ihren Bann, sodass er sich in dem Baum erhängt.

Die Novelle ist ein Werk des Übergangs von der Romantik zum Realismus. Knapp, wie bei Kleist, beginnt sie: „Friedrich Mergel, geboren 1738, war der Sohn eines so genannten Halbmeiers oder Grundeigentümers geringerer Klasse im Dorfe B ...", fährt dann aber nach Art der Romantiker fort: „Das Ländchen, dem es angehörte, war damals einer jener abgeschlossenen Erdenwinkel ohne Fabriken und Handel, wo noch ein fremdes Angesicht Aufsehen erregte." Romantisch sind der Aberglaube der Dorfbewohner und die Stimmungskunst, realistisch aber ist die sachliche Art der Schilderung.

Erschließende Fragen:

1. *Untersuchen Sie im Einzelnen die Einflüsse, die Friedrichs Charakter formen (Vater, Mutter, Dorfgemeinschaft, Waldfrevel, Ohm Simon).*
2. *Stellen Sie in einer Tabelle möglichst alle Argumente zusammen, die für seine Schuld und auf der anderen Seite, die dagegen sprechen.*
3. *Diese Argumente könnten in Form einer Gerichtsverhandlung mit Staatsanwalt und Verteidiger diskutiert werden.*
4. *Würdigen Sie den Spruch zu Beginn der Novelle.*

12 Die Dichtung des Realismus (1850 – Ende 19. Jahrhundert)

1848 Revolution in Deutschland, Nationalversammlung in der Paulskirche. 1862 Bismarck preußischer Ministerpräsident. 1864 Deutsch-Dänischer Krieg. 1870/71 Deutsch-Französischer Krieg. Gründung des Deutschen Reiches. Dreibund mit Österreich und Italien. Rückversicherungsvertrag mit Russland. 1890 Entlassung Bismarcks.

Liberalismus in der Wirtschaft. Gewerbefreiheit, Niedergang des Handwerks, Entstehen von Großindustrie, Großbanken und Warenhäusern. Ausbau des Verkehrsnetzes und Postwesens. Auswüchse des Kapitalismus; soziale Frage, Gewerkschaften.

12.1 Der Realismus

Die realistische Dichtung löste in Deutschland seit etwa 1850 die romantische ab. Die Romantik hatte sich gegen die nüchterne Klassik gerichtet, der Realismus wandte sich nun gegen die wirklichkeitsfremde Romantik.

Die Ursachen für das Aufkommen des Realismus waren weitgehend ***technischer*** und ***wirtschaftlicher Art.*** Schon seit der Erfindung der Dampfmaschine im Jahre 1765 hatte sich manche Änderung im Wirtschaftsleben vollzogen (Spinnmaschine, mechanischer Webstuhl usw.). Doch seit der Mitte des 19. Jahrhunderts setzte in Deutschland eine geradezu revolutionierende Entwicklung ein. In 30 Jahren wurde die Umwelt der Menschen stärker verändert als früher in Jahrhunderten. Aus der beschaulichen „guten alten Zeit" wurde in wenigen Jahrzehnten das nüchterne Maschinenzeitalter. Das handwerklich und landwirtschaftlich bestimmte Deutschland entwickelte sich zu einem Industriestaat mit Fabriken, Eisenbahnen und wachsenden Städten. Aus selbstständigen Handwerkern und Bauern wurde das unselbstständige Proletariat der Lohnarbeiter. Jeder Einzelne wurde in diese Entwicklung mehr oder weniger stark einbezogen; niemand konnte sich ihr ganz entziehen.

Deshalb ist es verständlich, dass die Menschen innerlich eine Wandlung durchzumachen hatten. Männer, die als Arbeiter, Angestellte oder Unternehmer täglich zwischen Maschinen, Kalkulation, Konkurrenzkampf und oft in bitterster Not standen, hatten wenig Sinn für romantische Schwärmerei. Sie waren ***real*** (wirklichkeitsnahe), nüchtern, diesseitsgewandt. Aus dem Volk der Dichter und Denker wurde ein Volk von Tatmenschen.

Der Materialismus. Dabei übersteigerte man den Hang zum Diesseitigen häufig zum Materialismus. Für viele gab es keine sittlichen Ideale mehr; ihr Leben ging in zunehmendem Maße im Materiellen auf, im Erwerb von Gütern und im Lebensgenuss. Für die Religion war kein Platz mehr in der Welt, glaubte man doch im Siegesrausch der Erfindungen die Geheimnisse des Alls und des Lebens eines Tages ergründen zu können, ohne noch eines höheren Wesens als Schöpfer und Lenker zu bedürfen.

12.2 Die Dichter

Die tief greifenden Änderungen im Wirtschaftsleben und in der Weltanschauung waren von starkem Einfluss auf die Kunst, besonders auf die Dichtung. Auch sie wurde realistisch, sie wollte die Wirklichkeit beschreiben. Das Leben sollte gezeigt werden, wie es ist, nicht wie es nach den Klassikern sein sollte, nicht wie die Romantiker es erträumten. Die letzte Folgerung daraus zog man jedoch erst in der nächsten Epoche, im Naturalismus.

Gottfried Keller (1819–1890)

In Zürich als Sohn eines Handwerkers geboren, verlebte Keller eine Jugend in Armut. Er versuchte in München Maler zu werden, erkannte aber, dass er kein Talent dazu besaß. In bitterer Not bekam er 1848 für seine ersten lyrischen Veröffentlichungen ein Stipendium (Studienunterstützung) und konnte nun in Heidelberg und Berlin seine Bildung vervollständigen. In Zürich erhielt er das Amt des Staatsschreibers. Er starb hoch geehrt.

Gottfried Keller

Kellers Hauptwerk ist der ***„Grüne Heinrich"***, wie Goethes „Wilhelm Meister" ein Bildungs- und Erziehungsroman. Er ist die Geschichte seiner eigenen Jugend. Ebenso bekannt sind seine ***Novellen,*** wahre Meisterwerke der Erfindungsgabe und Sprache. Sie sind zusammengefasst in den drei Sammlungen „Die Leute von Seldwyla" – „Züricher Novellen" und „Das Sinngedicht". Die bekanntesten daraus sind: „Romeo und Julia auf dem Dorfe" – „Das Fähnlein der sieben Aufrechten" – „Kleider machen Leute" – „Pankraz der Schmoller" und „Die drei gerechten Kammmacher".

„Kleider machen Leute". *Der arme Schneider Wenzel Strapinski wird für einen Grafen gehalten und verlobt sich mit Nettchen, der Tochter des Amtsrats. Als Mitgesellen den „Schwindel" aufdecken, flieht der Schneider, aber Nettchen findet ihn und söhnt sich mit ihm aus.*

Erschließende Fragen:

1. *Die Novelle will nicht tiefsinnige Probleme darbieten – sie will uns erfreuen. Das tut sie besonders durch die Sprache. Betrachten Sie daraufhin folgende „Szenen": Der Wirt und die Köchin – Der Wirt und der Graf – Die Köchin lauscht an der Tür – Böhni betrachtet Wenzels zerstochene Finger – Der Schneider schaut vom Goldacher Tor ins Freie – Die Verlobungsrede des Amtsrates – Die Verwandlungsszene der Gesellen.*
2. *Lesen Sie die ganze Novelle noch einmal und achten Sie darauf, wie die Sprache den Situationen angepasst ist: bald ist sie herb, bald fein – bald lässig, dann hölzern, bald steif, bald zierlich, bald wieder streng oder auch gelöst.*

Theodor Storm (1817–1888)

Der Dichter wurde in Husum als Sohn eines Advokaten geboren. Nach dem Studium ließ er sich in der Heimatstadt als Rechtsanwalt nieder, wurde aber wegen seiner deutschen Gesinnung von den Dänen vertrieben. Daraufhin wirkte er in Berlin als Richter. Nach dem Sieg über die Dänen kehrte er als Landvogt in seine geliebte Heimat zurück. Er starb in Hademarschen (Holstein).

Storm schrieb über 50 Novellen, von denen „Immensee" – „Pole Poppenspäler" – „Aquis submersus" – „Bötjer Basch" und „Der Schimmelreiter" die bekanntesten sind. Im „Schimmelreiter", seinem letzten Werk, erreicht er den Höhepunkt seines Schaffens.

Hauke Haien, der Bauernsohn, hat sich zum Deichgrafen emporgearbeitet und fasst nun den gewaltigen Entschluss, durch einen neuen Damm dem Meer Land abzugewinnen. Gegen den Widerstand und Aberglauben der Bevölkerung gelingt ihm das Werk. Doch in stürmischer Nacht birst der alte Damm und er muss zusehen, wie sein Weib und Kind in den Fluten umkommen. Er gibt seinem Schimmel die Sporen und stürzt sich in die tobenden Wasser.

Theodor Storm

Erschließende Fragen:

1. *Gegen welche Widerstände arbeitet sich Hauke Haien vom Kleinknecht zum Deichgrafen empor?*
2. *Charakterisieren Sie ihn.*
3. *Warum sucht er den Tod in den Fluten?*
4. *Spuk und Übersinnliches im „Schimmelreiter".*

Daneben war Storm ein großer Lyriker. In seinen Gedichten besingt er die Natur und seine schleswig-holsteinische Heimat, an der er mit ganzer Seele hing: „Abseits" – „Über die Heide" oder (Husum):

Die Stadt

Am grauen Strand, am grauen Meer
Und seitab liegt die Stadt;
Der Nebel drückt die Dächer schwer,
Und durch die Stille braust das Meer
Eintönig um die Stadt.

Es rauscht kein Wald es schlägt im Mai
Kein Vogel ohn Unterlass;
Die Wandergans mit hartem Schrei
Nur fliegt in Herbstesnacht vorbei,
Am Strande weht das Gras.

Doch hängt mein ganzes Herz an dir,
Du graue Stadt am Meer;
Der Jugend Zauber für und für
Ruht lächelnd doch auf dir, auf dir,
Du graue Stadt am Meer.

Storms Lyrik klingt aber auch in anderen Tönen, wie in seinen Kinder- oder Weihnachtsliedern („Abends" – „Von drauß' vom Walde komm ich her" – „Weihnachtsabend") oder in dem männlich-kernigen Gedicht:

Für meine Söhne

Hehle nimmer mit der Wahrheit!
Bring sie Leid, nicht bringt sie Reue;
Doch weil Wahrheit eine Perle,
Wirf sie auch nicht vor die Säue.
Blüte edelsten Gemütes
Ist die Rücksicht; doch zu Zeiten
Sind erfrischend wie Gewitter
Goldne Rücksichtslosigkeiten.
Wackrer heimatlicher Grobheit
Setze deine Stirn entgegen;
Artigen Leutseligkeiten
Gehe schweigend aus den Wegen.
Wo zum Weib du nicht die Tochter
Wagen würdest zu begehren,
Halte dich zu wert, um gastlich
In dem Hause zu verkehren.
Was du immer kannst zu werden,
Arbeit scheue nicht und Wachen;
Aber hüte deine Seele
Vor dem Karrieremachen.
Wenn der Pöbel aller Sorte
Tanzet um die goldnen Kälber,
Halte fest: du hast vom Leben
Doch am Ende nur dich selber.

Conrad Ferdinand Meyer (1825–1898)

Conrad Ferdinand Meyer

C. F. Meyer ist der dritte im Bunde der großen realistischen Novellendichter. Er war Schweizer wie Gottfried Keller und wurde ebenfalls in Zürich geboren. Er war patrizischer Abkunft. Das Studium der Rechtswissenschaften sagte ihm nicht zu und so verfiel er bald dieser, bald jener Neigung. Nirgends aber fand er seelischen Halt. Der freiwillige Tod seiner Mutter führte ihn an den Rand des Abgrundes. Erst eine Reise nach Rom brachte die Entscheidung zum Dichterberuf und nach dem 50. Lebensjahr schrieb er ein Meisterwerk nach dem anderen.

C. F. Meyers Novellen zeichnen sich durch eine vornehme, klare Sprache aus. Die meisten spielen zur Zeit der Renaissance.

Seine besten Leistungen sind „Der Heilige" – „Das Amulett" – „Die Versuchung des Pescara" – „Gustav Adolfs Page" – „Der Schuss von der Kanzel" und der Roman „Jürg Jenatsch".

„Das Amulett". In dieser Novelle schildert der Dichter, wie der Katholik Boccard in der Bartholomäusnacht sein Lehen für den Kalvinisten Schadau opfert. Kunstvoll wird in die Liebesgeschichte vor dem schaurigen Hintergrund der Mordnacht das Thema der Religionsduldung hineinverwoben.

Beispiele der kraftvollen, dramatischen Sprache des Dichters sind auch die Balladen, von denen hier besonders „Die Füße im Feuer" genannt sei, deren Anfang beispielhaft abgedruckt sein soll:

Wild zuckt der Blitz. In fahlem Lichte steht ein Turm.
Der Donner rollt. Ein Reiter kämpft mit seinem Ross,
Springt ab und pocht ans Tor und lärmt. Sein Mantel saust
Im Wind. Er hält den scheuen Fuchs am Zügel fest.
Ein schmales Gitterfenster schimmert goldenhell
Und knarrend öffnet jetzt das Tor ein Edelmann
„ich bin ein Knecht des Königs, als Kurier geschickt
Nach Nimes. Herbergt mich! Ihr kennt des Königs Rock!"
„Es stürmt. Mein Gast bist du. Dein Kleid, was kümmerts mich?"

Erschließende Fragen:

1. *Was wissen Sie über die Hugenottenverfolgung?*
2. *Wie beurteilen Sie den Kurier des Königs nach den Zeilen 7–8?*
3. *Wie den Edelmann nach den Zeilen 9–10?*
4. *Woran erinnert sich der Kurier am Herdfeuer?*
5. *Beurteilen Sie das Verhalten der Edelfrau.*
6. *Was wird dem Kurier in den Zeilen 42–44 klar?*
7. *Wie sichert er sich? Was nützen die Vorkehrungen?*
8. *Welchen Sinn hat die Naturbeschreibung (58–64)?*
9. *Deuten Sie a) die Zeilen 65–68, b) die Zeilen 69–71.*
10. *Charakterisieren Sie den Edelmann.*
11. *Warum ist „Die Füße im Feuer" eine Ballade? (Siehe Seite 174.)*

Seine Lyrik ist von höchstem Rang; Beispiel: „Der römische Brunnen":

Erste Fassung

In einem römischen Garten
verborgen ist ein Bronne,
Behütet von dem harten
Geleucht der Mittagssonne,
Er steigt in schlankem Strahle
In dunkle Laubesnacbt
Und sinkt in eine Schale
Und übergießt sie sacht.

Die Wasser steigen nieder
In zweiter Schale Mitte,
Und voll ist diese wieder,
Sie flutet in die dritte:
Ein Nehmen und ein Geben,
Und alle bleiben reich,
Und alle Fluten leben
Und ruhen doch zugleich.

Zweite Fassung

Der Springquell plätschert und ergießt
Sich in der Marmorschale Grund,
Die, sich verschleiernd, überfließt
in einer zweiten Schale Rund;
Und diese gibt, sie wird zu reich,
Der dritten wallend ihre Flut,
Und jede nimmt und gibt zugleich
Und alles strömt und alles ruht.

Letzte Fassung

Aufsteigt der Strahl und fallend gießt
Er voll der Marmorschale Rund,
Die, sich verschleiernd, überfließt
In einer zweiten Schale Grund;
Die zweite gibt, sie wird zu reich,
Der dritten wallend ihre Flut,
Und jede nimmt und gibt zugleich
Und strömt und ruht.

Gustav Freytag (1816–1895)

Der Dichter stammt aus Kreuzberg in Schlesien. Nachdem er einige Zeit als Privatdozent in Breslau gelehrt hatte, wurde er Journalist. Neben dem Gelehrtenroman „Die verlorene Handschrift" und der historischen Romanreihe „Die Ahnen" verdanken wir ihm

Gustav Freytag

„Soll und Haben", den „klassischen" deutschen Kaufmannsroman. Er stellte ihm das Leitwort voran: „Der Roman soll das deutsche Volk da suchen, wo es in seiner Tüchtigkeit zu finden ist, nämlich bei seiner Arbeit."

Anton Wohlfahrt geht als Lehrling zu dem Breslauer Großkaufmann T. O. Schröter. Auf der Wanderung dorthin trifft er im Schlossgarten des Freiherrn von Rothsattel auf dessen Tochter Leonore, die einen tiefen Eindruck in ihm hinterlässt. Er wird begleitet von Veitel Itzig, der beim jüdischen Kaufmann Ehrenthal lernen will. Im Hause Schröter erwirbt er sich durch Fleiß, Redlichkeit und Bescheidenheit die Achtung der Berufskollegen, des Chefs und dessen Schwester Sabine. Von Bedeutung für seine gesellschaftliche Erziehung jedoch ist die Freundschaft mit dem Volontär Fink, dem Sohn eines reichen Hamburger Kaufmanns.

Der Freiherr von Rothsattel wird durch die Wucherer Ehrenthal und Itzig um den größten Teil seines Vermögens gebracht. Mit dem Rest kauft er ein Gut in Posen. Rothsattel und Leonore überreden Anton, sie als ihr Berater dorthin zu begleiten. Unter Einsatz des eigenen Lebens steht er seinem neuen Herrn gegen die aufständischen Polen bei. Aber der Undank der stolzen Adelsfamilie bewegt ihn wieder zum Hause Schröter zurückzukehren. Sein Freund Fink gewinnt die Liebe Leonorens. Anton heiratet Sabine und wird Teilhaber im Geschäft. Ehrenthal und Veitel Itzig jedoch sind Opfer ihrer ehrlosen Gesinnung geworden.

Der Roman zeigt uns die Vertreter von drei Ständen, den ehrsamen Kaufmann im Hause Schröter, die gewissenlosen Spekulanten Ehrenthal und Itzig sowie die für rechte Arbeit untaugliche adelige Familie Rothsattel.

Theodor Fontane (1819–1898)

Fontane wurde in Neuruppin in der Mark Brandenburg geboren. Er begann als Apotheker, wurde dann Journalist und Theaterkritiker, hielt sich mehrere Male in England auf und lebte lange Jahre in Berlin, wo er auch starb.

Theodor Fontane

Die ersten Werke Fontanes waren ***Balladen.*** Er nahm den Stoff aus der Geschichte, z. B. in „Archibald Douglas" (England) oder „Gorm Grymme" (Dänemark) oder in „Schloss Eger" aus der deutschen Geschichte; sie beschreibt, wie das Verhängnis über Wallenstein hereinbricht. Andere stammen aus dem Zeitgeschehen. In der „Brück am Tay" schildert er eine Katastrophe, bei der Brücke samt Zug in den Abgrund gerissen werden; in „John Maynard" einen tapferen Steuermann, der sein Leben für die Schiffsgäste opfert. Von feinem Humor ist die Ballade „Herr von Ribbeck auf Ribbeck im Havelland".

Von Fontane stammt der „Spruch":

Es kann die Ehre dieser Welt
Dir keine Ehre geben.
Was dich in Wahrheit hebt und hält,
Muss in dir selber leben. –

Das flücht'ge Lob, des Tages Ruhm
Magst du dem Eitlen gönnen;
Das aber sei dein Heiligtum:
Vor dir bestehen können.

Die größte Schaffenskraft wuchs aber erst, als er über 60 war, an den Romanen „Irrungen, Wirrungen", „Effi Briest", „Der Stechlin".

Wie die anderen Realisten, so ist auch er im Inhalt seiner Romane stark heimatgebunden. Liebenswürdig zeichnet er die zeitgenössische Berliner Gesellschaft, den Offizier, den Beamten, den märkischen Adeligen und Bürger.

Friedrich Hebbel (1813–1863)

Friedrich Hebbel

Hebbel, der größte Dramatiker des deutschen Realismus, wurde in Wesselburen (Holstein) als Sohn eines Maurers geboren. Bis auf die letzten Jahre war sein ganzes Leben ein einziger Kampf mit dem Hunger. Während sein nie ermattender Geist reiches Wissen sammelte und uns große dramatische Werke schenkte, zehrte die Armut seinen Körper aus, sodass er schon mit 50 Jahren starb.

In seinen Tragödien entspringt die Schuld nicht mehr der Entscheidung zwischen Gut und Böse, sondern allein aus der Tatsache, dass der Mensch überhaupt einen Willen hat. Hebbels Helden gefährden schon durch ihre Existenz die Weltordnung.

„Maria Magdalene" war sein erstes großes Werk. Es ist wohl das bedeutendste realistische Drama deutscher Sprache.

Klara, die Tochter des strengen, starrsinnigen Tischlermeisters Anton, ist mit dem Schreiber Leonhard, einem Menschen niederer Gesinnung, verlobt. Da wird ihr verwöhnter Bruder Karl des Diebstahls bezichtigt und ins Gefängnis geworfen. Aus Gram darüber stirbt die Mutter. Der Vater Anton sieht sein Haus geschändet und droht Klara, sich das Leben zu nehmen, wenn auch sie ihm Kummer bereite. Dadurch gerät sie in schwere Bedrängnis: Ursprünglich hatte sie einen anderen geliebt, der sie aber vergessen zu haben schien. Nach der Verlobung mit Leonhard war der Sekretär, der frühere Geliebte, wieder erschienen und aus Furcht, die Jugendliebe könne in Klara wieder erwachen, erzwang der skrupellose Leonhard, dass sich Klara ihm hingebe. Sie fühlt sich an ihn gebunden, aber ohne Neigung.

Die Schande, die mit Karls Gefangennahme über das Haus kommt, ist Leonhard ein willkommener Anlass, die Verlobung zu lösen. Inzwischen hat er nämlich vom Meister Anton erfahren, dass er keine große Mitgift erwarten kann. Behände knüpft er ein neues Verhältnis mit der hässlichen Nichte des Bürgermeisters. Nichts mehr vermag den Ehrgeizigen davon abzuhalten, durch sie Karriere zu machen. Er weist Klara kalt ab, als sie fleht, er solle sie heiraten. Nun ist sie zu allem entschlossen, aus Furcht, dem Vater Schande zu bereiten. Zu spät erkennt sie, dass der Jugendgeliebte sie heiraten will, zu spät beseitigt der Sekretär im Duell den ehrlosen Nebenbuhler (er wird selbst dabei zu Tode getroffen). Klara erwartet von Leonhard ein Kind und fürchtet ihren Vater ins Verderben zu treiben. Sie stürzt sich in den Brunnen, in der Hoffnung, dass man die Tat als Unglücksfall auslegen werde. Doch sie ist beobachtet worden. Der sterbende Sekretär hält dem Vater vor, dass die Schuld an Klaras Tod an ihnen beiden liege, da sie den Klatsch der Leute und die Furcht vor deren Missbilligung über Klaras Schicksal gestellt hätten. Meister Anton bleibt unbewegt; nur ein ratloses „Ich verstehe diese Welt nicht mehr!" kommt aus seinem Munde.

Hebbels „Maria Magdalene" ist das erste eigentliche „soziale Drama". Das bedeutet zweierlei. Einmal ergibt sich die Tragik nicht mehr aus dem Unterschied zwischen Bürgerstand und einem höheren Stand, wie etwa in „Emilia Galotti" oder „Kabale und Liebe". Sie entsteht aus der bürgerlichen Gesellschaft selbst, also in ***einem,*** dem niedrigsten Stande jener Zeit. Zweitens übt das soziale Drama Kritik an den Verhältnissen in diesem Stande.

Gleichzeitig verkündet Hebbel in diesem Drama das Ende des bürgerlichen Zeitalters. In dem kleinbürgerlichen Sinn des Meisters Anton ist nichts mehr zu erkennen vom Stolz und von der inneren Ordnung eines großen Bürgertums. Es genügt ihm, wenn sein Leben äußerlich in „geordneten" Bahnen verläuft. Er setzt den Schein über das Sein, „versteht die Welt nicht mehr".

Erschließende Fragen:

1. *Beurteilen Sie an Textstellen, warum Leonhard Klaras unwürdig ist. Womit zeigt Klara ihre Abneigung?*
2. *Warum lässt sie sich trotzdem mit ihm ein?*
3. *Wodurch beginnt die eigentliche Tragik in der Handlung?*
4. *Verfolgen Sie, wie sich die Tragik um Klara weiterentwickelt und vollendet.*
5. *Wie beurteilen Sie die Rolle des Meisters im Verlauf der Handlung?*
6. *Beurteilen Sie die Reaktion Meister Antons auf Klaras Tod.*
7. *Interpretieren Sie die Worte des Sekretärs in III/11 („Zweifelt Er …") – und die Schlussworte Meister Antons: „Ich verstehe diese Welt nicht mehr!"*

Die anderen Dramen Hebbels sind: „Judith" – „Herodes und Mariamne", eine Forderung nach Achtung der Menschenwürde – „Agnes Bernauer", die Geschichte eines Mädchens, das unschuldig für das Wohl des Staates geopfert werden muss – „Gyges und sein Ring" und die gewaltige Trilogie „Die Nibelungen" („Der gehörnte Siegfried" – „Siegfrieds Tod" – „Kriemhilds Rache").

Hebbels Balladen zeugen ebenfalls mehr von einer dramatischen als lyrischen Begabung. Seine bekanntesten sind „Der Heideknabe" und „Das Kind am Brunnen".

Georg Büchner (1813–1837)

Büchner wurde im „Dramatikerjahr" 1813, im selben Jahr wie Hebbel und Richard Wagner, bei Darmstadt geboren. Ihm war nur eine kurze, unruhige Lebenszeit beschieden. Wegen seiner politischen Einstellung musste er nach Straßburg fliehen. Kaum 24-jährig starb er dann in Zürich, nachdem er kurz vorher noch seine Antrittsvorlesung als Privatdozent der Medizin gehalten hatte.

Georg Büchner

Der Dichter machte zuerst von sich reden als Verfasser des „Hessischen Landboten", einer politischen Schrift, die man das „erste kommunistische Manifest" genannt hat und die unter dem berühmt gewordenen Leitwort stand: „Krieg den Palästen! Friede den Hütten!"

Wie in dieser sozialkritischen Schrift, so war Büchner auch in zwei seiner dichterischen Werke Revolutionär. In dem Drama „Dantons Tod" lässt er eine Episode aus der Französischen Revolution vor uns entstehen, wie Robespierre den Danton aufs Schafott bringt. Großartig gelungen ist die Liebesszene zwischen Danton und Marion.

Im **„Woyzeck"** stellt er ebenfalls soziale Ideen dar. In dieser Fragment gebliebenen Tragödie wird zum ersten Mal in unserer Literatur der „kleine Mann", die geknechtete Kreatur zum Helden erhoben. Damit hat der Dichter seiner Zeit weit vorausgegriffen und ein Thema behandelt, das als „modern" bezeichnet werden kann – ein Problem, das fast 70 Jahre später Gerhart Hauptmann etwa in seiner „Rose Bernd" wieder aufgegriffen hat. So könnte man den „Woyzeck" als einen Vorläufer des naturalistischen Dramas bezeichnen.

Der Füsilier Woyzeck ist der „arme" Mensch schlechthin, eine seinem Hauptmann hilflos ausgelieferte und vom Doktor zu Experimenten missbrauchte Kreatur, die sich nicht vor der Willkür der Umgebung schützen kann. Trotzdem versucht er seinem kleinen Leben eine Ordnung zu geben. Sein einziger Halt ist Marie, die er liebt und von der er auch ein Kind hat. Für beide sorgt er, liefert Marie seinen Sold ab und das Geld, das er vom Doktor dafür erhält, dass er als Versuchsobjekt monatelang nur Erbsen isst. Doch Marie verfällt den Verführungen eines Tambourmajors. So zerbricht die Ordnungsmacht in Woyzecks Dasein. In fürchterlicher Verzweiflung ersticht er Marie und sucht dann selbst den Tod im Wasser.

Erschließende Fragen:

1. *Inwiefern ist das Märchen der Großmutter sinnbildhaft für die ganze Tragödie?*
2. *Wie ist Woyzeck der Unordnung ausgesetzt?*
3. *Wie versucht Woyzeck seinem Leben eine Ordnung zu geben und warum scheitert er?*

12.3 Weitere Dichter des Realismus

Johann Peter Hebel (1760–1826) steht am Übergang von der Romantik zum Realismus. Der Baseler Webersohn brachte es bis zum Prälaten der badischen Landeskirche. Er war ein großer Volksschriftsteller, ein Meister der ***Anekdote.*** Teile seiner kleinen Erzählungen sind gesammelt im „Schatzkästlein des rheinischen Hausfreundes", darunter „Unverhofftes Wiedersehen" – „Kannitverstan" – „Veronika Hakmann" – „Das wohlbezahlte Gespenst" – „Der kluge Richter" und „Seltsamer Spazierritt". Sie zeugen, ebenso wie die „Alemannischen Gedichte", von Gemütswärme, Naturfreude und Humor.

Näher betrachtet sei seine bekannte Anekdote **„König Friedrich und sein Nachbar".**

Friedrich der Große war verärgert über eine Mühle, die ihn in unmittelbarer Nähe seines Schlosses durch ihren Lärm störte. Er bot dem Müller Geld und drohte ihm, aber der unerschrockene Mann blieb fest und führte ins Feld, dass es in Berlin ja noch einen Richter gebe. Der König lenkte ein und ließ den Müller in Ruhe, ja, er unterhielt fortan friedliche Nachbarschaft mit ihm.

Erschließende Fragen:

1. *Warum will der Müller seine Mühle nicht für gutes Geld verkaufen?*
2. *In welchem Satz des Müllers liegt die Pointe der Anekdote?*
3. *Ist der König durch die Drohung erschreckt?*
4. *Warum verzichtet er also auf sein Vorhaben?*
5. *Warum ist „König Friedrich und sein Nachbar" eine „Anekdote"?*

Jeremias Gotthelf (1797–1854) war ein Schweizer Pfarrer und Volksschriftsteller, der eigentlich Albert Bitzius hieß. Er schrieb mehrere Bauernromane, unter denen „Uli der Knecht" wohl der bemerkenswerteste ist. Auch seine kürzeren Stücke sind erwähnenswert, z. B. seine Charakteristiken, etwa „Der Geizhals".

Christian Dietrich Grabbe (1801—1836) aus Westfalen war wie Büchner eine starke dramatische Begabung, die sich gleichfalls nicht voll entfalten konnte. Schon früh dem Trunk verfallen, schrieb er Werke, die in ihrer Maßlosigkeit und in der Anhäufung von Greueln jede künstlerische Gesetzmäßigkeit missachten.

Otto Ludwig (1813—1865). Übertriebene Selbstkritik ließ nur wenige Werke entstehen, besonders die humorvoll-realistische Dorfgeschichte „Die Heiterethei" und den tragischen Roman „Zwischen Himmel und Erde".

Wilhelm Busch (1832—1908). Der niedersächsische Maler-Dichter ist der Jugend vor allem durch die Lausbuben „Max und Moritz" bekannt. Ebenso beliebt sind die Geschichten „Plisch und Plumm" – „Fipps der Affe" – „Hans Huckebein" – „Der heilige Antonius" – „Maler Klecksel" und „Die fromme Helene". Die Dichtungen verdanken ihre Popularität einerseits den knappen, einprägsamen Versen und köstlichen Reimen, andererseits den treffsicheren Zeichnungen und nicht zuletzt der schlechthin idealen Ubereinstimmung von Wort und Bild.

Man findet seine Gedichte lustig – aber das sind sie nicht. Busch will uns nicht zum Lachen bringen, höchstens zum nachsichtigen oder vielleicht ironischen Lächeln; denn seine Einstellung zur Welt war pessimistisch. Die Absicht seines Werkes ist es, Böses zu entlarven, Scheinheiligkeit anzuprangern und Gefühlsduselei lächerlich zu machen.

Fritz Reuter (1810–1874), ein echter Sohn seiner Mecklenburger Heimat, ist der große Dichter plattdeutscher Mundart, der bedeutende Neuerer niederdeutscher Dichtung. Seine ersten Werke sind „Ut de Franzosentid" und „Ut mine Festungstid". Die bedeutendste Dichtung ist aber „Ut mine Stromtid" (Strom = Landwirtschaftseleve). Es spielt in einem mecklenburgischen Städtchen und enthält eine Menge origineller Gestalten, u. a. den berühmt gewordenen Onkel Bräsig. Das ganz alte, liebenswerte Mecklenburg wird vor uns lebendig vom Adel und Bürgertum bis zum Landstreicher.

Klaus Groth (1819–1899), der Lehrer und spätere Professor aus Hebbels Heimat, ist unser zweiter bedeutender Dichter des Plattdeutschen. Seine Gedichte in Dithmarscher Mundart sammelte er im „Quickborn". Die Verse sind zart, melancholisch und gefühlvoll; sie erinnern in ihrer Musikalität an Storm, mit dem er befreundet war („Abendfreden" – „Ik wull, wie weern noch kleen, Jehann" – „Min Modersprak").

Marie von Ebner-Eschenbach (1830–1916), aus böhmischem Adel, lernte Großgrundbesitz und kleines Bauerntum gleichermaßen kennen, und so ist ihr Werk erfüllt von sozialem Verständnis. Viel gelesen wird heute noch die Tiergeschichte „Krambambuli", in der ein Hund ratlos schwankt zwischen seinem alten Herrn, einem Wilddieb, und dem neuen Herrn, einem Förster. Er bezahlt seine Treue mit dem Leben.

Ludwig Thoma (1867–1921) ist heute hauptsächlich durch seine humoristischen bayrischen Geschichten bekannt („Lausbubengeschichten" – „Tante Frieda"). Seine eigentliche Bedeutung liegt aber auf satirischem Gebiet. Wenige Schriftsteller haben nach ihm so beißend und treffend staatliche und kirchliche Einrichtungen kritisiert („Erster Klasse" – „Die Lokalbahn" – „Jozef Filsers Briefwexel"). Auch seine tragischen Romane sind von Bedeutung: „Andreas Vost" – „Der Wittiber" und „Der Ruepp".

13 Die Dichtung des Naturalismus (Ende 19. Jahrhundert)

Der Realismus löste sich zu Ende des letzten Jahrhunderts auf in verschiedene Richtungen: den Naturalismus, Impressionismus, Neuklassizismus und andere. Typisch für die Zeit bis zur Jahrhundertwende ist der Naturalismus. Er ist die Weiterentwickung des Realismus, nur dass er sich konsequenter und radikaler zeigt.

Mit dem Naturalismus setzten sich auch in der Dichtung stärker jene Einflüsse durch, die das Gesicht der zweiten Jahrhunderthälfte bestimmten.

13.1 Der Naturalismus

Der Naturalismus hat zwei wesentliche Ursachen: den Liberalismus und die Vererbungslehre. Beide führten zum ***Materialismus,*** in dessen Gefolge der Naturalismus stand.

Der Liberalismus beherrschte im 19. Jahrhundert weitgehend die Wirtschaft. Er hatte die Freiheit auf seine Fahnen geschrieben. Diese falsch verstandene Freiheit im wirtschaftlichen Handeln führte im 19. Jahrhundert dazu, dass der Unternehmer, der dem Arbeiter an Stärke überlegen war, diesen ausnutzte. Die Gesetze räumten ihm ein solches Maß von Willkür ein, dass er den Arbeiter wie einen Sklaven behandeln durfte. Im „vierten Stand“, dem Stand der unselbstständigen Arbeiter, herrschte z. T. unvorstellbares Elend, während die Unternehmer zu beträchtlichem Wohlstand gelangten.

Eine Folge dieser Entwicklung war Materialismus. Die Jagd nach Besitz und der Kampf gegen Ungerechtigkeit und Elend (Karl Marx) ließen viele Menschen nur noch an materielle Dinge denken, an Geld, Besitz, Macht.

Die Vererbungslehre des Engländers Charles Darwin (1809–1882) war eine weitere Ursache für das Entstehen des Materialismus. Darwin hatte festgestellt, dass sich der Mensch, wie auch die andere belebte Welt, im Laufe von Jahrmillionen aus niederen Lebewesen entwickelt hat. Deshalb, so folgerten viele, sei der Mensch nichts anderes als ein hoch entwickeltes Tier. Ein Tier aber kann sich nicht frei entscheiden, es kennt kein Gut und Böse. Alles ist und tut es nur aus seiner ***Erbanlage*** und durch die Einflüsse, die das ***Milieu*** (Umwelt) auf es ausübt. Auf diese beiden Ursachen seien also auch Charakter und Handlungen des Menschen zurückzuführen.

Auch diese Auffassung war zwangsläufig materialistisch. Wenn man im Menschen nur das hoch entwickelte Tier sah, konnte man seinen Verstand allein als verfeinerte Form des tierischen Instinktes erklären. Der Mensch war demnach nur aus Materie zusammengesetzt, kein geistiges Wesen mehr und ein sittliches schon gar nicht. Da ist es verständlich, dass alles Übernatürliche geleugnet wurde.

13.2 Die Dichtung

Die Dichtung um die Jahrhundertwende stand stark unter diesen Einflüssen. Die Vertreter des Naturalismus versuchten vergeblich die verloren gegangenen Werte zu ersetzen.

Was die Dichtung zu bieten hatte, war ein natürliches Abbild dessen, was um den Menschen herum vor sich ging. Nur das sollte beschrieben werden, was man mit seinen fünf Sinnen wahrnehmen konnte. Man erstrebte die wissenschaftlich genaue Wiedergabe irgendeines Ereignisses – ohne dahinter einen Sinn zu suchen.

Man beschrieb in kleinsten Einzelheiten, z. B. wie ein Blatt vom Baume fiel, welche Gestalt ein Tisch hatte, aus welchen Teilen eine Maschine bestand. Mit fotografischer Genauigkeit wurde ein getreues Spiegelbild der Umwelt gezeichnet.

Helden oder Verbrecher konnte es in dieser Dichtung nicht geben, denn zu solchen Menschen gehört ein freier Wille, der sich für Gut oder Böse zu entscheiden vermag. Wo aber alles Handeln aus Erbanlage und Milieu erklärt wurde, konnte es keine Verdienste oder Vergehen mehr geben. Was dargestellt wurde, war die breite Masse, das Elend, das Hässliche, der Hunger, der Hass, der Kampf ums Dasein. So war es oft Mitleid mit der erbarmungswürdigen Kreatur, das den Dichter zur Feder greifen ließ.

Vorbilder waren die ausländischen Dichter, besonders der Franzose Émile Zola, der Norweger Henrik Ibsen, der Schwede August Strindberg und der Russe Leo Tolstoi. In Deutschland hat wohl nur einer Bedeutendes geschaffen: Gerhart Hauptmann. Er überwand jedoch bald den Naturalismus.

Gerhart Hauptmann (1862–1946)

Hauptmann wurde in Obersalzbrunn (Schlesien) geboren. Zunächst wollte er Bildhauer werden und lebte eine Zeit lang in Italien. Nach der Rückkehr nahm er in Berlin Verbindung mit den Naturalisten auf. Seit 1890 war er ihr führender Dramatiker. Nach ausgedehnten Reisen ließ er sich 1900 in Agnetendorf in seiner geliebten schlesischen Heimat nieder. 1912 erhielt er den Literaturnobelpreis. Auf der Höhe des Schaffens wandte er sich vom Naturalismus ab und strebte seinem großen Vorbild Goethe nach. Mit 84 Jahren starb er am 6. Juni 1946 in Agnetendorf. Der Tod bewahrte ihn vor dem bitteren Schicksal von der Besatzungsmacht seiner Heimat verwiesen zu werden. Mit großen Ehren wurde er nach Hiddensee bei Rügen übergeführt und fand dort seine letzte Ruhestätte.

Gerhart Hauptmann

Die Dramen. Hauptmann war in erster Linie Dramatiker. Aus seinem reichen Schaffen seien nur genannt: das naturalistische Drama „Vor Sonnenaufgang", das soziale Drama „Die Weber" und die verklärte Traumdichtung „Hanneles Himmelfahrt". Unter den Lustspielen kann „Der Biberpelz" neben Kleists „Zerbrochenen Krug" gestellt werden. „Florian Geyer" ist sein bedeutendstes Geschichtsdrama. Die Elendsdramen „Fuhrmann Henschel" und „Rose Bernd" haben im Gegensatz zu den „Webern" auch einzelne Helden. Sie bedeuten deshalb schon die Überwindung des Naturalismus.

„Die Weber". Den Stoff entnahm Hauptmann den Erzählungen seines Vaters vom schlesischen Weberaufstand im Jahre 1844. Die Ursache für die Not der Weber war die Gewerbefreiheit, unter der die Zahl der freien Hausweber stark angewachsen war, und die Konkurrenz der Fabriken.

In Peterswaldau liefern die in Heimarbeit beschäftigten Weber bei ihrem Verleger Dreißiger Ware ab. Gedemütigt und auf die Willkür des Fabrikanten angewiesen, erwarten sie die karge Bezahlung ihrer Tuche. Ein zweites Bild zeigt uns den alten Baumert, den der Hunger dazu zwingt, Hundefleisch zu essen. Die Lage der Weber ist erschütternd. Wie der Reservist Jäger das Streitgedicht „Blutgericht" vorliest, wird der Grimm zu offener Empörung angestachelt. Man versammelt sich auf der Straße und das Weberlied wird öffentlich gesungen. Als der Gendarm einen Weber bedroht, bricht der Aufstand los. Dreißigers Villa wird gestürmt und demoliert. Die Empörung greift auch zum Nachbarort über. Da eilen Truppen herbei und zerschlagen den Aufruhr. Das Ende: Alles bleibt, wie es war.

Der Held des Dramas ist das schlesische Webervolk. Die Handlung verzichtet bewusst auf ein Zusammenhalten des Stoffes durch eine Einzelperson, gibt nur einzelne Abschnitte aus dem wirklichen Leben – ohne eigentlichen Abschluss. So trägt das Drama naturalistische Züge.

Erschließende Fragen:

1. *Warum sind die Weber machtlos? Ermessen Sie ihre Armut.*
2. *Beurteilen Sie die Handlungsweise des Fabrikanten Dreißiger.*
3. *Wie beurteilen Sie die Antwort des Pastors auf die Einwände des Hauslehrers?*
4. *Warum sind „Die Weber" ein naturalistisches Drama?*

„Bahnwärter Thiel", eine Novelle, ist die Geschichte eines einfachen Bahnarbeiters, der seine rohe Frau tötet, als durch ihre Schuld sein geliebtes Kind aus erster Ehe vom Zug überfahren wird. Thiel wird aus Schmerz darüber wahnsinnig. Als Beispiel für die Sprachgewalt einige Zeilen der Novelle:

„Die Strecke schnitt rechts und links geradlinig in den unabsehbaren, grünen Forst hinein; zu ihren beiden Seiten stauten die Nadelmassen gleichsam zurück, zwischen sich eine Gasse freilassend, die der rötlich braune, kiesbestreute Bahndamm ausfüllte. Die schwarzen, parallel laufenden Gleise darauf glichen in ihrer Gesamtheit einer ungeheuren, eisernen Netzmasche, deren schmale Strähnen sich im äußersten Süden und Norden in einem Punkte des Horizontes zusammenzogen … Ein Keuchen und Brausen schwoll stoßweise fernher durch die Luft. Dann plötzlich zerriss die Stille. Ein rasendes Tosen und Toben erfüllte den Raum, die Gleise bogen sich, die Erde zitterte – ein starker Luftdruck – eine Wolke von Staub, Dampf und Qualm, und das schwarze, schnaubende Ungetüm war vorüber. So wie sie anwuchsen, starben nach und nach die Geräusche. Der Dunst verzog sich. Zum Punkte eingeschrumpft, schwand der Zug in der Ferne …"

Erschließende Fragen:

1. *Was sagt der erste Abschnitt über die Charaktere der beiden Frauen aus?*
2. *Welches Verhältnis hat Thiel zu seiner ersten Frau?*
3. *Welches Verhältnis haben Thiel und seine zweite Frau zu Tobias?*
4. *Wie entwickelt sich Thiels Verhältnis zu seiner zweiten Frau?*
5. *Lesen Sie den Beginn des 2. Abschnitts und beachten Sie, wie das Unheimliche erst nach und nach zum Durchbruch kommt. Welche Absicht verfolgt der Dichter damit?*
6. *Was bedeutet das Bahnwärterhäuschen für Thiel?*
7. *Womit künden sich die beiden „entscheidenden Ereignisse" der Novelle an?*
8. *Warum wird Thiel wahnsinnig?*

13.3 Baukunst, Malerei und Musik

Baukunst. Seit der Romantik war man nicht mehr fähig eigene Formen der Architektur zu finden. Die große Zeit der abendländischen Kultur schien vorüber, die Jahrhunderte der Romanik mit ihrer verinnerlichten religiösen Haltung, die prächtige Gotik, die ihre Dome zur Ehre Gottes schuf, die Renaissance mit der Entdeckung des Verstandes, das farben- und formenfreudige Barock.

Hatte man zur Zeit der Romantik „neugotisch" gebaut, hatte also schon nachgebildet, so ließen immerhin jene Bauten noch Gefühl für Formen und deren Harmonie erkennen. Nun aber – seit etwa 1870 – stellte man wahllos alle erdenklichen Formenelemente zusammen und machte daraus Gebäude oder Dekorationen. Beliebte Gebilde waren mathematische Figuren und Bilder aus der Natur, die dann stilisiert wurden: Dreiecke, Quadrate, Rechtecke, Trauben, überquellende Blumentöpfe u. Ä. Man nennt den Baustil ***Gründerstil,*** da er in die Gründerjahre der ersten deutschen Industrialisierung fiel. Es spricht daraus ein Hang zum Repräsentieren und zum Übertreiben. Beispiele dieser Baukunst sind viele Häuser, die in den Jahren 1870 bis 1918 entstanden.

Die Malerei entwickelte sich in der 2. Hälfte des 19. Jahrhunderts in verschiedenen Richtungen und Bestrebungen. Sie lässt nicht mehr die Einheitlichkeit erkennen, die z. B. der Renaissance oder dem Barock zugrunde lag. In einer Kunstrichtung kann man jedoch ein gewisses einheitliches Bestreben feststellen. Sie entstand gegen 1870 in Frankreich und wird ***„Impressionismus"*** genannt (siehe Seite 90). „Impression" heißt Eindruck. Die Maler gaben möglichst getreue Eindrücke von dem wieder, was ihr Auge im Augenblick von der Umwelt auffing. Sie malten Momentaufnahmen. Dabei legten sie in ihrer „Freilichtmalerei" besonderen Wert auf die genaue Wiedergabe von ***Farb- und Lichteindrücken.*** Die Folge davon ist, dass die Bilder der Impressionisten starke Leuchtkraft besitzen und von zartem Duft sind wie draußen das Farbspiel der Natur.

Maler des Impressionismus waren die Franzosen Auguste Renoir, Claude Monet, Camille Pissarro, Edgar Degas, Paul Cézanne, die Deutschen Max Liebermann, Lovis Corinth, Max Slevogt und der Engländer Alfred Sisley.

Die Musik dieser Zeit lehnte sich immer noch stark an die Romantik an, suchte aber schon nach neuen Wegen (Claude Debussy, Maurice Ravel).

In der Dichtung war der Impressionismus im gewissen Sinn eine Gegenbewegung zum Naturalismus. Hatte dieser mit wissenschaftlicher Genauigkeit das Milieu geschildert, so zeichneten die Impressionisten ***Stimmungsbilder:*** das Flimmern von Licht und Farbe, den Klang der Silben. Man zergliederte Seelenzustände, ließ Ahnungen und Träume mitklingen. So waren die Impressionisten in manchem den Neuromantikern (s. Seite 94 f.) verwandt. Detlev von ***Liliencron***, Richard ***Dehmel*** und Maximilian ***Dauthendey*** waren die bekanntesten. Hören wir Liliencron:

Die Musik kommt

Klingling, bumbum und tschingdada,
Zieht im Triumph der Perserschah.
Und um die Ecke brausend brichts
Wie Tubaton des Weltgerichts,
Voran der Schellenträger.

Brumbrum, das große Bombardon,
Der Beckenschlag, das Helikon,
Die Pikkolo, der Zinkenist,
Die Türkentrommel, der Flötist,
Und dann der Herre Hauptmann.

Der Hauptmann naht mit stolzem Sinn,
Die Schuppenketten unterm Kinn,
Die Schärpe schnürt den schlanken Leib,
Beim Zeus! das ist kein Zeitvertreib,
Und dann die Herren Leutnants.

Zwei Leutnants, rosenrot und braun,
Die Fahne schützen Sie als Zaun,
Die Fahne kommt, den Hut nimm ab,
Der sind wir treu bis in das Grab!
Und dann die Grenadiere.

Der Grenadier im strammen Tritt,
In Schritt und Tritt und Tritt und Schritt,
Das stampft und dröhnt und klappt und flirrt,
Laternenglas und Fenster klirrt,
Und dann die kleinen Mädchen.

Die Mädchen alle, Kopf an Kopf,
Das Auge blau und blond der Zopf,
Aus Tür und Tor und Hof und Haus
Schaut Mine, Trine, Stine aus,
Vorbei ist die Musike.

Klingling, tschingtsching und Paukenkrach,
Noch aus der Ferne tönt es schwach,
Ganz leise bumbumbumbum tsching;
Zog da ein bunter Schmetterling,
Tschingtsching, bum, um die Ecke?

Impressionismus

Auguste Renoir (1844–1919)
Lesendes Mädchen

14 Die Dichtung des 20. Jahrhunderts (I)

1914–1918 Erster Weltkrieg, 1918–1933 Weimarer Republik.

1923 Inflation, 1929–1933 Arbeitslosigkeit.

1933 Hitlers Machtergreifung, Diktatur, Judenverfolgung, Bücherverbrennung, Emigration vieler Schriftsteller und Künstler.

1938 Angliederung Österreichs, 1939 Einmarsch in Böhmen und Möhren, 1939–1945 Zweiter Weltkrieg.

14.1 Die geistigen Grundlagen

Zwei entscheidende Tatsachen bestimmen die erste Hälfte des 20. Jahrhunderts: die beiden Weltkriege und die Herrschaft der Technik.

Das Kriegserlebnis, das den Wert des Menschen fragwürdig werden ließ, strebte nach Grauen und Not zu einer neuen Innerlichkeit. Sie drückte sich aus im Streben zur Besinnung und in der Sehnsucht nach Frieden, die jedoch durch das brutale Hitlerregime rücksichtslos unterdrückt wurde.

Die Technik erlangt immer mehr Bedeutung und droht letztlich den Menschen zu versklaven. In dem gleichen Maße, wie sie fortschreitet, wird die Humanität zurückgedrängt. War die Technik früher eine Angelegenheit für Spezialisten, so ist sie heute in unser aller Leben eingedrungen. Die Auseinandersetzung mit ihr wirft viele Fragen auf.

In der Kunst zeigt sich auf allen Gebieten ein Experimentieren, ein noch ungeklärter Versuch, diese völlig neue, fremde Situation zu gestalten.

14.2 Malerei, Baukunst und Musik

Die Malerei. Die verschiedenen künstlerischen Strömungen lassen sich nicht mehr zu Epochen zusammenfassen. Gemeinsam ist ihnen allen jedoch das Streben nach Wiedergabe des Allgemeingültigen, des zeitlich Typischen. Damit unterscheidetsich die ***Ausdruckskunst*** des ***Expressionismus*** (siehe Seite 92) stark von der Eindruckskunst des Impressionismus.

Je stärker die Vorstellungen des Malers in den Vordergrund treten, desto weniger gilt die Wahrnehmung durch das Auge. Am Schluss dieser Entwicklung steht die ***abstrakte Malerei,*** die auf die Wiedergabe von Gegenständen völlig verzichtet. Gegenstandslose Kunst lässt sich nicht mehr „begreifen". Mit frei gewählten Formen und Farben gestalten die Künstler ihre Kompositionen, die schwer oder nicht deutbar sind.

Einige der bekanntesten Künstler: Paul Gauguin, Vincent van Gogh, Ernst Barlach, Oskar Kokoschka, Pablo Picasso, Paul Klee, Franz Marc, Wassily Kandinsky, Edvard Munch, Emil Nolde, Max Beckmann, E. W. Nay.

Die Baukunst unseres Jahrhunderts wird außer vom Schönheitsempfinden von zwei Einflüssen bestimmt: von der Zweckmäßigkeit und dem Material.

Trotz der Vielseitigkeit der Formen kann man eins feststellen: Heute wird wieder ***ehrlich*** gebaut, d. h. in dem Bemühen um eigenständige Formen. Und weil der Baustil der Zweckmäßigkeit entspricht, darf man vielleicht sagen, dass die neue Architektur dem Geist der Zeit entspringt – sind doch die modernen Menschen sehr stark zweckmäßig ausgerichtet.

Bedeutende Baumeister des modernen Stils sind Le Corbusier (siehe Seite 93), Walter Gropius, Dominicus Böhm und Peter Behrens.

Expressionismus
Joachim Blanel/Artothek

Franz Marc (1880–1916)
Schlafende Tiere

Die Musik. Bisher hatte sich die Musik auf Harmonie, auf das Dur-Moll-System und auf acht Töne aufgebaut. Im Laufe der Zeit gewöhnte man sich so an diese „Gesetzmäßigkeiten“, dass man annahm, sie hätten immer und überall gegolten. Das stimmt aber nicht. Sowohl im frühen Mittelalter als auch außerhalb des Abendlandes (z. B. in China und Japan) hielt und hält man sich nicht an diese scheinbaren Gesetze der Musik.

Die alten Bindungen verloren nun bei uns um 1900 ihre Kraft und die gewohnten Formen zerfielen. „Atonale“ und „Zwölftonmusik“ sind nur zwei Begriffe aus der reichen Vielfalt der Bestrebungen. Allgemein kann man jedoch sagen, dass auch die Musik heute mehr den Verstand als die Empfindung anspricht.

Einige Komponisten der neuen Musik sind Arnold Schönberg, Paul Hindemith, Carl Orff, Arthur Honegger, Igor Strawinsky, Serge Prokofjeff.

Le Corbusier, Wallfahrtskapelle in Ronchamp (Frankreich), 1953

14.3 Die Dichtung

Auch die Dichtung unseres Jahrhunderts weist eine große Vielfalt von Strömungen auf. Quer durch alle geht jedoch ***eine*** unterschiedliche Interpretation unserer Welt: Entweder steht das ***bewahrende*** Element im Vordergrund oder das ***moderne,*** suchende.

Die „Bewahrenden" setzen das Erbe des 18. und 19. Jahrhunderts fort, sie knüpfen bei den Klassikern, Romantikern und Realisten an, erweitern und verfeinern deren Aussage. Dazu gehören insbesondere einige Dichter „neuer Innerlichkeit", jedoch nicht alle. Ebenso wenig sind alle Dichter der anderen Strömungen eindeutig den „Bewahrenden" oder „Modernen" zuzurechnen. – Die „modernen" Dichter erfahren die Umgebung als eine von Managern, Technikern und Psychologen gestaltete Welt und setzen sich damit auseinander, nicht selten, indem sie den Einzelnen mit der organisierten Massengesellschaft konfrontieren.

14.3.1 Die Neuromantiker

Gegen den Naturalismus mit seiner einseitigen Betonung des Materiellen, des Verstandesmäßigen und der Welt des Alltags richtete sich um 1900 die Neuromantik. Sie wollte – ähnlich wie die Romantik – das Geheimnisvolle, Gefühlsbetonte und „Hintergründige" in der Dichtung darstellen. Die bedeutendsten Vertreter sind Rilke, George, Hofmannsthal und Stefan Zweig.

Rainer Maria Rilke (1875–1926)

Die Lyrik des 20. Jahrhunderts wurde stark von Rilkes Talent geprägt. Viele moderne Lyriker haben von ihm gelernt, von der Kraft und Musik seiner Sprache, die ihresgleichen sucht. Aber Rilke war nicht nur ein Meister der Sprache, sondern er verstand es auch wie kaum ein anderer, uns das innerste Wesen der Natur zu offenbaren. In seinen Gedichten spüren wir das Geheimnis, das in den Dingen schlummert; er war befähigt, es in Worte zu fassen.

Rainer Maria Rilke

Er wurde in Prag geboren und verbrachte die freudlose Jugend in einer österreichischen Militärschule. Ein Aufenthalt in Russland führte ihn mit dem großen russischen Dichter Leo Tolstoi zusammen. Die Weite der Landschaft und die schlichte Gläubigkeit des russischen Volkes ließen ihn zum religiösen Menschen werden. Eine Zeit lang lebte er in der Malerkolonie Worpswede bei Bremen. Dann führte ihn sein Wanderleben nach Paris, wo er jahrelang der Freund und Privatsekretär des großen französischen Bildhauers Auguste Rodin war. Zuletzt lebte er in Wallis in der Schweiz.

Wie Rilke es verstand, den Dingen und Geschöpfen ihr innerstes Geheimnis abzulauschen, zeigen zwei seiner bekanntesten Gedichte:

Der Panther

Sein Blick ist vom Vorübergehn der Stäbe
So müd geworden, dass er nichts mehr hält.
Ihm ist, also ob es tausend Stäbe gäbe
Und hinter tausend Stäben keine Welt.
Der weiche Gang geschmeidig starker Schritte,
Der sich im allerkleinsten Kreise dreht,
Ist wie ein Tanz von Kraft um eine Mitte,
In der betäubt ein großer Wille steht.
Nur manchmal schiebt der Vorhang der Pupille
Sich lautlos auf –, dann geht ein Bild hinein,
Geht durch der Glieder angespannte Stille –
Und hört im Herzen auf zu sein.

Erschließende Fragen:

1. *In welche Einzelbewegungen ist das Bild des Panthers aufgelöst?*
2. *Wie spiegeln die Bewegungen die „Gemütshaltung" des Panthers wider?*
3. *Inwiefern entspricht der Fluss der Verse dem Inhalt des Gedichts?*

Herbsttag

Herr: es ist Zeit. Der Sommer war sehr groß.
Leg deine Schatten auf die Sonnenuhren
Und auf den Fluren lass die Winde los.
Befiehl den letzten Früchten voll zu sein;
Gib ihnen noch zwei südlichere Tage,
Dränge sie zur Vollendung hin und jage
Die letzte Süße in den schweren Wein.
Wer jetzt kein Haus hat, baut sich keines mehr.
Wer jetzt allein ist, wird es lange bleiben,
Wird wachen, lesen, lange Briefe schreiben
Und wird in den Alleen hin und her
Unruhig wandern, wenn die Blätter treiben.

Zwei weitere seiner bekannten Gedichte sind „Das Karussell" und „Die Flamingos". Von starker sprachlicher Kraft und Gedankentiefe sind auch „Die Weise von Liebe und Tod des Cornets Christoph Rilke" – „Das Stundenbuch" – die „Duineser Elegien" und die „Aufzeichnungen des Malte Laurids Brigge".

Stefan George (1868–1933)

Der zweite große Lyriker unseres Jahrhunderts war Stefan George. Er stammt aus Büdesheim bei Bingen.

Die eigenwillige Herrschergestalt war zu Lebzeiten der deutsche Hohepriester der Kunst. Georges Gesinnungsgenossen schlossen sich zu einem engen Freundschaftskreis um ihn als ihren Führer. Sie wollten das ganze literarische Deutschland unter ihren Einfluss zwingen, und so war er denn auch bis nach seinem Tode für viele Anhänger der unerreicht große Dichter.

Stefan George

George erklärte die Kunst zur Religion, zum Ersatz für Gott. Er schrieb nur für eine auserlesene Schar von Menschen, für diejenigen, die ihn verstanden und nicht ermüdeten sich mit seinen schwierigen, hintergründigen Versen auseinanderzusetzen. Er erfand seine eigenen Rechtschreibregeln, schrieb die Hauptwörter klein und benutzte eine eigentümliche Zeichensetzung und Wortbildung. Bewusst wollte er nur den „höheren Menschen" ansprechen; mit dem gewöhnlichen hatte er nichts gemein. Wie der Dichterphilosoph Friedrich ***Nietzsche*** (1844–1900) huldigte er einem Menschentypus, dem es aufgetragen war, als Herrenmensch und Führernatur den anderen voranzustehen.

Er starb im Jahre 1933, als mit dem Dritten Reich diese „Herrenmenschen" zur Macht gelangten, wenn auch anders, als George sie Deutschland gewünscht hatte. Im letzten Lebensjahr ging er daher in die Schweiz.

Heute ist der Kult um ihn verstummt. Was bleibt, ist ein wortgewaltiger Lyriker, der aber nur schwer zugänglich ist. Eines seiner Gedichte, das von solchem Herrenmenschentum spricht, sei hier angeführt:

Der Jünger

Ihr sprecht von wonnen die ich nicht begehre
In mir die liebe schlägt für meinen Herrn
Ihr kennt allein die süße • ich die hehre
Ich lebe meinem hehren Herrn.

Mehr als zu jedem werke eurer gilde
Bin ich geschickt zum werke meines Herrn
Da werd ich gelten • denn mein Herr ist milde
Ich diene meinem milden Herrn.

Ich weiß in dunkle Lande führt die reise
Wo viele starben • doch mit meinem Herrn
Trotz ich gefahren • denn mein Herr ist weise
Ich traue meinem weisen Herrn.

Und wenn er allen lohnes mich entblößte:
Mein lohn ist in den blicken meines Herrn.
Sind andre reicher: ist mein Herr der größte
Ich folge meinem größten Herrn.

Hugo von Hofmannsthal (1874–1929)

Hofmannsthal war Österreicher und verbrachte den größten Teil seines Lebens in Wien. Schon mit 18 Jahren war er in Deutschland und Frankreich durch wenige Gedichte berühmt. Er ist eine der vornehmsten Gestalten unter den deutschen Dichtern. Als Neuromantiker pflegte er die feine Stimmungs- und Seelenmalerei. Er war der Librettist (Textdichter) von Richard Strauss.

Die beiden frühen Dramen „Der Tor und der Tod" (1892) und „Der Tod des Tizian" (1893) zeigen einen außergewöhnlich frühreifen Dichter, einen Meister der Sprache und einen tief empfindenden Menschen. „Jedermann" und „Das große Welttheater" kennzeichnen dann den vollendeten Dichter.

Hugo von Hofmannsthal

„Jedermann". Mit diesem Spiel vom Treiben und Sterben des reichen Mannes erzielte Hofmannsthal den breitesten Erfolg.

Im Prolog gibt Gott der Herr dem Tod den Befehl den reichen Jedermann vor seinen Thron zu laden. Er soll über sein Leben Rechenschaft ablegen. – Jedermann will auch heute wieder einen frohen Tag verbringen. Er erzählt seinem Guten Gesellen von dem Lusthaus, das er seiner Buhlschaft (Geliebten) zu bauen beabsichtigt. Als sie aufbrechen wollen, um das Geschäft abzuschließen, kommt der arme Nachbar und bittet um eine Unterstützung. Er wird mit einer geringen Gabe abgefunden. Einen Schuldner lässt er herzlos ins Gefängnis werfen, wenn er auch bereit ist für dessen Familie zu sorgen. Durch diese beiden unliebsamen Vorfälle ist ihm die Freude an dem Vorhaben verdorben und er bittet deshalb den Guten Gesellen, den Kauf für ihn zu tätigen. –

- *Der Mutter, die mit Sorge seinen argen Lebenswandel beobachtet, verspricht er sich bald zu verheiraten. Am Abend vergnügt er sich mit seinen Freunden und der Buhlschaft bei einem Gelage. Da tritt der Tod hinter seinen Stuhl. Alles verlässt ihn, vorweg die Buhlschaft, die soeben noch ihre Liebe beteuert hat. Jedermann bittet den Tod um eine kleine Frist, damit er Weggenossen suchen kann. Aber weder der Gute Gesell noch die anderen Freunde stehen ihm bei. Als er sein Geld aus der Truhe holen will, springt ihm der Mammon entgegen und höhnt, er, Jedermann, sei zu Lebzeiten sein Knecht gewesen. Als er erkennt, wie verlassen er ist, dringt eine winzige Stimme zu ihm, die Stimme seiner wenigen guten Werke. Sie ruft den Glauben hinzu. Jedermann beschließt zur Frühmesse zu gehen und durch das Sakrament, den Glauben und die guten Werke gestärkt, tritt er getrost ans Grab.*

Das Drama hat seinen Vorgänger im englischen „Everyman-Spiel" des Mittelalters. Es ist das einzige Mysterienspiel jener Zeit, dessen Erneuerung gelungen ist. Seit der große Regisseur Max Reinhardt es 1920 zum ersten Mal bei den Salzburger Festspielen inszenierte, wird es alljährlich vor der großartigen Kulisse des Domes aufgeführt.

Hofmannsthals Lyrik gehört zum Schönsten, was deutsche Sprache geschaffen hat.

Vorfrühling

Es läuft der Frühlingswind
durch kahle Alleen,
seltsame Dinge sind
in seinem Wehn.

Er hat sich gewiegt,
wo Weinen war,
und hat sich geschmiegt
in zerrüttetes Haar.

Er schüttelte nieder
Akazienblüten
und kühlte die Glieder,
die atmend glühten.

Lippen im Lachen
hat er berührt,
die weichen und wachen
Fluren durchspürt.

Er glitt durch die Flöte
als schluchzender Schrei,
an dämmernder Röte
flog er vorbei.

Er flog mit Schweigen
durch flüsternde Zimmer
und löschte im Neigen
der Ampel Schimmer.

Es läuft der Frühlingswind
durch kahle Alleen,
seltsame Dinge sind
in seinem Wehn.

Durch die glatten
kahlen Alleen
treibt sein Wehn
blasse Schatten

und den Duft,
den er gebracht,
von wo er gekommen
seit gestern Nacht.

Terzine

Wir sind aus solchem Zeug wie das zum Träumen,
Und Träume schlagen so die Augen auf
Wie kleine Kinder unter Kirschenbäumen,

Aus deren Kronen den blassgoldnen Lauf
Der Vollmond anhebt durch die große Nacht.
Nicht anders tauchen unsre Träume auf,

Sind da und leben wie ein Kind, das lacht,
Nicht minder groß im Auf- und Niederschweben
Als Vollmond, aus Baumkronen aufgewacht.

Das Innerste ist offen ihrem Weben;
Wie Geisterhände in versperrtem Raum
Sind sie in uns und haben immer Leben.

Und drei sind eins: ein Mensch, ein Ding, ein Traum.

Stefan Zweig (1881–1942)

Stefan Zweig wurde als Sohn wohlhabender Eltern in Wien geboren. Als Österreich dem Dritten Reich angeschlossen wurde, ging er nach Nordamerika und später nach Brasilien. Dort nahm er, der Europäer, sich zusammen mit seiner Frau das Leben, aus Verzweiflung über die Zerstörung seiner „geistigen Heimat Europa".

Zweig war ein Meister der kleinen Form, der Novelle, des Essays und der Miniatur, ein Meister der feinen Seelenschilderung, wovon besonders seine geistvollen Biografien zeugen, z. B. die über Kleist, Hölderlin, Maria Stuart, Dostojewski und Tolstoi (in „Baumeister der Welt").

In den **„Sternstunden der Menschheit"** gestaltet der Dichter in mehreren Erzählungen Höhepunkte im Leben großer Menschen und zeigt, wie es oftmals nur wenige Augenblicke sind, die das Schicksal des einzelnen Menschen oder ganzer Völker beeinflussen. So in der „Weltminute von Waterloo":

Napoleon, von Elba zurückgekehrt, überträgt seinem Marschall Grouchy die Verfolgung der abgedrängten Preußen. Dieser nimmt den Befehl aber zu wörtlich, sodass er in entscheidender Minute versagt und Napoleon besiegt wird. Grouchy, „an Gehorchen gewöhnt, hält sich ängstlich an das geschriebene Blatt, an den Befehl des Kaisers", anstatt sich den veränderten Umständen anzupassen. Er überlegt, er überlegt eine Sekunde lang und „diese Sekunde formt sein eigenes Schicksal, das Napoleons und das der Welt. Sie entscheidet, diese Sekunde, über das ganze 19. Jahrhundert."

Ricarda Huch (1864–1947)

Sie stammt aus einer Braunschweiger Kaufmannsfamilie, war Lehrerin und heiratete in zweiter Ehe ihren Vetter Richard Huch. 1933 trat sie aus der Preußischen Akademie der Künste aus und unterstützte im Dritten Reich die Widerstandsbewegung. Sie hat ein Werk von großem Umfang hinterlassen. In ihren Romanen verarbeitete sie meist geschichtliche Stoffe. Die wichtigsten Werke sind: „Der große Krieg in Deutschland", die aus der eigenen Familienchronik genommenen Romane „Aus der Triumphgasse" – „Von den Königen und der Krone" – „Michael Unger", die Erzählung „Der letzte Sommer". Ihr ganzes großes Werk ist eine Huldigung an das starke, pulsierende Leben, ein Preis der Schönheit der Welt.

Ricarda Huch

14.3.2 Die Expressionisten

Um 1910 entstand zunächst in Malerei und Dichtung eine neue Richtung: der Expressionismus (Ausdruckskunst). Ähnlich den Stürmern und Drängern fühlten sich die Expressionisten als Revolutionäre. Ihr Kampf richtete sich gegen alle bisherigen Kunstrichtungen. Insbesondere lehnten sie die naturalistische Darstellung der äußeren Eindrücke, die genaue Wiedergabe der Umwelt ab und verlangten stattdessen den Ausdruck des Gefühls, des inneren Sehens und eigenen Erlebens.

Die Ausdrucksweise der Dichter wurde dadurch stark beeinflusst. Der Wortschatz wurde um manch eigenwilliges Gebilde erweitert, oft das Wort aus dem bisher gewohnten Zusammenhang herausgerissen und in neue Verbindungen gestellt. So entstand eine kraftvolle lyrische Aussage. In der Prosa wurde die Handlung bildhaft, hintergründig und doppelsinnig.

Der Erste Weltkrieg unterbrach die viel versprechende Entwicklung, denn viele junge Künstler zählen zu seinen Opfern. Der Einfluss des Expressionismus war jedoch so groß, dass viele nachfolgende Dichter unter seinem Einfluss standen.

Georg Trakl (1887–1914)

Der in Salzburg geborene Apotheker wurde im Ersten Weltkrieg Führer einer Sanitätstruppe und nahm sich mit 27 Jahren das Leben, weil er das Leid der Verwundeten nicht ertragen konnte.

Trakl gilt heute als einer der größten Lyriker seiner Generation. Seine Gedichte künden von Vergehen und Zerfall, von Herbst, Abend.

In den Nachmittag geflüstert

Sonne, herbstlich dünn und zag,
Und das Obst fällt von den Bäumen.
Stille wohnt in blauen Räumen
Einen langen Nachmittag.

Sterbeklänge von Metall;
Und ein weißes Tier bricht nieder.
Brauner Mädchen rauhe Lieder
Sind verweht im Blätterfall.

Stirne Gottes Farben träumt,
Spürt des Wahnsinns sanfte Flügel,
Schatten drehen sich am Hügel
Von Verwesung schwarz umsäumt.

Dämmerung voll Ruh und Wein,
Traurige Gitarren rinnen.
Und zur milden Lampe drinnen
Kehrst du wie im Traume ein.

Georg Trakl

In zarter Abstufung erreicht seine Sprache eine virtuose Musikalität, wie wir sie auch in den Versen der Impressionisten finden.

Verklärter Herbst

Gewaltig endet so das Jahr
Mit goldenem Wein und Frucht der Gärten.
Rund schweigen Wälder wunderbar
Und sind des Einsamen Gefährten.

Da sagt der Landmann: Es ist gut.
Ihr Abendglocken lang und leise
Gebt noch zum Ende frohen Mut.
Ein Vogelzug grüßt auf der Reise.

Es ist der Liebe milde Zeit.
Im Kahn den blauen Fluss hinunter
Wie schön sich Bild an Bildchen reiht –
Das geht in Ruh und Schweigen unter.

Gottfried Benn (1886–1956)

Der Pfarrerssohn aus Westpreußen studierte Theologie und Medizin, war Arzt, auch in beiden Weltkriegen, danach in Berlin. Zunächst dem Nationalsozialismus zugetan, wandte er sich bald davon ab. Nach dem Kriege schwieg er lange, wurde wegen seiner Vergangenheit angefeindet, gilt aber heute nach Abklärung der Standpunkte als einer der führenden Expressionisten Deutschlands.

Sein Werk durchläuft mehrere Entwicklungsphasen. Den tiefsten Einblick geben seine Gedichte nach 1948. Sie sind von Schwermut, Pessimismus, ja Zynismus geprägt. In seinen späteren Gedichten ist Benn der Ahner einer dem Untergang geweihten Zeit.

Auch in seiner Naturlyrik ist er der große Expressionist mit überraschenden Wortbildungen und neuen Bildern:

Astern

Astern – schwälende Tage,
Alte Beschwörung, Bann,
Die Götter halten die Waage
Eine zögernde Stunde an.

Noch einmal die goldenen Herden,
Der Himmel, das Licht, der Flor,
Was brütet das alte Werden
Unter den sterbenden Flügeln vor?

Noch einmal das Ersehnte,
Den Rausch, der Rosen Du –
Der Sommer stand und lehnte
Und sah den Schwalben zu,

Noch einmal ein Vermuten,
Wo längst Gewißheit wacht:
Die Schwalben streifen die Fluten
Und trinken Fahrt und Nacht.

Gottfried Benn

Franz Kafka (1883–1924)

Er stammte aus einer reichen Prager Kaufmannsfamilie, studierte Rechtswissenschaft und arbeitete als Angestellter in einer Versicherungsgesellschaft.

Franz Kafka

Sein Charakter wurde stark von einem unglücklichen Vater-Feindbild geprägt. Von Natur aus ängstlich und kontaktarm, war er eine Jugend lang einem starken und erfolgreichen Vater ausgeliefert, den er in seinem „Brief an den Vater" so charakterisierte: „Für mich so ungeheuer maßgebend – durch beständige Vorschriften und Verbote für mich niederdrückend – der du dich selbst an die Gebote nicht hieltest, die du mir auferlegtest – wo ich, der Sklave, lebte unter Gesetzen, die nur für mich erfunden waren."

Kafka ist der Dichter der ***Angst und Hoffnungslosigkeit.*** Er selbst wurde in seinem traurigen Leben häufig von schrecklichen Angstgefühlen befallen. Man kann ihn einen Dichter des ***Existenzialismus*** nennen, einer Philosophie, die die Angst des modernen Menschen in die Mitte ihrer Weltanschauung stellt. Der von Gott getrennte Mensch sieht im Erdenleben keinen Sinn, er ist in die Welt „geworfen" und lebt ohne Zweck einsam auf den Tod hin. Er hat kein Ziel und keinen Trost; nur eins ist ihm sicher: der Tod. Aber auch der ist sinnlos. In dieser furchtbaren Situation stehen Kafkas Helden. Seine Darstellungsweise ist so hintergründig und doppeldeutig, dass sie schwer zugänglich ist.

„Das Schloss".

In dem Roman wird ein Mann namens K. (Kafka?) in ein Schlossdorf gerufen, mit der vermeintlichen Aufgabe, dort Vermessungsarbeiten durchführen zu müssen. Als er jedoch vorspricht, weiß niemand von ihm. Er wird nicht in die Gemeinschaft aufgenommen, darf keine Aufgabe erfüllen. Sein Dasein wird sinnlos. Auch kann er nicht zur obersten Behörde vordringen, mit der er sich auseinander setzen könnte – seine Situation ist ausweglos. So geht er zugrunde.

Im Tiefsten war Kafka trotzdem ein verzweifelter Gottsucher. Die Hauptgestalt in seinen Werken ist Gott selber, unerreichbar, unergründlich – und doch der tiefere Sinn hinter allem Geschehen.

Auch seine anderen Werke spiegeln Angst und Hoffnungslosigkeit, z. B. „Die Verwandlung" – „Das Urteil" – „Ein Hungerkünstler" – „Amerika" oder:

„Auf der Galerie".

„Wenn irgendeine hinfällige, lungensüchtige Kunstreiterin in der Manege auf schwankendem Pferd vor einem unermüdlichen Publikum vom peitschenschwingenden erbarmungslosen Chef monatelang ohne Unterbrechung im Kreise rundum getrieben würde, auf dem Pferde schwirrend, Küsse werfend, in der Taille sich wiegend, und wenn dieses Spiel unter dem nichtaussetzenden Brausen des Orchesters und der Ventilatoren in die immerfort weiter sich öffnende graue Zukunft sich fortsetzte, begleitet vom vergehenden und neu anschwellenden Beifallsklatschen der Hände, die eigentlich Dampfhämmer sind – vielleicht eilte dann ein junger Galeriebesucher die lange Treppe durch alle Ränge hinab, stürzte in die Manege, rief das: Halt! durch die Fanfaren des immer sich anpassenden Orchesters.

Da es aber nicht so ist; eine schöne Dame, weiß und rot, hereinfliegt, zwischen den Vorhängen, welche die stolzen Livrierten vor ihr öffnen; der Direktor, hingebungsvoll ihre Augen suchend, in Tierhaltung ihr entgegenatmet; vorsorglich sie auf den Apfelschimmel hebt, als wäre sie seine über alles geliebte Enkelin, die sich auf gefährliche Fahrt begibt; sich nicht entschließen kann das Peitschenzeichen zu geben; schließlich in Selbstüberwindung es knallend gibt; neben dem Pferde mit offenem Munde einherläuft, die Sprünge der Reiterin scharfen Blickes verfolgt; ihre Kunstfertigkeit kaum begreifen kann; mit englischen Ausrufen zu warnen versucht; die reifenhaltenden Reitknechte wütend zu peinlichster Achtsamkeit ermahnt; vor dem großen Salto mortale das Orchester mit aufgehobenen Händen beschwört, es möge schweigen; schließlich die Kleine vom zitternden Pferde hebt, auf beide Backen küsst und keine Huldigung des Publikums für genügend erachtet; während sie selbst, von ihm gestützt, hoch auf den Fußspitzen, vom Staub umweht, mit ausgebreiteten Armen, zurückgelehntem Köpfchen ihr Glück mit dem ganzen Zirkus teilen will – da dies so ist, legt der Galeriebesucher das Gesicht auf die Brüstung und, im Schlussmarsch wie in einem schweren Traum versinkend, weint er, ohne es zu wissen."

Erschließende Fragen:

1. *Warum steht der erste Gesamtsatz im Konjunktiv, der zweite im Indikativ?*
2. *Was sagen die Sätze Unterschiedliches aus?*
3. *Beurteilen Sie das Verhalten des Galeriebesuchers.*
4. *Setzen Sie für Galerie „Welttheater": Beurteilen Sie die übrigen Personengruppen und daneben den Galeriebesucher.*

Alfred Döblin (1878–1957)

In Stettin geboren, in Berlin aufgewachsen. Er studierte Medizin und war Arzt und Psychologe. In jungen Jahren betätigte er sich als Sozialist. Deshalb musste er 1933 auswandern, kehrte aber schon 1945 zurück. Er starb verarmt.

Döblin ist Epiker großen Formats, wohl der bedeutendste unter den Expressionisten, der sich einerseits auszeichnete durch weitschweifende Phantasie, andererseits durch genaue Beobachtungsgabe und kritischen Verstand.

Der Dichter wäre durch seine frühen und späteren Werke kaum berühmt geworden, hätte er nicht 1929 den Roman „Berlin Alexanderplatz" geschrieben, durch den er Weltruhm erlangte. Es ist die Geschichte des Transportarbeiters Franz Biberkopf, der, aus dem Gefängnis entlassen, wieder „anständig" werden will, aber im Umgang mit der Unterwelt immer wieder in Böses verstrickt wird, bis er schließlich doch, von Großmannssucht befreit, als Portier ehrenhaft sein Leben beschließt. „Berlin Alexanderplatz" ist der erste deutsche Großstadtroman und zählt zu den größten Epen unserer Zeit. Seine Sprache ist echt berlinerisch:

„Eisige Luft. Februar. Wer einen Pelz hat, trägt ihn, wer keinen hat, trägt keinen. Die Weiber haben dünne Strümpfe und müssen frieren, aber es sieht hübsch aus. Die Penner haben sich vor der Kälte verkrochen. Wenn es warm ist, stecken sie wieder ihre Nasen raus. Inzwischen süffeln sie doppelte Ration Schnaps, aber was für welchen, man möchte nicht als Leiche drin schwimmen."

Franz Werfel (1890–1945)

Werfel wurde in Prag geboren, wie Rilke, der schon früh sein lyrisches Talent würdigte. Nach dem Ersten Weltkrieg ließ er sich in Wien nieder, flüchtete aber 1938 zunächst nach Frankreich, dann nach Spanien und Amerika. Dort starb er kurz nach Vollendung des Romans „Stern der Ungeborenen".

Werfel hat mehrere Romane geschrieben, von denen zwei besonders bekannt geworden sind: „Das Lied von Bernadette" und „Der veruntreute Himmel".

„Das Lied von Bernadette" ist die Erfüllung eines Gelübdes. Werfel, der Jude war, musste beim Einmarsch der deutschen Soldaten aus Frankreich fliehen. In größter Not verbarg er sich mit seiner Familie in der Pyrenäenstadt Lourdes, wo er die Geschichte der heiligen Bernadette Soubirous erfuhr und von den wunderbaren Heilungen vernahm. Eines Tages legte er in größter Bedrängnis das Gelübde ab: „Werde ich herausgeführt aus dieser verzweifelten Lage und darf die rettende Küste Amerikas erreichen, dann will ich als erste vor jeder anderen Arbeit das Lied von Bernadette singen, so gut ich es kann." Es entstand die Geschichte des einfachen Mädchens, das im Jahre 1858 die Erscheinung der Gottesmutter hatte.

„Der veruntreute Himmel" beschäftigt sich ebenfalls mit einem religiösen Thema.

Die böhmische Magd Teta kennt nur eine Sorge, nämlich nach dem Tode zur ewigen Glückseligkeit zu gelangen. Sie denkt sich, dass niemand ihr besser dabei helfen kann als ihr Neffe, der deshalb mit Unterstützung ihrer ersparten Groschen Theologie studieren soll. Als sie sich nach einem Leben voller Entbehrungen mit siebzig Jahren in der Pfarre ihres Neffen niederlassen will, muss sie erfahren, dass sie einem Schwindler in die Hände gefallen ist. Doch auf einer Pilgerreise nach Rom gelangt sie zu der Erkenntnis, dass sich die Gnade Gottes nicht erkaufen lässt, dass die Liebe den Menschen leiten muss.

Else Lasker-Schüler (1869–1945)

Sie entstammt einer jüdischen Rabbinerfamilie aus Wuppertal, war in Berlin eng mit expressionistischen Dichtern und Malern befreundet. Nach 1933 lebte sie in Palästina.

Sie war in ihrem ganzen Werk Lyrikerin. Ihre Gedichte wirkten durch ihre poetische Macht auf fast alle Zirkel des literarischen Lebens zwischen 1900 und 1920. Gottfried Benn nannte sie überschwänglich „die größte Lyrikerin, die Deutschland je hatte". Sie schrieb Verse, die traumhaft und seherisch anmuten, die voller Leidenschaft sind, voller märchenhaft verzauberter Kindlichkeit.

Mein blaues Klavier

Ich habe zu Haus ein blaues Klavier
Und kenne doch keine Note.
Es steht im Dunkel der Kellertür,
Seitdem die Welt verrohte.
Es spielen Sternenhände vier
– Die Mondfrau sang im Boote –
Nun tanzen die Ratten im Geklirr.

Zerbrochen ist die Klaviatür . . .
Ich beweine die blaue Tote.
Ach liebe Engel öffnet mir
– Ich aß vom bitteren Brote –
Mir lebend schon die Himmelstür –
Auch wider dem Verbote.

14.3.3 Die Arbeiterdichtung

Seit der Industrialisierung gab es in Deutschland auch eine Arbeiterdichtung. Ihre Vertreter gehörten entweder selbst dem Arbeiterstand an oder ihre Dichtung hatte das Leben der Arbeiter zum Inhalt. Die Dichter erschlossen ganz neue Gebiete: Fabrik, Großstadt, Industrielandschaft, Bergwerk und den arbeitenden Menschen. Die wichtigsten Vertreter sind:

Josef Winckler (1881–1966) ist bekannt durch den Roman „Der tolle Bomberg", eine westfälische Münchhausengeschichte voll derben, kernigen Humors. Er ist auch der Dichter der „Eisernen Sonette":

Rings Schlot an Schlot vermengt den Koksrauch schwer
Zu hangend langen, schmutzig düstren Schwaden;
Die Sonne sinkt mit Ruß und Staub beladen,
Und lauter halln der Arbeit Stimmen her.
Rangieren, Rollen, Brausen, Hämmern überall,
Fahl wälzt der Strom sich im bedrängten Bette –
Da schält sich eine grause Silhouette
Phantastisch, mythengroß, ein Schattenball
Stadtüber hoch: Er ists, des Schlotwalds Pan …

Heinrich Lersch (1889–1936), Kesselschmied aus Mönchengladbach, ist der volkstümlichste unter den Arbeiterdichtern. Sein bekanntestes Gedicht:

Mensch im Eisen

Mein Tagwerk ist: im engen Kesselrohr
Bei kleinem Glühlicht kniend krumm zu sitzen,
An Nieten hämmern, in der Hitze schwitzen,
Verrußt sind Aug und Haar und Ohr,
Nur noch ein kleiner Menschenkraftmotor
Bin ich, des' Hebel meine Arme, flitzen,
Ich will die Adern mit dem Messer ritzen:
Dampf stößt, statt roten Blutes Strahl, hervor.
O Mensch, wo bist du? Wie ein Käfertier
Im Bernstein eingeschlossen, hockst du rings im Eisen,
Eisen umpanzert dich mit schließendem Gewirr!
Im Auge rast die Seele, arm und irr.
Heimweh heult wahnsinnswild,
Heimweh weint süße Weisen
Nach Erde, Mensch und Licht!
Schrei lauter, Mensch im Eisen!

Heinrich Lersch

Gerrit Engelke (1892–1918), ein Malergeselle aus Hannover, war wohl der begabteste Lyriker unter den Arbeiterdichtern. Leider setzte der frühe Tod seinem Schaffen bald ein Ende. Er fiel wenige Tage vor Kriegsende.

Tod im Schacht

Zweihundert Männer sind in den Schacht gefahren.
Mütter drängen sich oben in Scharen.
Rauch steigt aus dem Schacht.

Die Kohlenwälder nachtunten glühen,
Urwilde Sonnenfeuer sprühen.
Rauch steigt aus dem Schacht.

Retter sind hinabgestiegen;
Kamen nicht wieder, sie blieben liegen.
Rauch steigt aus dem Schacht.

Der Brandschlund frisst seine Opfer – und lauert.
Die brennenden Stollen werden zugemauert.
Rauch steigt aus dem Schacht.

Zweihundert waren in den Schacht gefahren.
Mütter weinen an leeren Bahren.
Rauch steigt aus dem Schacht.

Erschließende Fragen:

1. *Was sagt die letzte Zeile jeder Strophe?*
2. *Wie entwickeln sich die Strophen von Hoffnung zu Gewissheit?*

14.3.4 Die Zeitkritiker

Seit der Jahrhundertwende werden unüberhörbare Stimmen laut, die mahnend die Hauptübel der Zeit brandmarken: den Kulturverfall, die soziale Gleichgültigkeit, die Entseelung des Menschen durch Technik und Krieg.

Thomas Mann (1875–1955)

Thomas Mann entstammt einer Lübecker Patrizierfamilie. Lange Jahre wohnte er in München, verließ aber 1933 das nationalsozialistische Deutschland und lebte bis nach Kriegsende in der Schweiz und in Kalifornien. 1952 kehrte er in die Schweiz zurück, wo er auch starb (Literaturnobelpreis 1929).

Als Schriftsteller des dekadenten (verfallenden) Bürgertums richtete er seine Kritik nicht, wie Hauptmann, gegen soziales Unrecht, sondern gegen die Unfähigkeit des Bürgerstandes, mit den eigenen Problemen fertig zu werden.

Thomas Mann

Ein Hauptproblem sieht Thomas Mann in dem unüberbrückbaren Gegensatz von ***Bürger und Künstler,*** zwischen dem Menschen der Tat und jenem, dessen Aufgabe nicht im Handeln, sondern im Abwägen, im Betrachten, im Einsamsein liegt. So zeichnet er in seinen Werken meist Charaktere, die sich vom „Gesunden" und „Normalen" abwenden und deshalb kränklich, überfeinert, dekadent sind.

„Die Buddenbrooks". Meisterhaft ist dem Dichter diese Charakterzeichnung schon in seinem ersten großen Roman gelungen, für den er den Nobelpreis erhielt. Der Gesellschaftsroman beschreibt den Verfall einer Lübecker Kaufmannsfamilie über vier Generationen.

Zu Beginn steht das Haus in Ansehen und Reichtum da; allmählich beginnt aber der Niedergang: über geschäftliche Misserfolge, Unglücksfälle, aufgelöste Ehen, bis zum Erlöschen. Doch wird der Verfall weniger auf geschäftliche Untüchtigkeit zurückgeführt als auf eine übertriebene Verfeinerung der Menschen. Thomas Buddenbrook heiratet eine übermäßig sensible Künstlerin und beider Sohn Hanno ist ein solch verträumter Junge, dass er schon als Knabe an der rauhen Welt, die Menschen der Tat verlangt, zerbricht.

„Tonio Kröger" (Novelle). Auch hier tritt die Spannung zwischen Bürgerlichem und Künstlerischem zutage. Sie schildert den Gegensatz zwischen dem sensiblen, zögernden, abwägenden Künstler und dem urgesunden, unkomplizierten tatkräftigen Bürger.

Tonio ist jener Künstler, der von „Don Carlos" schwärmt. Sein Freund Hans dagegen, der gesunde Bursche, liest lieber Pferdebücher. Tonio spürt diese zwei Seiten des menschlichen Wesens auch in sich selbst, stammt er, der Künstler, doch aus einer erfolgreichen Kaufmannsfamilie. Nie kann er den Gegensatz zwischen Tätigsein und zögerndem Nachdenken ganz überwinden.

Thomas Mann hat noch eine große Zahl von Romanen und Novellen geschrieben, so die Romane „Der Zauberberg" – „Joseph und seine Brüder" – „Doktor Faustus" und den Schelmenroman „Bekenntnisse des Hochstaplers Felix Krull", von dem nur der erste Teil fertig gestellt wurde; ferner die Novellen „Tod in Venedig" und „Mario und der Zauberer". Allerdings hat man ihm vorgeworfen, seine Helden seien, wie er selbst, zu verstandesbetont und kühl und ließen deshalb die rechte Wärme vermissen; dazu sei ein Großteil seines Werkes von ironischem Grundton.

Der ältere, zugleich temperamentvollere und unruhigere Bruder Thomas Manns, **Heinrich Mann** (1871–1950), war ein satirischer Gesellschaftskritiker, der dem satten Bürgertum den Kampf ansagte und etwa in dem bekannten Roman „Der Untertan" mit scharfer Feder den kriechenden, unterwürfigen „Bourgeois“ (= Bürger) geißelte. Im „Professor Unrat“ entartet ein Erzieher zum Tyrannen und verfängt sich in den Fallen der von ihm selbst angeprangerten „Unmoral“. Heinrich Manns Werke stellen oft satirisch-einseitig oder politisch tendenziös dar.

Bert Brecht (1898–1956)

Der Dichter wurde in Ausgburg geboren. 1933 floh er auf langen Irrfahrten in die USA und wurde nach seiner Rückkehr Leiter des „Berliner Ensembles“ im Ostsektor Berlins.

Brecht war einer der größten Dramatiker dieses Jahrhunderts. Sein gesamtes Werk ist eine Anklage gegen soziale Ungerechtigkeiten, gegen das „satte, selbstgefällige Bürgertum“. Seine Dramen sollen wachrütteln. Da Brecht Kommunist war, stellte er seine Dichtung oft in den Dienst der Politik.

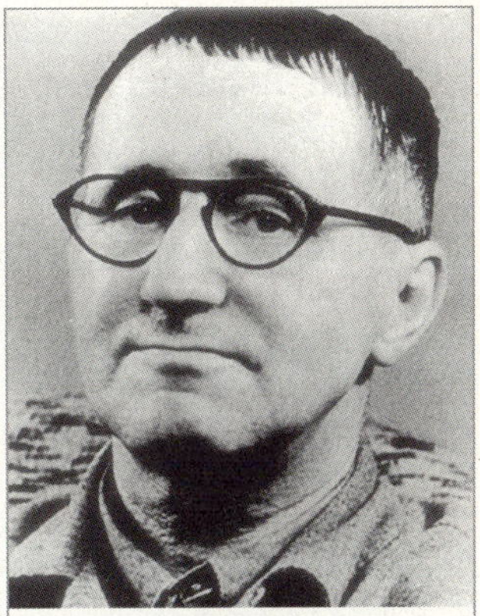
Bert Brecht

Folgendes Gedicht aus dem Jahre 1953 wirft jedoch ein Licht auf seine Einstellung zum Regime in Mitteldeutschland.

Die Lösung
Nach dem Aufstand des 17. Juni
ließ der Sekretär des Schriftstellerverbands
in der Stalinallee Flugblätter verteilen,
auf denen zu lesen war, daß das Volk
das Vertrauen der Regierung verscherzt habe
und es nur durch verdoppelte Arbeit
zurückerobern könne. Wäre es da
nicht einfacher, die Regierung
löste das Volk auf und wählte ein anderes?

Sein erster großer Erfolg ist die ***„Dreigroschenoper“*** (1928) mit dem „Helden“ Mackie Messer und dem drastischen Wahlspruch: „Erst kommt das Fressen, dann die Moral“. Brecht spricht dem damaligen Bürgertum ein hartes Urteil. So erscheint der Polizeichef als Verbrecher und die Geschäftsleute entstammen der Unterwelt. Die Liebe des Dichters aber gehört den Armen und Ausgebeuteten:

Denn die einen stehn im Dunkeln
Und die andern stehn im Licht.
Und man sieht nur die im Lichte,
Die im Dunkeln sieht man nicht.

Von dieser Liebe spricht auch ein anderes Bühnenstück, ***„Der kaukasische Kreidekreis“.*** In dem Streit um ein Kind siegt die Liebe der Pflegemutter, einer Dienstmagd, über den Rechtsanspruch der herzlosen leiblichen Mutter, einer Gouverneursfrau.

Der Augsburger Kreidekreis, eine Erzählung, behandelt ein ähnliches Problem.

Im Dreißigjährigen Krieg wird in Augsburg der reiche protestantische Gerber Zingli von den siegreichen Katholiken ermordet. Seine Frau flieht in die Vorstadt und lässt über der Sorge um Kleider und Schmuck ihr Kind allein im Hause zurück. Die Magd rettet es und nimmt sich seiner in mütterlicher Weise an. Sie zieht es trotz aller Hindernisse und Entbehrungen auf.

- *Eines Tages jedoch holt die leibliche Mutter ihr Kind. Die Sache wird an einen Richter verwiesen, der ein ganz besonderer Mann ist: Ignatz Dollinger ist in Schwaben berühmt wegen seiner Grobheit und Gelehrsamkeit, vom Kurfürsten von Bayern deshalb „dieser lateinische Mistbauer" getauft. Er lässt beide Frauen in einen mit Kreide gezogenen Kreis treten und die Probe vornehmen: Beide müssen das Kind aus diesem Kreise zu sich ziehen und diejenige, die es schafft, erhält es als echte Mutter zugesprochen. Als Frau Zingli heftig zieht, lässt die Magd ängstlich los und der Richter übergibt ihr das Kind, da „die Schlampe es kalten Herzens in Stücke reißen" würde.*

Erschließende Fragen:

1. *Ist die Magd schon zu Beginn eine Heldin?*
2. *Zeichnen Sie die Entwicklung ihres Verhältnisses zum Kind im Einzelnen nach.*
3. *Warum ist Ignatz Dollinger ein guter Erzieher?*
4. *Charakterisieren Sie Frau Zingli.*
5. *Will der Dichter als Kommunist den Klassenunterschied herausstellen oder die Charaktere werten?*

„Herr Puntila und sein Knecht Matti". Auch hier klingt ein radikales, soziales Thema an: der unüberbrückbare Klassengegensatz zwischen dem Gutsbesitzer Puntila und seinem Knecht Matti.

- *Puntila ist nur in seinem „normalen", d. h. betrunkenen Zustand ertragbar. Sobald er einmal nüchtern ist, zeigt er sein wahres, unsoziales Gesicht. Betrunken verlobt er sich gleich mit vier Mädchen – nüchtern wirft er sie alle hinaus; betrunken stellt er zwei Arbeiter ein – nüchtern entlässt er sie wieder. Ganz besonders hat Matti unter der Nüchternheit seines Herrn zu leiden. Er ist der klassenbewusste Proletarier, schlägt die Hand von Puntilas Tochter aus und verlässt den Gutsbesitzer, nicht zuletzt aus Solidarität mit einem entlassenen „roten" Waldarbeiter.*

Weitere Werke: „Trommeln in der Nacht" – „Die heilige Johanna der Schlachthöfe" – „Mutter Courage" – „Das Leben des Galilei" – „Der gute Mensch von Sezuan".

Die Sprache des Dichters ist ungewöhnlich, aber wirksam. Treffend findet er den Ton des „kleinen Mannes": lässig, derb, schnodderig, sentimental. Viele seiner Gedichte sind so genannte Songs:

Von den Großen dieser Erde
Melden uns die Heldenlieder;
Steigen auf so wie Gestirne
Gehn sie wie Gestirne nieder.

Das klingt tröstlich, und man muß es wissen.
Nur: für uns, die wir sie nähren müssen,
Ist das leider immer ziemlich gleich gewesen.
Aufstieg oder Fall: wer trägt die Spesen?

Brecht war auch der große Erneuerer des deutschen Theaters. Er war der Schöpfer des „epischen" Theaters, das im Gegensatz zum „aristotelischen", klassischen den Zuschauer stärker in das Bühnengeschehen einbezieht (siehe Seite 175/176).

Hermann Broch (1886–1951)

Brochs Zeitkritik ist die pessimistischste aller hier angeführten Dichter. Man hat ihn zusammen mit Kafka (Seite 100) den „Dichter der Endzeit" genannt. In den drei Bänden seines Romans „Der Schlafwandler" schildert er den Niedergang des Menschen im Massenzeitalter; der Zerfall aller Werte hat das Leben seines Sinnes entleert und macht uns hilf- und ratlos. Trotzdem ist Broch beseelt von einer „Messiashoffnung", die am stärksten in seinem Hauptwerk „Der Tod des Vergil" zu erkennen ist.

Auf ganz andere Weise üben einige der populärsten und liebenswertesten Dichter Kritik an den Zuständen ihrer Zeit, mit der spitzen Feder der Ironie, als Satiriker und Karikaturisten. Ihre

Texte zeugen manchmal von beachtenswertem sprachlichem Vermögen und reichen von derbem Witz und respektlosem Chanson bis zu zarter Liebeslyrik.

Erich Kästner (1899–1974)

Der Dichter wurde in Dresden geboren und war seit 1927 freier Schriftsteller. 1933 wurden seine Bücher verfemt und verbrannt. 1945–1948 war er Redakteur an einer Zeitung. Zuletzt wohnte er in München.

In vielen seiner Gedichte ist Kästner ein vorurteilsloser und unbequemer Kritiker der gesellschaftlichen Zustände. Er schrieb als Satiriker und Idealist, mit der „Hoffnung, dass die Menschen vielleicht doch ein wenig, ein ganz klein wenig besser werden könnten, wenn man sie oft genug beschimpft, bittet, beleidigt und auslacht".

Bei der Jugend dagegen ist er besonders durch die Geschichten „Emil und die Detektive" – „Pünktchen und Anton" – „Das fliegende Klassenzimmer" und „Das doppelte Lottchen" beliebt geworden. Seine Doppelbegabung ist erstaunlich. So brachten ihm auch seine anderen Bücher viele Freunde, die Romane „Fabian" – „Drei Männer im Schnee" – „Die verschwundene Miniatur", die satirischen Versbücher „Dr. Erich Kästners lyrische Hausapotheke" und „Herz auf Taille".

Erich Kästner

Ein Beispiel für den Reiz und die Eigenart seiner Lyrik sei das Gedicht

Kleine Stadt am Sonntagmorgen

Das Wetter ist recht gut geraten.
Der Kirchturm träumt vom lieben Gott.
Die Stadt riecht ganz und gar nach Braten
Und auch ein bisschen nach Kompott.

Am Sonntag darf man lange schlafen.
Die Gassen sind so gut wie leer.
Zwei alte Tanten, die sich trafen,
Bestreiten rüstig den Verkehr.

Sie führen wieder mal die alten
Gespräche, denn das hält gesund
Die Fenster gähnen sanft und halten
Sich die Gardinen vor den Mund.

...

Die Stunden machen kleine Schritte
Und heben ihre Füße kaum.
Die Langeweile macht Visite.
Die Tanten flüstern über Dritte.
Und drüben, auf des Marktes Mitte,
Schnarcht leise der Kastanienbaum.

Joachim Ringelnatz (1883–1934)

Ringelnatz (das bedeutet Seepferdchen) ist das Pseudonym für Hans Bötticher aus Wurzen in Sachsen, der bis über sein dreißigstes Jahr als Schiffsjunge, Zeitungsverkäufer, Buchhalter und Kommandant eines Minensuchbootes ein abenteuerliches Leben führte. Später lebte er, schlecht und recht, vom Erlös seiner Vorträge und vom Verkauf selbst gemalter Bilder.

Ringelnatz hat die „Poesie des Prosaischen" (d. h. des Einfachen, Gewöhnlichen) entdeckt. Er brachte es nicht fertig, in überschwänglichen Worten die Liebe, das Schicksal oder den Herbst zu besingen, immer in der Furcht, das Große und Schöne durch Gefühlsduselei zu entwerten. So war er spröde im Ton, oft herausfordernd und krakeelend, aber im Innersten gemütvoll.

Arm Kräutchen

Ein Sauerampfer auf dem Damm
Stand zwischen Bahngeleisen,
Machte vor jedem D-Zug stramm,
Sah viele Menschen reisen

Und stand verstaubt und schluckte Qualm
Schwindsüchtig und verloren,
Ein armes Kräutchen, ein schwacher Halm,
Mit Augen, Herz und Ohren.

Sah Züge schwinden, Züge nahn.
Der arme Sauerampfer
Sah Eisenbahn um Eisenbahn,
sah niemals einen Dampfer.

Erschließende Fragen:

1. *Wer ist mit „Arm Kräutchen" gemeint?*
2. *Untersuchen Sie den Symbolgehalt aller Bilder. Viele Deutungsmöglichkeiten bieten sich an.*
3. *Suchen Sie Nonsens-Stellen. Was bezwecken sie?*

Ich habe dich so lieb

Ich habe dich so lieb!
Ich würde dir ohne Bedenken
Eine Kachel aus meinem Ofen
Schenken.

Ich habe dir nichts getan.
Nun ist mir traurig zumut.
An den Hängen der Eisenbahn
Leuchtet der Ginster so gut.

Vorbei – verjährt –
Doch nimmer vergessen.
Ich reise.
Alles, was lange währt,
Ist leise.

Die Zeit entstellt
Alle Lebewesen.
Ein Hund bellt.
Er kann nicht lesen.
Er kann nicht schreiben
Wir können nicht bleiben.

Ich lache.
Die Löcher sind die Hauptsache
An einem Sieb.

Ich habe dich so lieb.

Kurt Tucholsky (1890–1935)

Tucholsky wuchs in Berlin auf, studierte Jura und war Bankangestellter, dann von 1913 bis zu seinem Tode Journalist: 1924–29 in Paris, darauf in Schweden. Seine Bücher wurden von den Nazis verbrannt.

Tucholsky ist in manchem Kästner verwandt. Beide sind der Großstadt verschrieben, deren Sänger sie wurden; beide erkannten früh die Schwächen der modernen Gesellschaft und stellten sie bloß.

Er kritisierte die Richter („Eine der unangenehmsten Peinlichkeiten in deutschen Gerichtssälen ist die Überheblichkeit der Vorsitzenden im Ton den Angeklagten gegenüber."), die Macht der Wissenschaft, das Militär, die Kritiklosigkeit oder die „kleinen" Fehler der Deutschen:

Das Mitglied

In mein´ Verein bin ich hineingetreten,
Weil mich ein alter Freund darum gebeten,
ich war allein.
Jetzt bin ich Mitglied, Kamerad, Kollege –
Das kleine Band, das ich ins Knopfloch lege,
ist der Verein.
...
Da draußen bin ich nur ein armes Luder.
Hier bin ich ich und Mann und Bundesbruder
in vollen Reihn.
Hoch über uns, da schweben die Statuten.
Die Abendstunden schwinden wie Minuten
in mein' Verein.

In mein´ Verein werd´ ich erst richtig munter.
Auf die, wo nicht drin sind, seh´ ich hinunter–
was kann mit denen sein?
Stolz weht die Fahne, die wir mutig tragen.
Auf mich könn' Sie ja ruhig Ochse sagen,
da werd´ ich mich bestimmt nicht erst verteidigen.
Doch wenn Sie mich als Mitglied so beleidigen ...?

Dann steigt mein deutscher Gruppenstolz!
Hoch Stolze-Schrey! Freiheit! Gut Holz!
Hier lebe ich.
Und will auch einst begraben sein
in mein´ Verein.

Christian Morgenstern (1871–1914)

Morgenstern stammt aus München, war sehr vielseitig begabt und wurde auch als Maler bekannt.

Er ist für die meisten Leser der Dichter der hintergründigen, absonderlichen Sammlungen „Galgenlieder" und „Palmström", „Palma Kunkel" und „Gigganz". Sie sind ein großartiges spaßiges Spiel mit Dingen, die von den meisten Menschen so furchtbar ernst genommen, von Morgenstern aber „dumme kleine Schmetterlinge" genannt werden. Berühmt geworden sind der Werwolf, der sich nicht in die Mehrzahl setzen lässt, das Huhn in der Bahnhofshalle, der Lattenzaun, mit Zwischenraum hindurchzuschaun, das ästhetische Wiesel.

Der Lattenzaun

Es war einmal ein Lattenzaun,
mit Zwischenraum, hindurchzuschaun.

Ein Architekt, der dieses sah,
stand eines Abends plötzlich da –

und nahm den Zwischenraum heraus
und baute draus ein großes Haus.

Der Zaun indessen stand ganz dumm,
mit Latten ohne was herum.

Ein Anblick grässlich und gemein.
Drum zog ihn der Senat auch ein.

Der Architekt jedoch entfloh
nach Afri- od- Ameriko.

Erschließende Fragen:

1. *Warum ist das Gedicht eine Nonsens-Geschichte?*
2. *Wodurch erheitert sie den Leser?*

Im Tiefsten war Morgenstern aber ein ruheloser Gottsucher, bis in den letzten Jahren seines Lebens die Sehnsucht in religiöser Geborgenheit gestillt wurde. Zeugnisse dieser Zeit sind die Gedichtsammlungen „Einkehr" und „Wir fanden einen Pfad".

14.3.5 Dichter neuer Innerlichkeit

Neben den Zeitkritikern steht eine Gruppe von Dichtern, die uns helfen wollen in unserer haltlosen Zeit einen Weg zur Selbstbesinnung, zu neuer seelischer Tiefe zu finden. Gegen die Gefahren, die uns von der Technik, der Zivilisation und dem Krieg her drohen, setzen sie das Bemühen um das Gute im Menschen.

Hermann Hesse (1877–1962)

Hesse stammt aus Calw in Württemberg. Sein Vater, ein Missionar, war baltischer Herkunft, seine Mutter wurde in Ostindien als Tochter eines Missionars geboren. So beeinflussten den jungen Menschen schon im Elternhaus lebendiges Christentum und ostasiatische Kulturen. Beides ist in seinem Werk wieder zu erkennen.

Jahre des Suchens verbrachte er als Kaufmanns- und Schlosserlehrling und als Buchhändler. Seit dem Ende des Ersten Weltkrieges lebte er, von der Welt zurückgezogen, in Montagnola im Tessin. Er war Nobelpreisträger (1946).

Auch bei Hesse ist der Mensch zwischen zwei Pole gestellt, zwischen Gut und Böse. Aber der Dichter sieht die Gegensätze nicht als unüberbrückbar an, wie Thomas Mann. Will der Mensch zum Guten vordringen, so muss er sich auf sich selbst zurückziehen, auf die Stimmen in seinem Inneren lauschen, allein sein.

Hermann Hesse

Im Nebel

Seltsam, im Nebel zu wandern!
Einsam ist jeder Busch und Stein,
Kein Baum sieht den andern,
Jeder ist allein.

Voll von Freunden war mir die Welt,
Als noch mein Leben licht war;
Nun, da der Nebel fällt,
Ist keiner mehr sichtbar.

Wahrlich, keiner ist weise,
Der nicht das Dunkel kennt,
Das unentrinnbar und leise
Von allen ihn trennt.

Seltsam, im Nebel zu wandern!
Leben ist Einsamsein.
Kein Mensch kennt den andern,
Jeder ist allein.

Erschließende Fragen:

1. *Wovon spricht die erste Strophe im Gegensatz zur letzten?*
2. *Wie führen die Strophen 2 und 3 zur letzten?*
3. *Was sagen die beiden letzten Zeilen der 4. Strophe?*
4. *Warum sagt Hesse „Seltsam"?*

Hesses Lyrik mutet an wie die Goethes, seines großen Vorbildes. Er weiß um das Böse und um die Existenznot des modernen Menschen, aber er sieht auch einen Weg zur Rettung: den Weg des Menschen zu sich selbst.

Stufen

Wie jede Blüte welkt und jede Jugend
Dem Alter weicht, blüht jede Lebensstufe,
Blüht jede Weisheit auch und jede Tugend
Zu ihrer Zeit und darf nicht ewig dauern.
Es muß das Herz bei jedem Lebensrufe
Bereit zum Abschied sein und Neubeginne,
Um sich in Tapferkeit und ohne Trauern
In andre, neue Bindungen zu geben.
Und jedem Anfang wohnt ein Zauber inne,
Der uns beschützt und der uns hilft, zu leben.

Wir sollen heiter Raum um Raum durchschreiten,
An keinem wie an einer Heimat hängen,
Der Weltgeist will nicht fesseln uns und engen,
Er will uns Stuf' um Stufe heben, weiten.

Kaum sind wir heimisch einem Lebenskreise
Und traulich eingewohnt, so droht Erschlaffen;
Nur wer bereit zu Aufbruch ist und Reise,
Mag lähmender Gewöhnung sich entraffen.

Es wird vielleicht auch noch die Todesstunde
Uns neuen Räumen jung entgegensenden,
Des Lebens Ruf an uns wird niemals enden …
Wohlauf denn, Herz, nimm Abschied und gesunde!

Die meisten seiner späteren Prosawerke sind dem jungen Menschen nur schwer verständlich, so „Demian", die Geschichte einer Jugend – „Siddharta" – „Narziss und Goldmund" – „Der Steppenwolf" oder sein größter Roman „Das Glasperlenspiel". – Auch die Frühwerke zeigen schon sein großes Anliegen, dem Menschen den rechten Weg ***nach innen*** zu weisen.

Im **„Peter Camenzind"** erzählt er von der Entwicklung eines im Stillen reifenden jungen Taugenichts, der vom Land in die Stadt strebt, um dort Dichter zu werden. Von der großen Welt enttäuscht, kehrt er in sein Dorf zurück und führt forthin als Gastwirt ein friedliches Leben.

Auch die „Morgenlandfahrt" beschreibt uns die Reise „nach innen". Erzählungen seiner Frühzeit: „Unterm Rad" (Darstellung eigener Entwicklung nach der Flucht aus der Schule) – „Rosshalde" – „Gertrud" – „Diesseits" und „Drei Geschichten aus dem Leben Knulps" (Vagabundenroman).

Hesses Sprache war schon zu Lebzeiten mancherlei Kritik ausgesetzt; insbesondere bezweifelte man ihre Originalität. Seit den Hesse-Feiern anlässlich seines 100. Geburtstags nahm jedoch die Zahl seiner Verehrer stark zu.

Ernst Jünger (1895–1998)

Er entfloh schon früh dem Elternhaus zur Fremdenlegion, wurde im Ersten Weltkrieg als Offizier vielfach verwundet und hoch ausgezeichnet. Nach dem Studium der Zoologie und Philosophie nahm er auch am Zweiten Weltkrieg teil und wurde, weil er der Widerstandsbewegung nahe stand, aus der Wehrmacht ausgestoßen. Trotzdem erhielt er bis 1949 als „Militarist" Schreibverbot. Er lebte bis zu seinem Tode als freier Schriftsteller in Württemberg.

Jüngers Werk zeugt von ständiger Wandlung. Zunächst waren seine Arbeiten stark vom Kriegserlebnis geprägt. Er setzte der Gewalt des Schrecklichen den Willen des ***Widerstandes*** entgegen, der nach seiner Überzeugung stärker ist als jede Bedrohung. Aus dieser „heldischen" Einstellung entstanden die Kriegsbücher „In Stahlgewittern" und „Feuer und Glut".

In einer zweiten Schaffensperiode setzt er seinen geistigen Widerstand gegen die Bedrohung durch die Technik. So entwirft er in „Der Arbeiter, Herrschaft und Gestalt“ ein Bild vom Arbeiter der Zukunft als dem modernen Herrschaftstyp von morgen, der nicht mehr Sklave der Technik ist, sondern Meister seiner Apparaturen.

Ernst Jünger

Für Jünger verbirgt sich unter scheinbar Oberflächlichem ein ***zweites Ding,*** das tiefer liegt und gedeutet werden muss, will man die Wirklichkeit ganz erfassen. Der Dichter hat die Fähigkeit dieses zweite Bild zu erschauen und es uns mitzuteilen. Dabei bevorzugt Jünger neben Erzählungen besonders Tagebuch und Essay als geeignete Darstellungsformen: „Strahlungen“ – „Auf den Marmorklippen“ – „Afrikanische Spiele“ und Natur- und Landschaftsbeschreibungen.

Jüngers Sprache ist von mikroskopischer Genauigkeit, kühl und von höchstem stilistischem Anspruch:

„Nun strandete in der Ecke ein großer Thun. Er zeigte Flanken und Bauch in reinstem Silber, von dem große dunkle und kleine schwefelgelbe Flossen abstachen. Der Rücken trug die Farbe der Meereswogen; ich sah, dass sein Email bereits von Schrammen durchzogen war. Der Fisch gehörte unverkennbar zur Gattung der Makrelen, wie man sie etwa als Angelmakrele auf Helgoland zum Frühstück isst. Nur wirkte er etwas voller, wie aufgeblasen, und als Makrele vom Gewichte eines Ochsen, der keine Knochen mit in den Kauf brachte. Er lag ganz reglos, nur zwei Schlitze, die an der Kehle im V zuliefen, hoben und senkten sich. Bei jeder Hebung leuchteten die Kiemen als ein Gewebe blutschwerer Spitzen auf. Das Maul stand offen; die Zunge, fleckig grau, rosa gerandet, lag unter einem Gaumen, der wellig geriffelt war. Das kobaltblaue Auge blickte starr. Ein Jagdherr der großen Tiefen war hier ins Garn gegangen und den Insulten des Pöbels ausgesetzt. Schon brach der Schimmer seiner Rüstung im nie geschauten Licht.“

Hans Carossa (1878–1956)

Carossas Vorfahren stammen aus Italien. Er selbst wurde in Bad Tölz geboren und war, wie sein Vater, Arzt, zunächst in Passau ansässig, dann in München.

Carossas Werke tragen zwei wesentliche Merkmale: Einmal sind sie Darstellungen seiner eigenen inneren Entwicklung vom Knaben bis zum Manne. Daneben spürt man hinter jeder seiner Erzählungen den Arzt, der auch Seelenarzt ist.

Carossas Hauptwerke sind: „Eine Kindheit“ – „Verwandlungen einer Jugend“ – „Rumänisches Tagebuch“ – „Der Arzt Gion“ – „Geheimnisse des reifen Lebens“ und „Der Tag eines jungen Arztes“.

Carossas Lyrik zeugt von tiefem Einfühlungsvermögen. Er erkannte auch hinter dem scheinbar Unbedeutenden einen höheren Sinn, z. B. in dem Gedicht:

Der alte Brunnen

Lösch aus dein Licht und schlaf! Das immer wache
Geplätscher nur vom alten Brunnen tönt.
Wer aber Gast war unter meinem Dache,
Hat sich stets bald an diesen Ton gewöhnt.

Zwar kann es einmal sein, wenn du schon mitten
im Traume bist, dass Unruh geht ums Haus,
Der Kies beim Brunnen knirscht von harten Tritten,
Das helle Plätschern setzt auf einmal aus,

Und du erwachst –, dann musst du nicht erschrecken!
Die Sterne stehn vollzählig überm Land,
Und nur ein Wandrer trat ans Marmorbecken,
Der schöpft vom Brunnen mit der hohlen Hand.

Es geht gleich weiter und es rauscht wie immer.
O freue dich, du bleibst nicht einsam hier.
Viel Wandrer gehen fern im Sternenschimmer
Und mancher noch ist auf dem Weg zu dir.

Man hält dem Dichter vor keine eigenständige Ausdrucksweise gefunden zu haben; seine Sprache erinnert an die seiner Vorbilder Goethe und Mörike.

Gertrud von Le Fort (1876–1971)

Die Dichterin entstammt einer französisch-italienischen Hugenottenfamilie. Ihr Geburtsort ist Minden, ihre Jugend verbrachte sie in Mecklenburg. Nach dem Studium der Theologie und Geschichte lebte sie abwechselnd jahrelang in Italien und der Schweiz, zuletzt in Oberstdorf (Allgäu).

Gertrud von Le Fort

Sie war vornehmlich Erzählerin und in ihrem Werk von streng katholischer Geisteshaltung. Man könnte sie die Theologin unter den Dichtern unseres Jahrhunderts nennen. Ihr umfangreiches Werk lässt drei Themenkreise erkennen: die Frau, die Kirche und die Vergangenheit. Ihre Sprache ist ausdrucksstark, streng, zuchtvoll. Die wichtigsten Romane sind „Das Schweißtuch der Veronika“ – „Der Papst aus dem Ghetto“ – „Die Magdeburgische Hochzeit“, ihre bedeutendsten Erzählungen und Novellen: „Die Opferflamme“ – „Das Gericht des Meeres“ – „Die Frau des Pilatus“ und

„Die Letzte am Schafott“.

Die Novelle berichtet vom Tod der Nonnen eines Karmeliterklosters während der Französischen Revolution. Die Schwestern legen angesichts der Verfolgung das Gelübde ab sich zum Wohle der Kirche zu opfern. Doch die junge Blanche flieht, von Angst gepackt, und schließt sich dem Straßenpöbel an. So durchleidet sie das Schicksal der Abtrünnigen. Die 16 Karmeliterinnen werden zum Tode durch die Guillotine verurteilt. Singend treten sie vor das Fallbeil, wo eine Stimme nach der anderen erlischt. Nach der letzten tritt Blanche aus der gaffenden Menge heraus und singt furchtlos das „Veni Creator Spiritus“ (Komm Schöpfer Geist) zu Ende und wird vom Pöbel erschlagen.

Werner Bergengruen (1892–1964)

Der Dichter wurde in Riga geboren, das damals zum russischen Zarenreich gehörte. Die baltendeutsche Herkunft spiegelt sich in seinem Werk wider. Bergengruen studierte Jura und Literaturwissenschaft, nahm am Ersten Weltkrieg teil und wurde Journalist, bis er sich schließlich ganz seinen Dichtungen widmete. Seit 1946 lebte er in Zürich.

Bergengruen geht es in seinem Werk darum, das Unerklärbare, Unberechenbare im Geschehen der Welt zu ergründen. Seine Probleme umfassen die Spanne zwischen Schuld und Reinigung, Verwirrung und Läuterung. Häufig stellt er die Frage nach menschlicher Gerechtigkeit (etwa in „Musketengeschichte“ oder „Gerechtigkeit“). Ihm geht es weniger um die „Gedanken im Kopf“ als vielmehr um die rechte „Herzensqualität“. In der Erzählung „Das Tempelchen“ schreibt er: „In seinem Herzen hat der Mensch einen Punkt, da kann er nicht irren.“ Die zuchtvolle Sprache ist charakteristisch für das ganze Werk.

Seine Hauptwerke sind die ***Romane*** „Der Großtyrann und das Gericht" – „Am Himmel wie auf Erden" – „Der letzte Rittmeister" und „Die Rittmeisterin" sowie seine ***Novellen*** „Die drei Falken" – „Das Tempelchen" – „Der spanische Rosenstock" und

Werner Bergengruen

„Die Feuerprobe".

Der Rigaer Ratsherr Gripen hört von Gerüchten, wonach seine Frau Barbara ihn mit dem jungen Patrizier Schwenkhusen betrogen haben soll. Dieser zieht in den Krieg, und bald wird die Nachricht von seinem Tode überbracht. In Gripens Herz aber nistet sich das Misstrauen immer stärker ein und schließlich verlangt er von Barbara, dass sie sich zum Zeichen ihrer Unschuld der Feuerprobe unterwerfe. Nach einer Zeit innigen Gebets im Kloster und nach Empfang der Sakramente besteht sie die Probe: Das glühende Eisen vermag ihr nichts anzuhaben. Sie ist nun eine Auserwählte und ihr Mann trägt als Buße die Demütigung, die ihm durch die Verachtung der Bürger auferlegt wird. Da kehrt der totgeglaubte Schwenkhusen zurück. Er begegnet Barbara mehrmals, trifft sie schließlich im Wald auf einem Findling, als erwarte sie ihn. Auf seine Frage bricht es aus ihr hervor: „Ja, ich habe dich erwartet! Hörst du, Gott? Hörst du?" Schwenkhusen reißt sie an sich. – Als sich der Tag der Feuerprobe zum zweiten Mal jährt, tritt Barbara zwischen zwei Messen plötzlich zum Altar und verlangt das kalte Eisen. Mit dem Aufschrei „Ich brenne" stürzt sie nieder.

Das Hauptgeschehen spielt zwischen den beiden Feuerproben, der Gnade und der Vernichtung. Bei der ersten Probe ist die schuldige Barbara zur Umkehr entschlossen, und deshalb wirkt Gottes Wunder. Dann aber beginnt die eigentliche Zeit der Probe, und sie zeigt sich der Gnade nicht würdig. Sie hat Gottes Zeichen an sich verspürt, ist ihm nahe gekommen, aber sie deutet das Wunder eigenwillig und anmaßend: Sie hat Gott gezwungen und erliegt der menschlichen Ursünde – sie will sein wie Gott.

Erschließende Fragen:

1. *Verfolgen Sie Barbaras innere Entwicklung.*
2. *Deuten Sie das Verhalten a) von Gripen und b) von Schwenkhusen.*

„Der spanische Rosenstock". Die märchenhafte Novelle gehört zum Reizendsten, was der Dichter geschrieben hat.

Lysander muss die geliebte Oktavia für sieben Jahre verlassen und schenkt ihr als Abbild seiner selbst einen spanischen Rosenstock, an dessen Blühen oder Kranken sie erkennen kann, wie es in der Ferne um ihn steht. Nach mancherlei Wirrnissen auf beiden Seiten kehrt er glücklich zurück, um die Geliebte in die Arme zu schließen.

Von Gottes Liebe, der wir Menschen uns nur zu oft verschließen, spricht das Gedicht:

Die Meise

Könnte ich dir sagen, kleine Meise,
Wie ich dir so wohl gesonnen bin!
Lockend vor dem Fenster liegt die Speise,
Doch du Ängstliche wagst dich nicht hin.

Und wie oft du hurtig angeflogen,
Zittern zwischen Bangnis und Begehr,
Jedes Mal hats dich zurückgebogen
Und gezwungen doch zur Wiederkehr.

Immer wohl im winz'gen Flügelkleide
Wird das Herz dir vor Erschrecken kalt,
Siehst du durch die unbegriffne Scheibe
Düster meine riesige Gestalt.

Jetzt! Im Fluge griffest du die Beute,
Birgst sie flink im Zweigicht und Genist.
Wüsstest du, dass ich die Nahrung streute
ohne Feindschaft, ohne Hinterlist,

Dass du Gerngeschenktes fortgetragen
Flüchtig wie gestohlenen Gewinn –
Kleine Meise, könnte ich dir sagen,
Wie ich dir so wohl gesonnen bin!

Ihr in Wipfeln und in grauen Nestern
Ruhelose zwischen Flucht und Schmaus,
Kleine Meisen, meine scheuen Schwestern,
Wie getreu sprecht ihr mich selber aus!

Allenthalben ist mein Tisch gerichtet,
Weißes Brot und schwarzer Wein im Krug,
Süß und bitter ward mir zugerichtet,
Und der große Wirt ist ohne Trug.

Ach, es bangte mir vor keinem Grimme
Und mich drückte keine Kümmernis,
Ach, verstände ich nur seine Stimme
Stille Ladung: Nimm getrost und iss.

Ina Seidel (1885–1974)

Sie erhielt ihre entscheidenden Jugendeindrücke in Braunschweig und München, heiratete ihren Vetter, den protestantischen Geistlichen und Schriftsteller Heinrich Wolfgang Seidel. Lange lebte sie in Berlin, seit 1934 in Starnberg.

Ihr Werk umschreibt, wie das der Gertrud von Le Fort, die drei Themenkreise Frau, Religion und Geschichte. Für die Frau Ina Seidel ist das Mütterliche von zentraler Bedeutung.

Ihre wichtigsten Werke sind die Romane „Das Wunschkind", in dem sie die Lebensgeschichte eines Menschen zur napoleonischen Zeit erzählt, „Lennacker", wo der Weg eines protestantischen Pfarrergeschlechtes durch mehrere Jahrhunderte beschrieben wird, „Das unverwesliche Erbe", in dem sie in feinsinniger Weise die Geschichte einer katholisch-protestantischen Mischehe berichtet, oder die bekannte Novelle „Die Fürstin reitet". Im Mittelpunkt steht die Frau und ihre Liebe zum Kind, die Familie. So auch in dem Gedicht „Dies und das":

Ina Seidel

Du und ich, wir hatten dies und das:
Blanke Kiesel, Muscheln, Vogelnester,
Kugeln auch aus bunt gestriemtem Glas,
Und du warst der Bruder, ich die Schwester,
Und wir stritten uns um dies und das:

Um Kastanien, Kolben aus dem Röhricht,
Und wir wurden groß, und es schien töricht,
Es erschien uns alles als ein Spiel,
Als ein Nichts erschien uns dies und das.

Die Mutter sinnt bei der Wiege

O tiefes Wunder, dass in dir
Mein Leben Kraft geworden ist,
Dass du so ganz Erfüllung mir
Und Antwort meines Wesens bist –
Dass mein verschwiegnes frühstes Leid
Stumm weiterklagt in deinem Blut,
Vergessne Freude fernster Zeit
Als Glanz in deiner Seele ruht!
Dass heiß dein Herz in meinem schlug,
Dass dein Geschick in meinem schlief,
So lange, eh mein Schoß dich trug
Und eh ich dich bei Namen rief.

Ich bin dir nie so nah als nachts,
Wenn rings um uns das Dunkel schweigt,
Geheimnisvoll lebendig nur
Dein Atem fällt, dein Atem steigt.
Ich denke jener holden Zeit,
Da du in mir versenkt geruht,
Da unser Atem einer war,
Bewegt von eines Lebens Flut.
Ich denke einer fernen Zeit,
Wenn uns die stumme Nacht umgibt:
Einst ruhn wir wieder ganz vereint
Mit allem, was wir je geliebt.

Georg Britting (1891–1964)

Der Dichter stammt aus Regensburg. Er nahm am Ersten Weltkrieg teil und wurde schwer verwundet. Seit 1920 lebte er in München.

Britting hat neben Romanen („Hamlet") und Erzählungen (z. B. „Fischfrevel an der Donau") insbesondere Lyrik geschrieben. Er wird wohl besonders mit seinen ausdrucksstarken und doch schlichten Naturgedichten in unsere Literatur eingehen. Die Quelle seiner Gedichte ist der Expressionismus (Seite 98 ff.), dem er seine starke Ausdruckskraft verdankt, dem er auch im Alter verbunden blieb; aber seine späteren Werke sind schlicht und versöhnend, sie zeugen häufig von inniger Naturverbundenheit, z. B. „Raubritter" – „September" und „Wetterwendischer Tag" oder:

Nach dem Regen

Leichte Winde, wie sie schieben!
Und die grüne, feuchte Frische
ist durchblitzt von goldnem Licht.

Nebelstreifen sind geblieben
über dem durchnässten Wald.
Bald hat sie der Wind vertrieben!

In dem Kieselbach die Fische
stehen still und rührn sich nicht,
nur die zuckende Libelle
rührt sich und die schwarze Welle.

Ernst Wiechert (1887–1950)

Der Förstersohn aus Ostpreußen war 20 Jahre Studienrat in Königsberg und Berlin, nahm am Ersten Weltkrieg teil und siedelte sich dann nach 1933 als freier Schriftsteller am Starnberger See an. 1938 warf die Gestapo ihn für zwei Monate in das Konzentrationslager Buchenwald. Bis 1945 stand er unter politischer Aufsicht. Er starb in der Schweiz, wo er seine Wahlheimat gefunden hatte.

Ernst Wiechert

Der Erste Weltkrieg, der Nationalsozialismus und der Zweite Weltkrieg beeindruckten den Dichter schmerzhaft. Von Natur aus sehr feinfühlig und schwermütig veranlagt, litt er stark unter dem Unrecht, das allerorten den Menschen zugefügt wurde. Deshalb flüchtete er in seinen Werken aus dem Getriebe der Welt. Er sah keine Möglichkeit mehr unter dem Einfluss der Zivilisation menschliche Größe zu bewahren.

Aus diesem Grund ziehen sich Wiecherts Helden zurück, um als Fischer, Hirten oder Jäger ihr Leben in Abgeschiedenheit zu verbringen. Sie finden Frieden in der Natur und bewahren oder gewinnen dort jene Schlichtheit des Herzens, die für Wiechert so erstrebenswert ist. Eindrucksvoll ist diese Welt dargestellt in der „Majorin", einer Heimkehrernovelle, und in der

„Hirtennovelle".

Michael, dem zwölfjährigen Sohn einer Witwe, wird das Amt des Dorfhirten übertragen. Er versieht es mit Umsicht und Mut. Wenn es einmal gilt, aus der Zurückgezogenheit des einsamen Hirtendaseins hervorzutreten, so steht er selbst Stärkeren gegenüber seinen Mann. Aber auch innerlich weiß er sich in den Jahren des Entwickelns zu behaupten und seine reine Seele einer Frau gegenüber zu bewahren. – Der Krieg kommt und Kosaken dringen in das Dorf ein. Michael hat schon für Bevölkerung und Herde ein Versteck vorbereitet. Da sieht er, wie sich ein Lamm seiner Herde verirrt. Er verlässt den schützenden Wald, um das Tier zu retten. Als er es zurückträgt und vor den feindlichen Reitern zu schützen versucht, trifft ihn ein Lanzenstich durch die Brust. Sterbend noch hält er seine ausgebreiteten Arme über das Lamm.

Erschließende Fragen:

1. *Wie bewahrt Michael die Schlichtheit seines Herzens?*
2. *Wie beweist er, dass dieses schlichte Herz auch stark ist?*

Die Selbstbiografie „Wälder und Menschen" zeugt von dem innigen Verhältnis des Dichters zur Natur. Das „Einfache Leben" findet der aus dem Grauen des Krieges zurückgekehrte Kapitän von Orla in der Einsamkeit der Masurischen Seen.

In dem Roman „Die Jerominkinder" zieht ein Köhlersohn aus seinem entlegenen Dorf in die große Welt, kehrt aber nach Studium und Krieg enttäuscht in die Abgeschiedenheit zurück, um als Arzt den Menschen zu helfen.

Aus dem Nachlass stammt der Roman „Missa sine nomine" (Die namenlose Messe), in dem in etwas langatmiger Handlung drei Brüder versuchen nach dem Krieg aus einfachem und starkem Herzen das Leben zu meistern.

Carl Zuckmayer (1896–1977)

Der aus dem rheinischen Nackenheim stammende Kaufmannssohn studierte Naturwissenschaft, war im Ersten Weltkrieg Offizier, unternahm viele Reisen ins Ausland und verließ 1933 Deutschland, um in die Schweiz und dann nach Amerika zu fliehen. 1946 kehrte er zurück und lebte abwechselnd in Deutschland, den USA und in der Schweiz.

Carl Zuckmayer

Zuckmayer war einer der meistgespielten zeitgenössischen deutschen ***Dramatiker.*** Sein Grundton ist nicht, wie bei Brecht, beißende Kritik und Verneinung, sondern der Glaube an das Gute im Menschen. Seine Bühnenwerke sind nach dem Kriege sehr volkstümlich geworden. Schon früh bewies der Dichter mit dem „Schinderhannes" sein dramatisches Talent.

Bühnenwirksam wie zur Zeit der Uraufführung (1931) ist auch heute noch das „deutsche Märchen" (nach einem historischen Vorbild):

„Der Hauptmann von Köpenick".

Der vorbestrafte Schuster Wilhelm Voigt versucht vergebens zu einem Pass zu gelangen, der die Voraussetzung für jede Berufstätigkeit ist, den man jedoch nur bekommt, wenn man schon Arbeit hat. Gegenüber der korrekten, aber deshalb herzlosen Bürokratie ist er machtlos. Im Bewusstsein seiner Ohnmacht kommt ihm die groteske Idee, einmal in der Uniform sein Glück zu versuchen. Er stellt als „Hauptmann" einen Trupp Soldaten unter seinen Befehl, besetzt das Rathaus von Köpenick und lässt den Bürgermeister verhaften. Dann meldet er sich freiwillig bei der Polizei gegen die Zusage, dass ihm der Pass ausgestellt werde. Ganz Berlin aber lacht über den Streich, der eine Weltsensation zu werden verspricht. Am meisten jedoch lacht Voigt, als er sich, noch einmal in Uniform, vor dem Spiegel sieht.

Erschließende Fragen:

1. *An welchen Stellen des Stückes lässt sich der Untertanengeist der Deutschen erkennen?*
2. *Aus welchem Geist ist wohl jene Bürokratie entstanden, gegen die Voigt ankämpft?*
3. *Wie in jedem großen Lustspiel, so liegen auch hier Tragik und Komik nahe beieinander. Suchen Sie ans Tragische grenzende Szenen.*
4. *Welche Szenen haben einen ironischen Unterton?*
5. *Wie verfährt Voigt mit dem Staat? (Untersuchen Sie Ursache, Zweck und Art seines Vorgehens.)*

„Des Teufels General" – ein Zeitstück – gestaltet die Geschichte eines Generals, eines großen Menschen zugleich und Fliegers, der im Kriege von der SS in den Tod getrieben wird:

- *General Harras (der Züge des Fliegergenerals Udet hat) steht in tragischem Zwiespalt zwischen soldatischer Pflicht und politischer Ablehnung. Sein soldatisches Pflichtgefühl schreibt ihm vor sich für das Vaterland einzusetzen. Aber die, die den Einsatz von ihm verlangen, sind Hitler und die Nationalsozialisten, die er hasst. Aus dieser tragischen Situation kann ihn nur der Tod befreien.*

„Der Gesang im Feuerofen" zeugt ebenso von dramatischer Meisterschaft.

- *Das Stück spielt im letzten Krieg. Der Franzose Creveaux zeigt 36 seiner Landsleute, die der Widerstandsbewegung angehören, bei der SS an. Als sich die Ahnungslosen auf einem Tanzfest vergnügen, steckt die SS das Gebäude in Brand und mäht die Fliehenden mit Maschinengewehren nieder. Nach dem Abzug der deutschen Truppen wird Creveaux vor das Gericht seiner Opfer gestellt, die aber nicht über die Schuld entscheiden: „Das letzte Urteil bleibt unbekannt, wie die Macht, die es vollstreckt."*

Im „Kalten Licht" gerät ein Atomforscher in tragischen Konflikt mit der Pflicht seinem eigenen Vaterland und der ganzen Menschheit gegenüber.

Zuckmayer ist jedoch auch Erzähler: „Der Seelenbräu" und besonders die Karnevalserzählung „Die Fastnachtsbeichte" sind Beispiele unbefangener Erzählfreude über Bauern, Jäger, Handwerker, Soldaten und Geistliche. Seine Lebensbeschreibung „Als wärs ein Stück von mir" brachte ihm noch einmal großen Erfolg.

Manfred Hausmann (1898–1986)

Der aus Kassel stammende und zuletzt an der Unterweser bei Bremen lebende Dichter war in seinen ersten Büchern noch der gärende, abenteuernde, suchende Mensch, z. B. in dem Vagabundenroman „Lampioon" und in „Salut gen Himmel". Später wird sein Ton geläuterter und verinnerlicht. Beliebt sind seine Bühnenstücke „Das Worpsweder Hirtenspiel" – „Der dunkle Reigen" und „Der Fischbecker Wandteppich". Schlicht und von einfacher Kindlichkeit sind der Roman „Abel mit der Mundharmonika" oder die rührenden Kindergeschichten „Martin", die um den kleinen Sohn des Dichters spielen.

Manfred Hausmann

Ein Beispiel für das liebende Verständnis eines Vaters sei eine Geschichte aus dem „Martin":

„Wie der Vater eines Abends im Vorbeigehen einen verstohlenen Blick ins Badezimmer wirft, sieht er, dass Martin auf einem Bein darin herumhüpft, einen Strumpf und das Unterhöschen, das noch an seinem Fuß hängt, hinter sich her schleppend. Viola putzt sich die Zähne und macht sich mit ihren Augen über ihn lustig. ‚Viola', sagt Martin und hüpft mit kleinen Sätzen weiter. ‚Viooo!' – Viola spuckt ihr Mundwasser aus: ‚Ja' – ‚Vio, das Leben ist sooo schön!'

Der Vater muss in sich hineinlachen, ob er will oder nicht. Aber gleichzeitig fühlt er, wie sich tief in seiner Brust eine unsagbare Traurigkeit erhebt. Du unschuldiges Engelchen, denkt er, indem er die Tür vorsichtig zudrückt, wie wird das Leben dir noch mitspielen! Und ich kann dich nicht davor bewahren, ich nicht und keiner. All die Qual und Schuld, die dir bereitet ist in der Welt, ich kann dich nicht davor bewahren, so liebend gern ich es auch möchte. Musst du denn schuldig werden? Gibt es denn gar keine Möglichkeit, dich im Stande der seligen Freude zu erhalten? Nein, es gibt keine. Es... es darf ja auch keine geben, denn der Sinn des Lebens und also auch deines Lebens ist doch wohl in die Irre zu gehen, der tödlichen Verlassenheit des Menschen inne zu werden, dich zu verlieren, dich zu finden, dich wieder zu verlieren, bis du das Ewige, bis du den Ewigen gefunden hast."

Agnes Miegel (1879–1964)

Die ostpreußische Dichterin ist bekannt durch ihre Balladen, deren Stoff sie häufig aus der Welt der Nixen und Zauberwesen holt. Bekannt sind „Die schöne Agnete" – „Die Nibelungen" – „Die Frauen von Nidden" und:

Agnes Bernauerin

Sie sangen am Herd, als die Flamme schied:
„Es ist ein Ros entsprungen."
Sie sprachen zu ihr, als verklungen das Lied:
„Was hast du nicht mitgesungen?

Was bist du so blass, Agnes Bernauerin,
Was starrst du so vor dich nieder?"
Sie sprach wie schlafend vor sich hin
Und schloss ihre schweren Lider:

„Mir träumte in der Andreasnacht,
Ich sei an die Donau gegangen.
Der Himmel glomm in blutiger Pracht
Und die roten Wellen sangen.

Sie trugen mir zu in schaukelndem Tanz
Eine Krone sternbeschienen –
Und wie ich sie hob, wars ein Sterbekranz
Von welkenden Rosmarinen."

Stefan Andres (1906–1970)

Der Dichter wurde in Breitwies bei Trier als neuntes Kind eines Müllers geboren. Zunächst wollte er Priester werden, studierte dann aber in verschiedenen Fakultäten, besonders Germanistik (deutsche Sprachwissenschaft). Nach Reisen zu den Stätten der Antike (Griechenland und Italien) lebte er von 1937 bis 1949 als freier Schriftsteller bei Amalfi in Italien, bis 1961 in Unkel am Rhein und dann in Rom.

Stefan Andres

Die Hauptkräfte, die den jungen Menschen formten, waren seine moselländische Heimat, der schlichte bäuerliche Alltag und die Zeit des Mönchs-Noviziats. Nach der Begegnung mit der Idealwelt des klassischen Altertums und der Rückkehr aus der Emigration lernte er die „unedle Wirklichkeit" kennen. Andres' Werk spiegelt diesen Widerspruch zwischen Gut und Böse, Geborgenheit und Anfeindung; es bewegt sich zwischen diesen Gegensätzlichkeiten und ist bestrebt sie zu vereinigen. Dabei steht Andres auf dem Boden christlicher Weltanschauung.

Der Roman „Der Knabe im Brunnen" schildert die frühe Jugend des Dichters, die kindliche Märchenwelt, frühe Eindrücke und Entscheidungen, erste Einsichten in das Gefüge der Welt. In allen Wendungen des Lebens ist Gottes führende Hand zu spüren.

In seiner ersten Novelle „Wir sind Utopia" gelangt ein abgefallener Mönch während des spanischen Bürgerkrieges als Gefangener in sein ehemaliges Kloster zurück. Dort geschieht das Erstaunliche, dass sich Mönch und kommunistischer Leutnant zur Gewissenserforschung anregen und dazu bewegen, das Böse aufzugeben und das Gute zu wählen.

„Das Trockendock", eine Kurzgeschichte, ist ein Beispiel jener Auseinandersetzung mit der „unedlen Wirklichkeit" .

Der Ingenieur Grognard wird Zeuge eines Stapellaufs und sieht, wie ein Galeerensträfling bei dem Versuch, das Schiff freizumachen und dadurch seine Freiheit zu erlangen, vom Schiffsrumpf zerquetscht wird. Grognard schwört sich diesem grausamen Brauch ein Ende zu bereiten. Gegen größte Widerstände entwickelt er eine andere Form des Docks, das Trockendock, bei dem der Stapellauf ohne Gefahr für menschliches Leben möglich ist. Beim Überqueren des Dockplatzes wird er jedoch eines Tages von einem Galeerensträfling erschlagen. Voll Verwunderung lispelt der Sterbende: „Ah, Pardon, ich habe mich geirrt."

Erschließende Fragen:

1. *Was wissen Sie über das Leben von Galeerensträflingen?*
2. *Was meint Grognard, wenn er lispelt: „Ich habe mich geirrt"? Worin hat er sich geirrt?*
3. *War Grognards Erfindung falsch?*
4. *Haben folgende Erfindungen den Menschen nur Segen gebracht: Fernsehen – Auto – Medikamente?*

Edzard Schaper (1908–1984)

Schaper stammte aus Posen. Nach einem ungewöhnlich wechselvollen Schicksal als Schauspieler, Gärtner und Fischer, nach der Flucht vor den Nationalsozialisten über Finnland nach Schweden lebte er in Zürich. In seinen Werken beschreibt er den Kampf zwischen brutaler Macht und echtem Menschsein in der Nähe Gottes. Seine Helden unterliegen zwar äußerlich der Macht, bewahren jedoch auch als Gefangene ihre christliche Liebe und Demut.

Bezeichnend für die Anliegen des Dichters sind schon die Titel der Romane „Die Freiheit des Gefangenen" und „Die Macht der Ohnmächtigen". In dem früheren Werk „Die sterbende Kirche" beschreibt er die Vernichtung der Kirche durch den Bolschewismus.

15 Die Dichtung des 20. Jahrhunderts (II)

1945 Abwurf der Atombomben über Hiroschima und Nagasaki. Potsdamer Konferenz: Ende des Zweiten Weltkriegs, Teilung Deutschlands, Verlust der Gebiete östlich von Oder und Neiße.

1948 Währungsreform. Wiederaufbau und Entwicklung zu nie gekanntem Wohlstand. 1949 Gründung der Bundesrepublik Deutschland und der Deutschen Demokratischen Republik.

1953 Volksaufstand in der DDR und Berlin (Ost). 1961 endgültige Schließung der Grenzen zwischen den beiden deutschen Staaten, Bau der Berliner Mauer.

1969 Regierungswechsel von der CDU zur SPD/F.D.P. 1982 Koalition von CDU/F.D.P. Im November 1989 Aufstand in der DDR, Öffnung der Mauer durch eine friedliche Revolution. Am 3. Oktober 1990 Wiedervereinigung Deutschlands.

Seit 1998 Regierung SPD/Bündnis 90/Die Grünen.

15.1 Die neuen Wirklichkeiten

In den wenigen Jahrzehnten zwischen dem Zweiten Weltkrieg und unserer Gegenwart haben sich die Lebensbedingungen des Menschen so eingreifend verändert wie sonst kaum in Jahrhunderten. Die Folge davon ist, dass der einzelne Mensch trotz aller Informationen, die ihm zuströmen, sich nicht mehr imstande sieht einen Überblick über seine Umwelt zu gewinnen und ein sicheres Urteil auch darüber zu gewinnen, was mit ihm selbst vorgeht. Die alten Werte gelten nicht mehr, aber neue Maßstäbe aufzurichten, scheint unmöglich.

Von solcher Unsicherheit, die oft zu Angst und Verzweiflung wird, sind auch die Dichter nicht frei, die versuchen mit ihren sprachlichen Mitteln diese sich rasch wandelnde Wirklichkeit darzustellen. Darum ist der Zugang zu ihren Werken oft nicht leicht und nur selten wird der Leser Trost in ihnen finden, oft aber einen Anstoß erfahren selbst darüber nachzudenken, wie eine menschlichere Welt zu erreichen sei.

Die deutsche Literatur wurde von der Diktatur des Dritten Reiches und vom Zweiten Weltkrieg besonders betroffen. Viele Schriftsteller waren ins Ausland vertrieben worden, viele – vor allem die jüdischen Dichter – waren umgekommen, andere, die in Deutschland geblieben waren, durften nicht schreiben oder ihre Werke nicht veröffentlichen. So spricht man von einem ***„Nullpunkt“*** im Jahre 1945. Doch bald begannen die Theater wieder zu spielen, Zeitschriften und Bücher wurden gedruckt und vor allem der Rundfunk bot jungen Schriftstellern Arbeit und Verdienst. Allmählich entfaltete sich im Westen Deutschlands wieder eine reiche Literatur. Mitgewirkt daran haben auch Schriftstellervereinigungen, besonders die ***„Gruppe 47“***, die zwanzig Jahre lang Tagungen mit Dichterlesungen und Dikussionen abhielt und damit begabte Anfänger in der Öffentlichkeit bekannt machte.

Die „Bewältigung der Vergangenheit“ wurde für lange Zeit zu einem wichtigen Thema der deutschen Literatur. Dass die nationalsozialistische Zeit und der Weltkrieg nicht nur äußerliche Zerstörungen gebracht hatten, sondern die Menschen auch des inneren Halts beraubten – diese Erfahrung prägte sowohl die unmittelbar nach 1945 entstandenen Werke als auch später geschriebene Dichtungen.

Wie sehr die Politik das Leben jedes einzelnen Menschen bestimmt, hatten Drittes Reich und Zweiter Weltkrieg gelehrt und die Teilung Deutschlands zeigte es immer wieder. Aus diesen Erfahrungen ist verständlich, warum weit mehr Schriftsteller als früher entweder politische Themen in ihre Werke aufnehmen oder selbst als Staatsbürger öffentlich Stellung beziehen. Zunächst ging es um Kritik an der Unmenschlichkeit des Nationalsozialismus und des Krieges, später um Kritik an den gefährlichen Entwicklungen in der Wohlstandsgesellschaft. In der Generation, die etwa um 1968 zu schreiben begann, findet sich dann oft eine grundsätzliche Ablehnung der gegenwärtigen wirtschaftlichen und politischen Ordnungen, sei es im kapitalistischen

Westen, sei es im sozialistischen Osten. Neu gegenüber früheren Perioden der Literaturentwicklung ist auch, dass das Buch zurückgedrängt wird durch die Konkurrenz der „Massenmedien“. Verfilmungen, Hörspiele und schließlich vor allem Fernsehspiele oder Fernsehdokumentationen sind neue Formen der Literatur, auf die sich die Schriftsteller wie das Publikum erst allmählich einzustellen lernten.

15.2 Ausländische Einflüsse

Im Dritten Reich waren viele bedeutende Dichter und Werke der modernen Literatur verboten und vom Ausland war Deutschland vor allem während des Krieges ganz abgeschlossen. So gab es in der Nachkriegszeit zunächst einen großen Nachholbedarf: Bei dem Amerikaner Ernest Hemingway (1899–1961) lernten wir die Form der Kurzgeschichte („short story“) kennen. An den Theaterstücken der Franzosen Jean Anouilh (1910–1987), Albert Camus (1913–1960) und Jean-Paul Sartre (1905–1980) ließ sich erkennen, wie Probleme der Gegenwart im Drama zu gestalten sind. Vorbild der Lyriker war etwa der Engländer T. S. Eliot (1888–1965). In späteren Jahren traten immer mehr Namen hinzu, z. B. der französische Dramatiker Eugene Ionesco, der Ire Samuel Beckett, amerikanische Erzähler von William Faulkner bis John D. Salinger.

Gegenwärtig lässt sich kaum noch eine Grenze ziehen, da die vielen Übersetzungen aus fast allen Sprachen der Welt der eigenen Dichtung ständig Anregungen vermitteln. Die alljährliche Buchmesse in Frankfurt als größter internationaler Treffpunkt trägt dazu bei.

Die deutschsprachige Literatur der Schweiz und Österreichs lässt sich von der Bundesrepublik Deutschland nicht trennen, in der DDR jedoch gab es eine Sonderentwicklung. Dort wurde der Einfluss der osteuropäischen Literaturen gefördert.

15.3 Kunst und Musik

In den letzten Jahrzehnten konnte sich nicht, wie etwa im Mittelalter oder im Barock, ein einheitlicher „Zeitstil“ entwickeln, der für alle Künste zutreffen würde. Dazu war die Unsicherheit zu groß, die Interessen und Überzeugungen zu widersprüchlich. Aber es gibt auch heute Wechselwirkungen zwischen den Künsten. Dichter und Publikum sind stark beeinflusst worden von der „abstrakten Malerei“, in der nur noch Formen und Farben, aber keine Gegenstände mehr gezeigt werden. Freiheit des Geistes und der Fantasie scheint durch solche Kunst anschaulich zu werden. War Frankreich in dieser Richtung führend, so wurde später und bis heute die amerikanische Kunst einflussreicher, die oft Gegenstände des täglichen Lebens verwandelt oder auch verzerrt, um so den Zeitgenossen einen kritischen Spiegel vorzuhalten. Wo die ernsthafte Kunst aufhört und eine spielerische und nur auf den Verkaufswert achtende Mode beginnt, lässt sich oft nicht mehr unterscheiden. Die in vierjährigem Abstand in Kassel durchgeführten „documenta“-Ausstellungen versammeln Werke der herrschenden Strömungen.

In der Musik ist in den letzten Jahrzehnten die Trennung nach ernsthafter Komposition und Unterhaltungsmusik immer stärker geworden. Die ernsthafte Musik spricht nur noch einen kleinen Kreis von Spezialisten an, da sie vom normalen Hörempfinden abweicht, während die Unterhaltungsmusik sich in nie gekannter Weise durch Radio, Schallplatte, CD und Kassette verbreitet hat. Wir finden hier neben vielem Wertlosen auch manche Texte, die echte Dichtung sind, z. B. in den Strophen der sog. „Liedermacher“.

15.4 Die Dichtung

15.4.1 Folgen der Diktatur und des Krieges

Die „Bewältigung der Vergangenheit“ wurde für lange Zeit zu einer wichtigen Aufgabe der deutschen Literatur. Dass die nationalsozialistische Zeit und der Weltkrieg nicht nur äußerliche Zerstörungen gebracht hatten, sondern die Menschen auch des inneren Halts beraubte – diese Erfahrung prägt sowohl die unmittelbar nach 1945 entstandenen Werke als auch später geschriebene Dichtungen.

Wolfgang Borchert (1921–1947)

Borchert wurde in Hamburg geboren, war Buchhändler und Schauspieler in Lüneburg. 1941 musste er an die Ostfront, wurde schwer verwundet, wegen „staatsgefährdender" Äußerungen zum Tode verurteilt, begnadigt, wieder eingesperrt. Bei der Strafkompanie zog er sich in Russland eine schwere Krankheit zu und kam nach dem Krieg todkrank in das zerstörte Hamburg zurück. Innerhalb von zwei Jahren schrieb er sein Werk – ein Dichter der „verratenen Generation". Er starb einen Tag vor der Uraufführung seiner Tragödie „Draußen vor der Tür". Damit erlosch eine große Hoffnung unserer Dichtung. Borcherts Grundton ist Anklage gegen eine Welt der Härte, der Lüge, des Scheins, gegen eine Welt, in der Gott scheinbar nicht mehr zu finden ist.

Wolfgang Borchert

Borchert war der erste Sprecher seiner Generation, der Kriegsteilnehmer. Sein schmales Werk ist der unmittelbarste Ausdruck der deutschen Nachkriegssituation. Mit seiner verhältnismäßig einfachen Schreibweise hat er breite Wirkung erreicht. Demgegenüber benutzen die lyrischen Dichtungen von Nelly Sachs (Seite 124) und Paul Celan (Seite 126) vielfach eine dunkle, vieldeutige Bildlichkeit. Doch ist in ihrem Werk vor allem das furchtbare Geschick der jüdischen Menschen aufbewahrt. Auch ihre Erfahrungen gehören darum zum Beginn der deutschen Nachkriegsliteratur.

„Draußen vor der Tür".

Beckmann, „einer von denen", die aus dem Kriege „nach Hause kommen und doch nicht nach Hause kommen, weil für sie kein Zuhause mehr da ist", kehrt in seine Vaterstadt zurück. Niemand aber nimmt ihn auf, gibt ihm Arbeit, entbindet ihn der Verantwortung und der Gewissenslast, niemand gibt ihm seine Seelenruhe wieder, die die Gräuel des Krieges ihm raubten. Er bleibt „draußen vor der Tür".

Aus dem Krieg bringt Beckmann die furchtbare Gewissenslast mit sich elf Kameraden in den Tod geführt zu haben. Bis in seine Träume hinein verfolgen ihn diese Toten. Verzweifelt geht er zu seinem früheren Oberst, um ihm die Verantwortung zurückzubringen. Aber der Oberst versteht ihn nicht, kann ihn nicht verstehen. Als Vertreter der entseelten, grausamen Welt kennt er kein Gewissen. – Beckmann geht zu einem Kabarettdirektor und spielt ihm seine Geschichte vor, hart, aber wahr. Jedoch: „Mit Wahrheit hat die Kunst doch nichts zu tun! Damit machen Sie sich nur unbeliebt."

Als er sein Elternhaus aufsucht, erfährt er von einer Nachbarin, dass sich Vater und Mutter vergiftet haben: „So was Dummes, sagt mein Alter, von dem Gas hätten wir einen ganzen Monat kochen können!" Verzweifelt geht Beckmann zugrunde, denn auch Gott gibt keine Antwort auf seine Fragen.

Erschließende Fragen:

1. *Welche Einstellung hat Beckmann zum Kriege?*
2. *Was sucht er nach der Heimkehr?*
3. *Wo überall bleibt er „draußen vor der Tür"?*
4. *Beurteilen Sie a) den Oberst, b) den Kabarettdirektor, c) die Nachbarin.*
5. *Wie beurteilen Sie die Schlussfrage „Gibt denn keiner Antwort?" im Hinblick auf das ganze Drama?*

Borchert war ein Meister der ***Kurzgeschichte.*** „An diesem Dienstag" – „Die Küchenuhr" – „Die Hundeblume" – „Nachts schlafen die Ratten doch" – „Die drei dunklen Könige" und „Schischyphusch" sind die bekanntesten. Immer nimmt uns Borchert, wie Beckmann den Oberst, beim Wort, immer ruft er uns sein „Mensch, werde wesentlich" zu und entlarvt die Leere der schönen Worte, ob etwa im „Schischyphusch" ein lispelnder Kellner Selbstvertrauen findet oder ob er in der „Hundeblume" das Glück eines Gefangenen beschreibt, das auf ein Mindestmaß beschränkt ist. Der Inhalt ist knapp, herausfordernd und spannend, die Darstellung doppeldeutig und eindrucksvoll. Bezeichnend dafür sind:

„Die Küchenuhr".

Ein junger Mann mit einem „ganz alten Gesicht" hat Eltern und Wohnung durch die Bomben verloren. Er setzt sich zu einigen Leuten auf die Bank und zeigt ihnen freudig eine Küchenuhr, das einzige, was übrig geblieben ist. Sie ist durch den Bombenangriff um halb drei stehen geblieben, zur selben Zeit, da er früher immer nach Hause gekommen und seine Mutter Nacht für Nacht aufgestanden war, um ihm das Essen zu bereiten. Früher hat er diese liebevolle Sorge für selbstverständlich gehalten, jetzt aber weiß er, dass es das Paradies war".

Erschließende Fragen:

1. *Warum sagt der junge Mann, jene Zeit sei das Paradies gewesen?*
2. *Welches Bild gewinnt er jetzt von der Mutter?*
3. *Warum hat er die Mutter zu ihren Lebzeiten nicht so gesehen?*
4. *Warum schüttelt er „überlegen den Kopf", wenn jemand meint, die Uhr sei durch die Wirkung der Bombe stehen geblieben? Ist sie ihm bloßes Erinnerungsstück oder mehr? Suchen Sie Textstellen.*

„Nachts schlafen die Ratten doch".

Ein neunjähriger Junge sitzt seit Tagen im Keller des zerbombten Hauses und verjagt die Ratten, die seinen toten Bruder fressen wollen. Ein Mann, der ihn beobachtet, verwickelt ihn in ein Gespräch und lockt ihn geschickt aus dem Kellerloch heraus.

Erschließende Fragen:

1. *Beurteilen Sie, welch schreckliches Geschäft den Jungen hält.*
2. *Welcher Satz des Jungen, welcher des Mannes trifft uns am meisten?*
3. *Wer bestimmt die Richtung des Gesprächs?*
4. *Beobachten Sie, welche Veränderung sich nach und nach im Verhalten des Jungen anzeigt. Was will der Dichter uns damit sagen?*
5. *Welche symbolhafte Bedeutung haben die Aussagen: die Ratten; die Kaninchen; Jürgen blinzelte zwischen den Beinen des Mannes hindurch in die Sonne; Kaninchenfutter, das war etwas grau vom Schutt; Kuhlen, die kleine Betten oder kleine Kaninchen waren?*

Nelly Sachs (1891–1970)

Die Lyrikerin wurde in Berlin geboren und floh, als Jüdin verfolgt, mithilfe von Selma Lagerlöff 1940 nach Schweden und lebte bis zu ihrem Tode in Stockholm. War ihr Leben als Emigrantin schon leidgeprüft, so blieb ihrer Dichtung lange der Erfolg versagt. 1966 erhielt sie jedoch den Nobelpreis.

Ihre frühen Gedichte sind traditionsgebunden. Erst das Nacherleben des qualvollen Geschicks ihres jüdischen Volkes ließ sie andere Töne finden. Ihre Lyrik wurde dunkel und rätselhaft. Ihre Themen sind immer neue Variationen: Flucht, Leid, Geburt und Tod, Verwandlung. Beispiele ihrer Lyrik seien die Gedichte:

O der weinenden Kinder Nacht

O der weinenden Kinder Nacht!
Der bis zum Tode gezeichneten Kinder Nacht!

Der Schlaf hat keinen Eingang mehr.
Schreckliche Wärterinnen
Sind an die Stelle der Mütter getreten,
haben den falschen Tod in ihre Handmuskeln gespannt,
Säen ihn in die Wände und ins Gebälk –
Überall brütet es in den Nestern des Grauens
Angst säugt die Kleinen statt der Muttermilch.

Zog die Mutter noch gestern
Wie ein weißer Mond den Schlaf heran,
Kam die Puppe, mit dem fortgeküssten Wangenrot
In den einen Arm,
Kam das ausgestopfte Tier, lebendig
In der Liebe schon geworden,
In den andern Arm –
Weht nun der Wind des Sterbens,
Bläst die Hemden über die Haare fort,
Die niemand mehr kämmen wird.

Chor der Geretteten

Wir Geretteten,
Aus deren hohlem Gebein der Tod schon seine Flöten schnitt,
An deren Sehnen der Tod schon seinen Bogen strich –
Unsere Leiber klagen noch nach
Mit ihrer verstümmelten Musik.
Wir Geretteten,
Immer noch hängen die Schlingen für unsere Hälse gedreht
Vor uns in der blauen Luft –
Immer noch füllen sich die Stundenuhren mit unserem tropfenden Blut.
Wir Geretteten,
Immer noch essen an uns die Würmer der Angst.
Unser Gestirn ist vergraben im Staub.
Wir Geretteten
Bitten euch:
Zeigt uns langsam eure Sonne.
Führt uns von Stern zu Stern im Schritt.
Lasst uns das Leben leise wieder lernen.
Es könnte sonst eines Vogels Lied,
Das Füllen des Eimers am Brunnen
Unseren schlecht versiegelten Schmerz aufbrechen lassen
Und uns wegschäumen –
Wir bitten euch:
Zeigt uns noch nicht einen beißenden Hund –
Es könnte sein, es könnte sein,
Dass wir zu Staub zerfallen –
Vor euren Augen zerfallen in Staub.
Was hält denn unsere Webe zusammen?
Wir odemlos gewordene,
Deren Seele zu Ihm floh aus der Mitternacht,
Lange bevor man unseren Leib rettete
In der Arche des Augenblicks.
Wir Geretteten,
Wir drücken eure Hand,
Wir erkennen euer Auge –
Aber zusammen hält uns nur noch der Abschied,
Der Abschied im Staub
Hält uns mit euch zusammen.

Paul Celan (1920–1970)

Celan stammt aus der Bukowina (Rumänien). Im Kriege wurde er in ein Arbeitslager gesperrt, 1948 floh er nach Paris, wo er bis zu seinem Tode lebte. Er studierte Sprachwissenschaft. Neben seinem lyrischen liegt ein umfangreiches übersetzerisches Werk vor. Seine wichtigsten Gedichtbände sind „Mohn und Gedächtnis", – „Sprachgitter" – „Die Niemandrose" und „Atemwende". Er ist sicherlich einer der großen Lyriker des letzten Jahrhunderts.

In Celans Gedichten stehen zwei Bereiche nebeneinander: das Wirkliche, Erkennbare und das Unwirkliche, Traumhafte. So finden sich immer wieder eindeutiges Wort und dunkle, rätselhafte Metapher. Die beiden Bereiche werden nicht verschmolzen, sondern bleiben nebeneinander bestehen. Darauf beruht einer der besonderen Reize Celan'scher Lyrik. Deutlich erkennbar ist diese Erscheinung an dem viel genannten Gedicht

Todesfuge

Schwarze Milch der Frühe wir trinken sie abends
Wir trinken sie mittags und morgens wir trinken sie nachts
Wir trinken und trinken
Wir schaufeln ein Grab in den Lüften da liegt man nicht eng

Ein Mann wohnt im Haus der spielt mit den Schlangen der schreibt
Der schreibt wenn es dunkelt nach Deutschland dein goldenes Haar Margarete
Er schreibt es und tritt vor das Haus und es blitzen die Sterne er pfeift seine Rüden herbei
Er pfeift seine Juden hervor lässt schaufeln ein Grab in die Erde
Er befiehlt uns spielt auf nun zum Tanz
Schwarze Milch der Frühe wir trinken dich nachts
Wir trinken dich morgens und mittags wir trinken dich abends
Wir trinken und trinken
Ein Mann wohnt im Haus und spielt mit den Schlangen der schreibt
Der schreibt wenn es dunkelt nach Deutschland dein goldenes Haar Margarete
Dein aschenes Haar Sulamith wir schaufeln ein Grab in den Lüften da liegt man nicht eng

Er ruft stecht tiefer ins Erdreich ihr einen ihr andern singet und spielt
Er greift nach dem Eisen im Gurt er schwingts seine Augen sind blau
Stecht tiefer die Spaten ihr einen ihr andern spielt weiter zum Tanz auf

Schwarze Milch der Frühe wir trinken dich nachts
Wir trinken dich mittags und morgens wir trinken dich abends
Wir trinken und trinken
Ein Mann wohnt im Haus dein goldenes Haar Margarete
Dein aschenes Haar Sulamith er spielt mit den Schlangen
Er ruft spielt süßer den Tod der Tod ist ein Meister in Deutschland
Er ruft streicht dunkler die Geigen dann steigt ihr als Rauch in die Luft
Dann habt ihr ein Grab in den Wolken da liegt man nicht eng

Schwarze Milch der Frühe wir trinken dich nachts
Wir trinken dich abends und morgens wir trinken und trinken
Der Tod ist ein Meister aus Deutschland sein Auge ist blau
Er trifft dich mit bleierner Kugel er trifft dich genau
Ein Mann wohnt im Haus dein goldenes Haar Margarete
Er hetzt seine Rüden auf uns er schenkt uns ein Grab in der Luft
Er spielt mit den Schlangen und träumet der Tod ist ein Meister aus Deutschland

Dein goldenes Haar Margarete
Dein aschenes Haar Sulamith

Erschließende Fragen:

1. *Warum nennt Celan sein Gedicht eine Fuge? Welche beiden Themen werden „durchgespielt"?*
2. *Wofür steht stellvertretend „ein Mann"?*

3. *Beurteilen Sie, wozu er fähig ist, dass er andererseits auch liebt.*
4. *Deuten Sie die Symbolwörter: Er spielt mit den Schlangen – Margarethe, Sulamith aschgraues Haar – Grab in den Lüften – da liegt man nicht eng –* ***seine*** *Juden – Eisen im Gurt – Spielt auf zum Tanz – usw.*
5. *Schwarze Milch gibt es nicht. Was bedeutet diese sinnlose Wortverbindung (im Hinblick auf die Leidenden)? Und warum trinken sie immer wieder davon, morgens, mittags und abends?*

Espenbaum, dein Laub blickt weiß ins Dunkel.
Meiner Mutter Haar wird nimmer weiß.

Löwenzahn, so grün ist die Ukraine.
Meine blonde Mutter kam nicht heim.

Regenwolke, säumst du an den Brunnen?
Meine leise Mutter weint für alle.

Runder Stern, du schlingst die goldne Schleife.
Meiner Mutter Herz ward wund von Blei.

Eichne Tür, wer hob dich aus den Angeln?
Meine sanfte Mutter kann nicht kommen.

Elisabeth Langgässer (1899–1950)

Die Lehrerin aus Alzey im Rheinhessischen wurde als Halbjüdin von den Nationalsozialisten zur Zwangsarbeit verpflichtet. Viel zu früh starb die feinnervige Dichterin an den Folgen der seelischen und körperlichen Schäden.

Sie ist eine der überzeugungskräftigsten christlichen Schriftstellerinnen. Es geht in ihrem epischen Werk vornehmlich um die Überwindung des Bösen, des Teuflischen in der Schöpfung. Gott tritt weniger in Erscheinung als sein starker Widersacher. Zwischen der unheimlichen, satanischen Versuchung aber und Gott stehen als gnadenreiche Hilfen das Sakrament und das Gebet, die Anrufung des Schöpfers. Die Themen ihrer Dichtungen sind das wirtschaftliche Elend der Nachkriegszeit, die Spannungen zwischen katholischem und jüdischem Glauben und das Leben in ihrer Heimat.

Die ***Romane*** sind wegen ihrer Gedankentiefe und der surrealistischen, d. h. unwirklichen und hintergründigen Darstellungsweise nur dem reifen Leser zugänglich. Es seien angeführt: „Proserpina" – „Der Gang durch das Ried" – „Märkische Argonautenfahrt" und „Das unauslöschliche Siegel".

Ihre ***Kurzgeschichten*** hingegen werden gern in unseren Schulen gelesen. Sie zeugen ebenso wie die Romane von der Erzählkunst der Dichterin. Auch hier wird oft die satanische Anfechtung des Menschen sichtbar, besonders als Folge des grausamen Krieges und der nationalsozialistischen Herrschaft, etwa in „Saisonbeginn" – „Untergetaucht" – „Der Erstkommuniontag" – „Die getreue Antigone" oder „Glück haben".

„Saisonbeginn" ist ein klassisches Beispiel für die Doppelsinnigkeit moderner Erzählweise. Die Dichterin arbeitet mit ähnlichen Mitteln wie Böll in „Wanderer, kommst du nach Spa ..." (Seite 130). Fast jeder Satz der Kurzgeschichte drückt einen vordergründigen und gleichzeitig einen hintergründigen Gedanken aus, ist symbolisch gemeint. Auch das eigentliche Geschehen ist sinnbildhaft: die Tätigkeit der drei Gemeindearbeiter, das Suchen nach dem wirksamsten Standort für das Schild, das Verhalten der zusehenden Kinder und Erwachsenen. Erschütternd steht der letzte Satz über dem Geschehen, und rückblickend erkennt man bei wiederholtem Lesen, mit welcher Meisterschaft die ganze Komposition auf diesen herausfordernden Schlusssatz abgestellt ist.

Hans Erich Nossack (1901–1977)

Nossack wurde in Hamburg geboren. Nach kurzem Studium arbeitete er im Betrieb seines Vaters. Im Krieg erlebte er die Zerstörung seiner Heimatstadt mit. Seit 1956 war er freier Schriftsteller.

Seine schriftstellerischen Anfänge liegen vor dem Zweiten Weltkrieg, aber alle Manuskripte wurden bei den Bombenangriffen auf Hamburg vernichtet. Er nahm jedoch die Zerstörung zum Anlass für einen bewussten Neubeginn, er bekennt sich zum völligen Verlust der Vergangenheit. Sein Werk steht zwischen Zerstörung und deren Überwindung, zwischen Tod und Neugeburt.

Nossack erzählt von einzelnen Menschen, die sich in der heutigen Welt als einsam und isoliert erfahren. Die zeitgenössische Umwelt erscheint ihnen unlebendig, erstarrt. In ihr lebt man mechanisch, verantwortungsfrei, gegen alle Risiken versichert. Es ist aber Aufgabe des Menschen, sich selbst zu finden, die Klischees und die Vergangenheit abzuwerfen und neu zu beginnen, in eine unsichere Zukunft aufzubrechen.

Dieses Spannungsverhältnis beschreibt Nossack immer wieder in seinem umfangreichen Erzählwerk. In ruhigen, sachlich-berichtenden Sätzen führt er den Leser an Grenzpunkte des Lebens, wo das Normale sich plötzlich verändert zum Unberechenbaren. Schon die Titel seiner Werke weisen darauf hin: „Nekyia. Bericht eines Überlebenden" – „Unmögliche Beweisaufnahme" – „Begegnung im Vorraum" (Erzählung) – „Dem unbekannten Sieger" (Roman) u. a. Ein Beispiel für solches Überschreiten der Wirklichkeit aus **„Unmögliche Beweisaufnahme"**:

Bei diesen Worten zögerte der Angeklagte und blickte, wie er das schon ein paar Mal getan hatte, suchend in den Saal. Und wiederum zwang er die Herren vom Gericht, seinem Blick zu folgen. Der Zufall wollte es, dass in diesem Augenblick die Sonne durch die graue Wolkendecke brach, die vom Morgen an den Himmel verhängt hatte. Zwei oder drei Atemzüge lang fiel ein breiter Lichtstrahl durch die schmutzigen Fenster; wegen der staubigen Luft sah er wie etwas Festes aus; er tastete prüfend über die Zuhörerreihen hin und erlosch dann plötzlich. Der Angeklagte wandte sich dem Gericht wieder zu. „Als Kinder, wenn unsere Großmütter uns etwas von Engeln erzählten, haben wir genau gewusst, wie Engel waren und wie man sich ihnen gegenüber verhalten muss. Später vergisst man es oder man hat keine Zeit mehr dafür, obwohl sich nichts geändert hat. Nur zuweilen, durch irgendeine Kleinigkeit, wird alles wieder offenbar. Aber nur sehr kurz; wenn man es wahrnimmt, ist es schon im Entgleiten, nur die Traurigkeit bleibt, die uns gemeinsam ist." Wieder lächelte der Angeklagte. „So ungefähr, meine Herren."

Alfred Andersch (1914–1980)

Andersch wurde in München geboren, erlernte den Buchhändlerberuf, wurde 1933 als Jungkommunist verhaftet und gab daraufhin seine politische Tätigkeit auf. Seit 1941 war er Soldat, desertierte 1944 in Italien, war nach dem Kriege Journalist und lebte seit 1958 im Tessin.

Sein persönliches wie sein schriftstellerisches Hauptproblem ist das Verhältnis zwischen persönlicher Freiheit und staatlicher (parteilicher) Gewalt. Persönliche Konsequenzen zieht er, indem er dem Marxismus den Rücken kehrt (der Marxismus leugnet die Freiheit des Willens), indem er 1944 desertiert. Er charakterisiert meist Individualisten, Außenseiter der Gesellschaft, Menschen auf der Flucht.

Schon sein erstes Werk „Kirschen der Freiheit", eine Stellungnahme zu seiner Desertion, kreist um das Problem der Flucht in Italien. In „Die Rote" flüchtet eine enttäuschte Ehefrau nach Venedig, wo sie auf eine Gruppe von Männern trifft, die aus politischen Gründen heimatlos geworden sind.

In den letzten Jahren gab Andersch auch das schriftstellerische politische Engagement auf. Sein Hauptanliegen blieb jedoch das der menschlichen Freiheit.

Sein bekanntester Roman ist **„Sansibar oder der letzte Grund"**.

An einem Tag des Jahres 1937 treffen sich fünf Personen in einer kleinen Ostseestadt, um nach Schweden zu fliehen: ein Pfarrer, der eine „entartete" Plastik von Barlach aus seiner Kirche retten will; ein kommunistischer Funktionär, der sich innerlich von der Partei gelöst hat; eine junge Jüdin; ein Fischer, letztes Mitglied der kommunistischen Partei; der Bootsjunge des Fischers, der von der zukünftigen Abenteuerwelt träumt (deren Zauberwort für ihn „Sansibar" ist).

Der Funktionär verzichtet schließlich auf die Flucht, die nach dem inneren Bruch mit der Partei nicht mehr nötig ist, zwingt aber aus eigener Verantwortung, den Fischer, die Jüdin und die Plastik nach Schweden zu bringen. Der Bootsjunge kehrt freiwillig zurück, weil er den Fischer nicht im Stich lassen will, und der Pfarrer, der weiß, dass er wegen einer Krankheit nicht mehr lange leben wird, entschließt sich zum aktiven Widerstand und schießt auf Gestapo-Beamte, die ihn verhaften wollen.

Wolfgang Koeppen (1906–1996)

Koeppen ist in Ostpreußen geboren und aufgewachsen, hat die unterschiedlichsten Berufe ausgeübt, ist viel gereist und lebte bis zu seinem Tod als freier Schriftsteller in Münschen. Auf zwei frühe Werke folgte im Dritten Reich eine Zeit des Verstummens. Nach dem Krieg wurden dann in rascher Folge die drei Romane geschrieben, die Koeppen bekannt gemacht, ihm aber auch starke Kritik eingebracht haben: „Tauben im Gras", der erste, ist eine mosaikartige Darstellung der Nachkriegszeit in München, wo menschliche Ruinen zwischen zerstörten Häusern leben und einen jungen amerikanischen Besatzungssoldaten in ihren Bann ziehen. – „Das Treibhaus" (1953) ist auch heute noch der einzige bedeutende Roman, der sich die politischen Auseinandersetzungen in der neuen Hauptstadt Bonn zum Thema gewählt hat. Sein Held, der Abgeordnete Keetenheuve, hat auf eine wahre Erneuerung Deutschlands gehofft. Nun aber treibt ihn die Enttäuschung über die Fortdauer des alten Ungeistes und über den gewissenlosen Machtkampf von Regierung und Opposition in den Freitod. – Das dritte Werk, „Der Tod in Rom", erzählt davon, wie in Rom, zwischen den Zeugnissen großer Kultur, junge und unschuldige Menschen immer noch von unbelehrbaren Nationalsozialisten vernichtet werden.

Koeppen erwies seine Begabung nicht nur von einzelnen Menschen zu erzählen, sondern große Gruppen, Landschaften und Städte gewissermaßen zu porträtieren, später durch eine Folge von Reiseberichten. Koeppen schrieb außerdem sprachlich meisterhafte Erinnerungen an die Erlebnisse und Träume der eigenen Jugendzeit. – Ein Beispiel seiner Stadtporträts:

Ich wollte Stalingrad nicht sehen, ich hatte Angst vor dieser Stadt, Angst vor dem Namen, Angst vor der Tragödie, vor dem Verhängnis, vor der Legende, aber nun lag Stalingrad vor mir, lag in drückender Schwüle unter einem beinahe schwarzen Himmel, unter einer Wolke, die nicht Regen, sondern Staub barg und wie ein allzu schweres Zudeck die Stadt in Hitze und Fieber hielt.

Sechzig Kilometer lang zog sich Stalingrad an der Wolga hin, eine Traumstadt, eine Alptraumstadt, oft nur eine einzige lange endlose Straße, ein Kanal für den Wind, eine Rennbahn des Staubes und vor kurzem ein Fließband des Todes. Aber noch immer weiter griff Stalingrad voraus in das Land, eroberte, verwandelte, unterwarf es, am Ufer erhoben sich Fabriken, gemeindegroße Industriekombinate und Baustellen, dazwischen weite Sportplätze in kränkelnden Hainen eines künstlich gezüchteten Grüns und darin Tempel, echte griechische Tempel, nach den klassischen Maßen in unserer Zeit erbaut. Ich hatte über die Tempel und Säulen auf den Dächern der Moskauer Häuser und der Wolgaschleusen gelächelt. Die Tempel in Stalingrad waren nicht mehr komisch. Sie waren ernst. Sie waren griechisch. Sie waren Hellas ohne Götter.

Die Brücken, die Wehre, die Schleusen, die Staudämme, die automatisierten Fabriken waren schön. Aber aus einer alten, beinahe doch nicht ganz verschütteten Ahnung wünschte man sich auch zwecklose Schönheit, und zwecklose, unnütze Schönheit, die gab es nicht ohne die Götter. Schönheit, nur Schönheit war nicht nach einem Plan zu schaffen, nicht in vier Jahren und nicht in zehnmal vier Jahren, und so rekonstruierte man die alten Tempel, baute noch einmal die alten Wohnungen der Genien, und ich glaube, man war blind dafür, dass die Steine, dass die Säulen keine Seele hatten und ohne Seele auch nicht mehr schön waren. So begann hier die Zukunft, gewaltig, voll Leistungen, aber eben ohne Seele. Eine unheimliche, eine atemberaubende Zukunft. Ich kam mir wie eine Ameise in einem vollendeten Ameisenstaat vor; wo ich auch hinblickte, war man geschäftig, überall wurde an einem großen Plan gearbeitet, der Mensch trat als Schöpfer auf, bewusst verwandelte er die Erde, schuf Meere, veränderte das Klima, befruchtete die Stätte. Am gewaltigsten jedoch war das Wasserkraftwerk, das hier errichtet wurde.

Fortsetzung auf S. 130

Die Erdumwälzung, die Landschaftsverwandlung übertraf noch bei weitem die von Kuibyschew, die mir schon gigantisch genug vorgekommen war. Der Stausee bildete das „Meer von Stalingrad", ein Meer, das auszementiert war, eine ungeheure künstliche Wanne, ein Riesenspielzeug, in dem das Wasser schwappte. Eine Seilbrücke knüpfte von Stahlmast zu Stahlmast ein Netz über die Wolga, verband die Baustellen miteinander, transportierte schwebend Maschinen, Gerät und Material, griff mit Kränen nach den Ladungen der Kähne, saugte Zement zu den Mischtrommeln, schluckte das Öl aus den Tankern. Eine Flotte von Frachtschiffen lag auf dem Fluss; es war Hamburg, es war Rotterdam, es war London. Auf dem Stausee trieben weiße Segelboote vor dem Wind, kreuzten Rennjollen vor fahnengeschmückten olympischen Schwimmbädern mit hochragenden Sprungtürmen. Und während die „Kasachstan" durch dieses Wunderland fuhr, durch die technische, die götterlose, die optimistische und unheimliche Landschaft, rechnete Ninotschka mit der kleinen lächerlichen Rechenmaschine der Abc-Schützen aus, was ich an Bord verzehrt und zu zahlen hatte. Diese alte Rechenmaschine mit ihren an Drähten aufgereihten Kugeln findet man noch in jedem russischen Geschäft, in allen Kontoren der Union, und die Schnelligkeit und Sicherheit, mit der Ninotschka wie im kindlichen Spiel zu erstaunlichen Resultaten kam, war für mich reine Magie, verwunderlicher als die doch nicht begreiflichen Künste der Elektronengehirne, und Ninotschka lachte, weil ich so dumm war. ...

Heinrich Böll (1917–1985)

Heinrich Böll

Der in Köln geborene Dichter gehört zu den bekanntesten Gestalten des deutschen literarischen Lebens. Nach Abitur und Lehre in einer Buchhandlung erlebte er den Krieg von Anfang bis Ende mit. Er wohnte seit Kriegsende in seiner Geburtsstadt. 1972 erhielt er den Nobelpreis.

Böll will durch seine Werke den Leser aufrütteln, indem er ihm die Missstände unserer Zeit vorhält. Die meisten Romane und Erzählungen sind dem eigenen Kriegserlebnis entsprungen. So bitter jedoch seine Anklage klingt, Böll ist bei aller Trostlosigkeit der Geschehnisse voller Hoffnung auf Rettung, eine Rettung, die für ihn nur von Gott kommen kann. Im gesamten Werk spürt man Bölls Religiosität, die freilich in ihren Forderungen manchmal recht unbequem sein kann.

Sein erstes bedeutendes Buch ist „Der Zug war pünktlich". Hier schildert er Erlebnisse von Soldaten, die aus dem Urlaub an die Front, „in den Tod" fahren. Trostlos sind diese Menschen einem harten Schicksal ausgesetzt und müssen ein Verhältnis dazu finden. – Die fünfundzwanzig Kurzgeschichten in „Wanderer, kommst du nach Spa ..." und der Roman „Wo warst du, Adam" kreisen ebenfalls um Grausamkeit und Sinnlosigkeit des Krieges. Krieg und Trümmerelend verlässt Böll mit seinen Romanen „Und sagte kein einziges Wort" – „Haus ohne Hüter" – „Billard um halb zehn" – „Ansichten eines Clowns". Hier wird der Deutsche der Nachkriegszeit und des wirtschaftlichen Aufschwungs dargestellt. Böll kritisiert Unwahrheit und Heuchlertum in menschlichen und gesellschaftlichen Bereichen und scheut auch, obwohl gläubiger Katholik, vor Kritik an kirchlichen Einrichtungen und Verhaltensweisen nicht zurück. Weitere Werke aus seinem umfangreichen Schaffen: „Gruppenbild mit Dame" (Roman), „Die verlorene Ehre der Katharina Blum" (Erzählung) und sein letzter Roman „Frauen vor Flusslandschaft". Er spielt in Bonn, aber nicht in dem der hohen Politik, sondern dem Bonn der Intrigen, denen die Männer nachgehen, wo jedoch die Frauen das „heimliche soziale Korrektiv" bilden.

„Wanderer, kommst du nach Spa ..." ist eine der eindrucksvollsten Kurzgeschichten der Nachkriegszeit. Ein junger Soldat kommt als Verwundeter in seine ehemalige Schule und stirbt dort. Die Geschichte ist nahezu ohne Handlung; sie gibt fast ausschließlich eine Umweltschilderung – und trotzdem ist sie ungemein spannungsgeladen. Meisterhaft versteht es Böll, diese Spannung zu erzeugen: einfach aus der Frage des jungen Menschen, ob er sich wirklich in seiner alten Schule befindet. Geschickt sind Verzögerungsmomente eingebaut, ahnungsvoll klingen Andeutungen an.

Die Sprache ist die eines jungen Soldaten: kräftig, unsentimental und alltäglich. Nirgends werden Gefühle unmittelbar angesprochen; nur durch Ereignisse berichtet Böll eindringlich und schmerzhaft von ihnen. Ein besonderes Kennzeichen der Böll'schen Sprache ist die Wiederholung. Sie ist bis zu einem kaum noch erträglichen Maße Einhämmerungs- und Steigerungsmittel, soll treffen und aufrütteln.

Ein weiteres Ausdrucksmittel, das besonders seit Kafka von vielen Dichtern verwandt wird, ist die Doppelsinnigkeit (Sinnbildhaftigkeit) des Erzählten. Fast alles, was in der Kurzgeschichte geschaut oder erlebt wird, hat einen doppelten Sinn: einen vordergründigen (der das augenblickliche Geschehen beschreibt) und einen hintergründigen, der den Worten und Geschehnissen einen zweiten, tieferen Sinn gibt.

Erschließende Fragen:

1. *Welche Sprache spricht der Verwundete?*
2. *Wodurch wird, obwohl kaum Handlung vorhanden ist, Spannung erzeugt?*
3. *Verfolgen Sie den Weg des Verwundeten bis in den Zeichensaal.*
4. *Wie lange war er in der Schule und wann hat er sie verlassen?*
5. *Woran erst erkennt er seine Schule?*
6. *Woran liegt es, dass er sie nicht schon eher erkennt?*
7. *Beurteilen Sie eine solche Schule und den Staat, der solche Schulen einrichtete.*
8. *Verfolgen Sie noch einmal den Weg durch die Schule und versuchen Sie die große Zahl von Doppelsinnigkeiten zu deuten.*

„Die ungezählte Geliebte“ (Kurzgeschichte).

Ein Kriegsinvalide muss für die Statistik die Leute zählen, die täglich eine neue Brücke passieren. Aber er zählt nicht genau. Je nach Gemütsverfassung unterschlägt er manchmal einen, manchmal schenkt er den Statistikern einige. Besonders wenn seine kleine Geliebte vorbeikommt, zählt er nicht, „bleibt sein Herz stehen“. Eines Tages wird er kontrolliert, aber vorher von einem Kumpel gewarnt. Er zählt alle, bis auf seine Geliebte. Er will nicht, dass sie von den Statistikern wie eine Zahl multipliziert und dividiert wird. Wegen seiner „Zuverlässigkeit“ beantragt der Oberstatistiker, dass er zu den Pferdewagen versetzt wird: „Pferdewagen ist natürlich die Masche, ist ein Lenz wie nie zuvor!“ Da könnte er sogar während der Arbeitszeit seine Geliebte in der Eisdiele besuchen.

Erschließende Fragen:

1. *Warum zählt der Invalide ungenau a) je nach Lust und Laune, b) wenn seine Geliebte über die Brücke geht?*
2. *Welche beiden Welten stehen sich in der Kurzgeschichte gegenüber? Suchen Sie Textbeispiele dafür.*
3. *Was verrät die Sprache des Invaliden über sein Verhältnis zu seiner Aufgabe und zu seinen Arbeitgebern?*
4. *Was hat die Kurzgeschichte uns Menschen der modernen Industriegesellschaft zu sagen?*

„Die Waage der Baleks“ (Erzählung).

Die Männer und Frauen eines Dorfes arbeiten in den Flachsfabriken des Gutsherrn gegen einen Hungerlohn, dass auch die Kinder noch mitverdienen müssen: Sie sammeln Heilkräuter und Pilze, die dann die Gutsherrin gegen ein lächerliches Entgelt abnimmt und mit beträchtlichem Gewinn weiterverkauft. Eines Tages merkt einer der Jungen, dass die Waage nicht stimmt; seit fünf Generationen sind also die Dorfbewohner auch noch betrogen worden. Es kommt zum Aufruhr, den die Polizei niederschlägt. Die Familie des Jungen jedoch muss das Dorf verlassen.

Erschließende Fragen:

1. *Welche der handelnden Personen hat sich richtig verhalten?*
2. *Was hat sich am Ende der Erzählung gegenüber dem Anfang verändert?*
3. *Es wäre interessant in einer Gerichtsverhandlung (mit Staatsanwalt und Verteidiger) eine Untersuchung über a) die falschen Gewichte der Baleks, b) den Diebstahl der Waage anzustellen: Versuchen Sie vorsichtig ein gerechtes Urteil zu finden. Vergessen Sie nicht mildernde Umstände zu berücksichtigen (auf beiden Seiten).*

Ilse Aichinger (geb. 1921)

Sie wurde in Wien geboren. Nach dem Anschluss Österreichs verfolgt, war sie ab 1949 Lektorin in einem Verlag; 1953 heiratete sie Günter Eich.

Aichingers Wurzeln stecken in der Zeit des Verstummens, aus der ihr Werk die eigentlichen Ansätze gewinnt. Ihre Dichtung ist durch die Begriffe Stummsein und Fremdsein gekennzeichnet. Zwar ist die Zeit der unmittelbaren Bedrohung vorüber, aber überall ist auch heute Gefahr verborgen. So ist es ihr Hauptanliegen, die Bedrohung des heutigen Menschen aufzuzeigen.

Ihr Werk ist stark von Kafka geprägt. Sie schreibt meist Parabeln, in denen sich der Wirklichkeit unwirkliche Gesetze aufzwingen, die reale Welt durch Unerklärliches, Unheimliches beeinflusst wird. – Versprach die Dichterin zunächst breiten Lesererfolg, so verzichten ihre späteren Werke immer mehr auf Handlung zugunsten von Gedankentiefe. Auch wird ihre Wortwahl verschlüsselt, sodass nur noch eine begrenzte Leserschaft ihre Metaphern zu übertragen vermag.

Veröffentlichungen: „Die größere Hoffnung", Roman, der die Geschichte eines rassisch verfolgten Mädchens erzählt, in der Grenzsituation zwischen Angst und Vertrauen, Ausgestoßensein und Hoffnung, Tod und Leben. – „Rede unter dem Galgen", Erzählungen – „Der Gefesselte", Erzählungen – „Besuch im Pfarrhaus", Hörspiel – „Wo ich wohne", Erzählungen – „Eliza, Eliza", Erzählungen.

Gerd Gaiser (1908–1976)

Gaiser stammt aus Württemberg, war sechs Jahre lang Soldat und zuletzt Kunsterzieher in Reutlingen. Er wurde erst nach dem Kriege bekannt, besonders durch den Roman „Eine Stimme hebt an", worin ein Heimkehrer nach mancherlei moralischen Wirren schließlich doch zu Pflicht und Ordnung zurückfindet. Außerdem stammen von ihm die Erzählungen „Zwischenland" sowie die Romane „Schlussball" und „Die sterbende Jagd".

Auch Gaiser ist ein Meister der Kurzgeschichte (Sammlungen „Zwischenland" und „Einmal und oft"). Aus der letzten Sammlung stammt

„Du sollst nicht stehlen".

Ein Künstler hat aus einem in der Notzeit gestohlenen Messingbarren die Figur Halimede geformt, die nun auf einer Gewerbeschau zu dekorativen Zwecken verwendet wird. Ein Beamter stiehlt die zu hoch versicherte Figur, bringt sie jedoch aus Gewissensgründen zurück. Abermals wird sie von einem kleinen Burschen gestohlen, der damit seinen Einstand bei einer Bande von Jugendlichen gibt. Halimede wird zersägt und beim Althändler verkauft. So erhält der Künstler die Versicherungssumme und kann seiner gelähmten Tochter helfen.

Auch hier übt Gaiser Kritik an seiner Zeit, an den Menschen, die zu den ideellen Werten eines Kunstwerkes kein Verhältnis haben.

Erschließende Fragen:

1. *Was verleiht der Kurzgeschichte äußere Spannung?*
2. *Wie wird der Konflikt gelöst?*
3. *Inwiefern enthält die Kurzgeschichte aber besonders den Zwiespalt zwischen dem zweiten Gebot des Alten und dem siebenten Gebot des Neuen Testaments?*

4. *Beurteilen Sie das Verhalten des Hausmeisters.*
5. *Charakterisieren Sie das Verhalten des Beamten.*
6. *Beurteilen Sie die Äußerungen der anderen Personen zur Frage des Diebstahls.*
7. *Wer allein hat ein rechtes Verhältnis zum Kunstgegenstand? Warum?*

Walter Kempowski (geb. 1929)

Sohn eines Reeders in Rostock, Lehre in einer Druckerei, 1948 wegen Spionage zu 25 Jahren Zwangsarbeit verurteilt, nach acht Jahren amnestiert, 1957 Abitur im Westen, dann Landschullehrer.

Kempowski hat seit der Haftentlassung fleißig geschrieben, insbesondere Romane und Erzählungen, außerdem Kinderbücher und Hörspiele. Seine Sprache ist einfach; auch deshalb ist er viel gelesen. Seine Texte sind Momentaufnahmen mit genauer Wiedergabe des selbst Erlebten. Das Autobiografische tritt allerdings meist in den Hintergrund.

Sein umfangreiches Werk betrachten viele als eine große „Deutsche Chronik". In sechs Romanen erzählt er seine Geschichte, ausgehend vom Elternhaus zur Kaiserzeit bis zum Ersten Weltkrieg („Aus großer Zeit") über die Geschichte des deutschen Bürgertums im 20. Jahrhundert („Schöne Aussicht"), den Zweiten Weltkrieg („Tadellöser und Wolff"), die Nachkriegszeit („Uns gehts ja noch gold"), seine Verhaftung und Amnestie in der DDR („Ein Kapitel für sich") bis zu Abschiebung und Neubeginn im Westen („Herzlich willkommen").

1988 erschien der Roman **„Hundstage"**, dessen Inhalt hier wiedergegeben sei:

Der 60-jährige Schriftsteller Alexander Sowtschik verbringt die Hundstage in seiner Villa; seine Frau ist allein in Ferien gefahren. So will er sich ganz auf seinen neuen Roman konzentrieren, den er zu Ende bringen muss. Doch schon bald brechen zwei junge Mädchen herein, die ihm den Haushalt führen wollen, ihn aber schließlich in große Bedrängnis bringen. Ein Mädchen aus dem nahen Dorf wird ermordet, Sowtschik verdächtigt. Als die Verwirrung sich dann gelöst hat, stürzt über das Haus das Chaos herein: Der idyllische Sommerurlaub endet in Verzweiflung.

Luise Rinser (1911–2001)

Sie wurde in Pitzling (Oberbayern) geboren und war nach dem Studium der Pädagogik zunächst einige Jahre Lehrerin. Die Nationalsozialisten sperrten sie wegen „Wehrkraftzersetzung" ins Gefängnis. Seit 1946 lebte sie als freie Schriftstellerin und Kritikerin in Oberbayern, jetzt wohnt sie in Rom. Ihr erster Roman „Die gläsernen Ringe" (1940) war ein großer Erfolg. Dann erschienen „Mitte des Lebens" und „Daniela". 1960 veröffentlichte sie unter dem Titel „Schwerpunkt" glänzende literarische Essays über Annette Kolb, F. Werfel, C. Zuckmayer, E. Langgässer und B. Brecht, 1962 den Roman „Die vollkommene Freude" – „Bruder Feuer", ein Buch über die faszinierende Gestalt des Franz von Assisi und Erzählungen: „Erste Liebe" – „Geh fort, wenn du kannst" oder „Die Wahrheit über Konnersreuth", die Untersuchung des Falls Therese von Konnersreuth. Ihr Werk ist in der Gedankenwelt christlich gestimmt.

„Die gläsernen Ringe", ein Roman, beschreibt das seelische Reifen eines Kindes zum jungen Mädchen.

Das Kloster St. Georgen ist der Ort der geborgenen Jahre, und mit Schmerz erfährt das Kind die Welt außerhalb der schutzbietenden Mauern. Sinnbildlich stehen am Beginn und Ende dieser Entwicklung die „gläsernen Ringe", die ein Steinwurf auf der Oberfläche des Klosterbrunnens hervorruft. Anfangs eine Frage, ein Geheimnis, geben sie später Antwort und Deutung für die weitere Entwicklung.

„Die rote Katze" (Kurzgeschichte).

In der Hungersnot nach dem Zweiten Weltkrieg wird eine Katze in eine Familie aufgenommen und mit durchgefüttert. Der dreizehnjährige Sohn kann es aber nicht mit ansehen, dass sie sich von den kärglichen Rationen fett frisst, und tötet sie. Nach der schrecklichen Tat kommt er krank vor Ekel nach Hause.

Erschließende Fragen:

1. *Suchen Sie Textstellen, an denen man erkennen kann, welchen Hunger die Familie leidet.*
2. *Hasst der Junge das Tier oder ist er ihm zugetan? Begründen Sie im Einzelnen sein Verhalten gegenüber dem Tier bis zur Tötung.*
3. *Warum tötet er die Katze? Hat er ein böses Herz, wie die Mutter sagt?*
4. *Aus welchem unmittelbaren Anlass nimmt er das Tier mit, um es zu töten?*
5. *Worin sieht er seine Aufgabe? Ist er ihr gewachsen? Beachten Sie zunächst den ersten und vorletzten Satz.*
6. *Beurteilen Sie die Not des Jungen in einer Welt, die aus den Fugen geraten ist.*

Wolfgang Hildesheimer (1916–1991)

Er stammt aus Hamburg, emigrierte 1933 mit seinen Eltern nach Palästina, wurde Möbeltischler, studierte dann Malerei in London, lebte ab 1949 in Oberbayern. Zuletzt wohnte er in der Schweiz.

Hildesheimers Dichtung beginnt mit der Feststellung: „Mir fällt nichts mehr ein!“ Damit stellt er einerseits fest, dass alles schon einmal gesagt worden ist, andererseits, dass er die Welt nicht in Sprache einfangen kann, weil die Sprache ihr Bild verändert. Trotzdem schreibt er. Und zwar aus zwei Gründen: Erstens will er schreibend Abstand gewinnen von der Welt, zweitens bemüht er sich um Besserung der im Alltag verflachten Sprache.

Die meisten seiner Werke sind dramatisch: Bühnenstücke (z. B. „Spiele, in denen es dunkel wird“) und Hörspiele (z. B. „Begegnung im Balkan-Express“ – „Das Atelierfest“). Außerdem schrieb er kurze Prosa, etwa die bekannten „Lieblosen Legenden“.

Hildesheimer ist auch als Experimentator des Dramas bekannt, etwa mit dem Stück „Maria Stuart“, in welchem er Schillers idealisierendes Drama demontiert und eine Gegengeschichte zum Bild der schottischen Königin entwirft. Nach der „Herrichtung“ der Königin wird ihre Maske abmontiert, Kleider, Schmuck und Perücke. Mary wird von den Dienern geplündert „wie ein Weihnachtsbaum“, damit der Henker seines Amtes walten kann. Die Dienerschaft stiehlt, raubt, mordet und ergeht sich in sexuellen Orgien. Die Bekehrungsversuche des anglikanischen Dekans werden übertönt von Marys Gebeten und das Stück endet in großem Geschrei. Auch Könige können so sterben, will Hildesheimer wohl sagen.

15.4.2 Bedrohung durch die Umwelt

Als etwa um 1960 die direkten Folgen des Krieges beseitigt zu sein schienen und statt Not und Angst Wohlstand und Zufriedenheit den Bürger in Westdeutschland kennzeichneten, veränderte sich auch die Literatur. Ihre Hauptaufgabe wurde nun kritisch und mahnend zu zeigen, dass das Glück der Menschen keineswegs schon mit materieller Sicherheit erreicht war. In einer Reihe bedeutender Romane stellten Schriftsteller der jüngeren Generation eine Wirklichkeit dar, in der Schein und Lüge herrschten und menschliche Werte wie Liebe und Aufrichtigkeit keinen Platz finden konnten. Darin ist, bei allen Unterschieden im Einzelnen, ein gemeinsamer Grundzug in den Werken vieler deutscher Schriftsteller zu erkennen.

In ähnlicher Richtung wirken, vor allem auf dem Gebiet des Dramas, die beiden Schweizer Schriftsteller Max Frisch und Friedrich Dürrenmatt. Auch ihre Werke führen zu der Einsicht, dass der Mensch heute nicht nur durch große Ereignisse wie Kriege gefährdet ist, sondern die Bedrohung gerade aus dem scheinbar friedlichen Alltag, aus der Normalität des gegenwärtigen Lebens kommen kann.

Max Frisch (1911–1991)

Er wurde in Zürich geboren, studierte außer Literaturwissenschaft Architektur, war zehn Jahre erfolgreich als Architekt tätig und lebte zuletzt als freier Schriftsteller in der Schweiz und in Rom. Ausgedehnte Reisen nach Amerika und Russland, durch Europa. Ausgezeichnet durch mehrere Literaturpreise.

Frisch gehört neben Dürrenmatt zu den bedeutendsten Dramatikern unserer Zeit. Das Anliegen seiner Dichtung ist, wie der Einzelne seine Persönlichkeit gegenüber äußeren Einflüssen behaupten kann, wie er seine Identität bewahrt. In seinen Dramen, Romanen und Tagebüchern kritisiert er, dass der Mensch von heute nicht mehr er selbst ist, sondern durch Schablonen und Zerrbilder sein eigentliches Wesen verdecken lässt. Dieses falsche Ich-Bild wird stark von der Meinung der Mitmenschen bestimmt. „Du sollst dir kein Bildnis machen", ist seine Forderung.

Max Frisch

Von Frischs Werken seien nur einige genannt: „Nun singen sie wieder" (Schauspiel 1945) – „Als der Krieg zu Ende war" (Drama 1948) – „Don Juan oder die Liebe zur Geometrie" (Drama) – „Stiller" (Roman) – „Herr Biedermann und die Brandstifter" (Hörspiel) – „Homo faber" (Roman) – „Andorra" (Drama) – „Mein Name sei Gantenbein" (Roman).

Etwa im „Stiller" erkennt man Frischs Anliegen: Der Bildhauer Stiller flieht ins Ausland, kehrt aber unter fremdem Namen zurück in der Hoffnung, dadurch sein früheres Ich überwunden zu haben. Er wird erkannt und verhaftet und schreibt im Gefängnis seine Geschichte auf. Er kommt zu der Erkenntnis, dass man sich zu sich selbst bekennen muss, auch zu seinem falsch gelebten vergangenen Leben.

Dem Drama „Andorra" diente als Vorlage die Fabel **„Der andorranische Jude"** (Tagebucherzählung), in der das Anliegen des Dramas schon deutlich genannt wird.

Erschließende Fragen:

1. *Welche Urteile bilden sich nach und nach bei den Andorranern?*
2. *Sind die Andorraner anders?*
3. *Genügt es, wenn „fortschrittliche" Andorraner den Juden „achten"?*
4. *Warum soll man sich kein „Bildnis machen" vom anderen? Warum nur, „wenn wir lieben"?*

Wichtig zu erwähnen sind Frischs Tagebücher (1946–1949; 1966–1971; 1983). Mit Instinkt verfolgt er die Geschehnisse jener Jahre. Aus der Sicht des neutralen, aber engagierten Beobachters äußert er sich zu den großen Ereignissen nach dem Krieg, zu Theater und Dichtung.

Friedrich Dürrenmatt (1921–1990)

Friedrich Dürrenmatt ist ebenfalls Schweizer. Der Pfarrerssohn studierte Philosophie und Theologie. Er lebte bis zu seinem Tode als freier Schriftsteller und Kritiker in Neuchâtel.

Friedrich Dürrenmatt

Den Dramatiker Dürrenmatt zeichnet eine erstaunliche, oft Furcht erregende Phantasie aus. Er erfindet die verwegensten Situationen und erreicht damit, was außer Brecht (Seite 105) kein deutschsprachiger Dramatiker in solchem Maße erzielt: Der Zuschauer wird schockiert und im Innersten getroffen; er muss Stellung nehmen. Dass seine Stücke umstritten sind, zeigt, wie notwendig sie sind. Der heutige Mensch, durch die schreienden Umwelteinflüsse unerreichbar für die feineren Töne der hergebrachten Theaterkunst, braucht solche direkten Angriffe.

Ein anderes Mittel ist Dürrenmatts Humor, allerdings ein unbequemer und bloßstellender Humor, mit dem er sein Publikum herausfordert und aufrüttelt. Nicht unerwähnt bleiben darf seine sprachschöpferische Begabung, die ihn zu einem der wortgewaltigsten Dramatiker unserer Zeit macht.

Einige Titel: „Romulus der Große" (Drama) – „Die Ehe des Herrn Mississippi" (Drama) – „Das Unternehmen der Wega" (Hörspiel) – „Der Richter und sein Henker" (Kriminalroman) – „Die Physiker" (Theaterstück) – „Grieche sucht Griechin" (Erzählung) – „Justiz" (Kriminalroman).

Als Beispiel für seine Dramatik diene der Inhalt der Komödie **„Die Ehe des Herrn Mississippi".**

Der Staatsanwalt Mississippi, der unter allen Kollegen des Landes den Hinrichtungsrekord hält, überführt beim Kaffeetrinken die Dame Anastasia des Gattenmordes. Er bittet um ihre Hand, denn auch er hat – getreu dem Prinzip: die unerbittliche Strenge des Gesetzes muss siegen – seine untreue Frau umgebracht. Anastasia willigt ein, vergiftet aber den neuen Gatten. Auch sie stirbt mit einer Lüge auf den Lippen. Moral: Eine Welt, die ohne Liebe und wirkliche Gerechtigkeit kalt, genießend und sinnlos dahinlebt, ist dem Tode geweiht.

Auch der Erzähler Dürrenmatt sprüht von drastischen Einfällen und ist von Sorge um den Menschen erfüllt. Er bevorzugt Kriminalfälle, geben sie ihm doch Gelegenheit, seine Fantasie spielen zu lassen und den Leser wirkungsvoll zu treffen.

„Die Panne".

Der Vertreter Traps muss nach einer Autopanne übernachten und wird zu einem Viererkollegium: Richter, Staatsanwalt, Verteidiger und Henker zum Übernachten eingeladen. Nach dem Essen spielen sie – wie allwöchentlich – eine Verhandlung durch, bei der heute Traps der Angeklagte ist. In fortgeschrittener Stimmung gibt er manches preis: wie er ein Verhältnis mit der Frau seines Chefs angeknüpft hat, sein Chef am Herzinfarkt gestorben ist, er selbst beruflich vorankam. Aus seinen Angaben ergibt sich eine Beweiskette, die nach Plädoyers von Verteidiger und Staatsanwalt den Richter zu dem Urteil finden lässt: Todesstrafe wegen Mordes. So führt der Henker ihn in sein Schlafzimmer, wo er sich selbst in einer psychischen „Panne" erhängt.

Jurek Becker (1937–1997)

Jurek Becker wurde als Sohn jüdischer Eltern in Lodz geboren. Jahre seiner Kindheit verbrachte er im Ghetto und in den Konzentrationslagern Ravensbrück und Sachsenhausen. Er lernte erst 1945 Deutsch, studierte dann Philosophie, war seit 1960 freier Schriftsteller in Berlin (Ost), ab 1977 in Berlin (West). 1982 war er Stadtschreiber von Bergen-Enkheim.

Jurek Becker

Becker ist ein großer Erzähler, seine Sprache zeichnet sich aus durch Phantasie und Realismus, er meistert sie fast spielerisch. Seine Einbildungskraft setzt uns in Erstaunen, ebenso seine makabre Erzählungsweise.

Mit „Jakob der Lügner" (1968) wurde er weit bekannt. Es ist ein KZ-Roman, hat aber nicht die Unmenschlichkeit der SS oder den Widerstand der Gequälten zum Thema, sondern die Hoffnung, die Jakob den Mithäftlingen dadurch zu bereiten versteht, dass er ihnen falsche Erfolgsnachrichten vermittelt, die er angeblich seinem Radio verdankt, welches aber gar nicht existiert. Schließlich kommen dann auch die russischen Befreier zu spät, die Insassen werden liquidiert. – Die leichte Handhabung der Sprache, die makabere Ironie machen Becker die Verquickung seines Themas mit dem schrecklichen Hintergrund des Geschehens erst möglich.

Auch in dem Roman „Bronsteins Kinder" (1986) verwebt Becker verschiedene Ebenen und erzeugt Spannung: Die Welt eines Vaters und die seines Sohnes, des Täters und der Opfer, der Normalen und des geistig behinderten Mädchens.

In „Der Boxer" steht ein Mann, Aron Blank, im Mittelpunkt, der alles verloren hat und nun nicht weiß, wie er nach dem Krieg zurechtkommen soll. Er versucht mit allen Mitteln, dem Sohn Vorbild zu sein, um so einen Lebenssinn zu finden, doch der Sohn verlässt ihn. Der Grundton des Romans ist Resignation, ist die „Müdigkeit des Opfers".

Weitere beachtenswerte Romane: „Schlaflose Tage" – „Irreführung der Behörden" oder „Aller Welt Freund". Auch die Fernsehserie „Liebling Kreuzberg" stammt von ihm.

„Aller Welt Freund".

Es geht um den Nachrichtenredakteur Kilian. An einem Montagmorgen beginnt die Handlung, als seine Zimmerwirtin Frau Abraham verreist ist. Er will sich das Leben nehmen. Nachdem er Fenster und Türen der Küche abgedichtet hat, dreht er die Gashähne auf, klettert auf den Tisch, setzt sich oben auf einen Stuhl, stürzt aber herab und bricht sich den Arm. Dort findet ihn Frau Abraham, deren Flugzeug nicht hatte starten können. „Das ist das Ende des Versuchs, ein Ende zu machen." Aber warum hat er es versucht? Liebeskummer ist es nicht, und den wahren Grund verschweigt er seinen Bekannten: Er ist ja Nachrichtenredakteur und die Nachrichten werden täglich schlimmer. Überall Hunger auf der Welt, Aufrüstung, Krieg und Bürgerkrieg, Bedrohung von allen Seiten. Der Mutter kann er seine Begründung nicht darlegen, die „immer noch unernst und zu jung für ihr Alter" ist; auch der Freundin nicht, die mit ihm Schluss machen will, mit ihm, der die Sorge um die Welt über das kleine menschliche Wohlbehagen setzt, dem Arzt nicht und dem Chef der Zeitung nicht, der ihn nun in die Sportredaktion versetzt. Wer aber über das Weiterleben Kilians entscheiden wird, bleibt ungewiss – vielleicht der Zufall, wie die letzten Sätze andeuten.

Günter Grass (geb. 1927)

Neben Böll ist Grass der international angesehenste deutsche Schriftsteller der Gegenwart. Er stammt aus Danzig und lebt in Berlin. Der vielseitige Künstler arbeitet auch als Grafiker. 1999 erhielt er den Literaturnobelpreis.

In seinen Gedichten verwandelt er genaue Beobachtungen des alltäglichen Lebens zu kühnen Bildern. Seine Dramen sind erfolglos geblieben, große Wirkung hat er allerdings durch seine Aufsätze und Reden erzielt, in denen er zur politischen Entwicklung der Bundesrepublik Deutschland Stellung genommen hat.

Sein Ansehen jedoch gründet auf seinem Erzählwerk, den großen Romanen „Die Blechtrommel" (1959), „Hundejahre" (1963) , „Örtlich betäubt" (1969), „Der Butt" (1977), „Die Rättin" (1986) sowie der Novelle „Katz und Maus" (1961) und dem „Tagebuch einer Schnecke" (1972).

Günter Grass

Grass hat vielfältige Formen gefunden, um die deutsche Vergangenheit mit der kritischen Darstellung der Gegenwart zu verbinden: In der „Blechtrommel" verknüpft die Figur des zwergwüchsigen Oskar Matzerath die polnisch-deutsche Welt der Weichselniederung um Danzig, wo die nationalsozialistische Diktatur und der Krieg erlebt werden, mit den wirren Verhältnissen der Nachkriegszeit und des Wirtschaftswunders in Düsseldorf. Ähnlich beschreiben die „Hundejahre" den Lebensweg der ungleichen Freunde Amsel und Matern durch Drittes Reich, Krieg und Wiederaufbau. Auch „Örtlich betäubt" bezieht die Frage nach einer sittlichen Begründung der Politik, die von Schülerprotesten gegen den amerikanischen Vietnamkrieg aufgeworfen wird, auf den Hintergrund der deutschen Judenverfolgung. Im „Butt" schließlich greift Grass bis zu den Anfängen der Menschheitsentwicklung zurück und gestaltet den Wandel im Verhältnis zwischen Mann und Frau bis zur heutigen Emanzipationsbewegung.

Das Thema von „Der Butt"' ist dem Märchen „Der Fischer und seine Frau" entnommen, aber schon früher hat Grass mit Märchenfantasie erzählt – von Oskar vor allem, dem glaszersingenden Zwerg –, um im Spiegel des Überwirklichen das Alltägliche schärfer zu erkennen. Mit ihrem großen Reichtum an Ausdrucksmöglichkeiten, der oft spielerisch ausschweifenden Sprache und einer rücksichtslosen Darstellung aller, auch der sexuellen Triebe, erschließen die Romane von Günter Grass dem Leser Geschichte und Gegenwart deutschen Lebens. Am überzeugendsten aber gestaltet der Erzähler aus der Erinnerung an die eigene Jugendwelt die Landschaft und die Menschen Westpreußens und Danzigs.

Grass war einer der ersten deutschen Schriftsteller, der sich mit der Problematik der deutschen Wiedervereinigung auseinander setzte. Sein 1995 veröffentlichter Roman „Ein weites Feld" wurde äußert kontrovers aufgenommen.

1999 folgte „Mein Jahrhundert", eine Bilanz und literarisches Resümee der letzten hundert Jahre deutscher Geschichte.

– Lyrik: „Die Vorzüge der Windhühner" – „Gleisdreieck" – „Mit Sophie in die Pilze gegangen"

– Essays: „Der Fall Axel Springer" – „Die Vernichtung der Menschen hat begonnen" – „Der Bürger und seine Stimme" – „Aufsätze zur Literatur".

Kinderlied

Wer lacht hier, hat gelacht?
Hier hat sich's ausgelacht.
Wer hier lacht, macht Verdacht,
daß er aus Gründen lacht.

Wer weint hier, hat geweint?
Hier wird nicht mehr geweint.
Wer hier weint, der auch meint,
daß er aus Gründen weint.

Wer spricht hier, spricht und schweigt?
Wer schweigt, wird angezeigt.
Wer hier spricht, hat verschwiegen,
wo seine Gründe liegen.

Wer spielt hier, spielt im Sand?
Wer spielt, muß an die Wand,
hat sich beim Spiel die Hand
gründlich verspielt, verbrannt.

Wer stirbt hier, ist gestorben?
Wer stirbt, ist abgeworben.
Wer hier stirbt unverdorben,
ist ohne Grund verstorben.

Gabriele Wohmann (geb. 1932)

Sie wurde in Darmstadt geboren und lebt auch heute dort. Nach dem Studium der neueren Sprachen begann sie Kurzgeschichten zu schreiben („Ein schöner Tag", „Treibjagd" u. a.). Es folgten Romane („Abschied für länger", „Ernste Absicht", „Ländliches Fest", „Paulinchen war allein zu Haus", „Ach wie gut, daß niemand weiß", „Aber das war noch nicht das Schlimmste"), Hörspiele und Fernsehspiele. Die Eigenart ihrer Kunst beruht auf der genauen Aufzeichnung von Einzelheiten der Lebensumstände und des Verhaltens ihrer Figuren. In Wohmanns Werk finden sich keine großen Helden oder sensationellen Ereignisse, sie interessiert sich vielmehr für alltägliche, ja schäbige Leute und beschreibt die Erfahrungswelt von Kindern, Enttäuschten, von Menschen, die mit sich und der Umwelt nicht zurechtkommen. Gabriele Wohmann schreibt einen sachlichen, fast einförmigen Stil. Ihre besondere Gabe aber ist das Verfehlen eines Menschen durch die Leere seiner Worte oder rücksichtslose Verhaltensweisen in wenigen Sätzen zu entlarven. Wohmann verstört ihre Leser oder ihre Zuschauer am Fernseher, aber sie verhilft ihnen dadurch zu einer deutlicheren Erkenntnis des heutigen Alltags.

Gabriele Wohmann

Stand Wohmann ursprünglich der Ehe ablehnend oder skeptisch gegenüber („Krankes Gebilde in einer kranken Gesellschaft"), so wandelte sich ihre Einstellung spätestens in „Frühherbst in Badenweiler. Ausflug mit der Mutter" (1978). Sie ist für sie jetzt Schutz gegen äußere Bedrohung, ein Hort der Geborgenheit, nicht mehr nur Kampfplatz. Als Beispiel sei hier ein Textabschnitt ihres weit bekannten Romans angeführt, „Paulinchen war allein zu Haus". Es ist die Geschichte eines etwa achtjährigen Mädchens, das von seinen Adoptiveltern „wie nach dem Lehrbuch" erzogen wird, wodurch das Kind in Widerstreit mit seinen Gefühlen gerät und sich schließlich immer mehr in seine kleine eigene Welt zurückzieht:

Das war seine übliche Unterbrechung in der Nacht. Das Kind versuchte schläfrig zu bleiben, auch diesmal. Allerdings war der Befehl ***Schläfrigbleiben*** *schon eine kleine Tat im Kopf. Der Kopf mußte den Befehl denken. Der Befehl machte eigentlich schon etwas zu wach. Das Kind mußte schließlich außerdem darauf achten, daß nur der Befehl* ***Schläfrigbleiben*** *im Kopf und darin allein war. Das war seine übliche schwierige Unterbrechung in der Nacht.*

Einen Nachttopf neben dem Bett und damit einen kürzeren Vorgang, einen ohne langwierige Befehle und Befolgungen, war vom Kind mit Entschiedenheit abgelehnt worden. Als das Kind noch bei den Großeltern wohnte, hatte es überhaupt nie einen Gedanken an die nächtlichen Unterbrechungen verloren. Fast waren das gar keine Unterbrechungen. Es konnte meistens im Zusammenhang mit einem Traum bleiben, wenn es sich nach der Erleichterung auf dem Nachttopf wieder zurückwühlte in seine Nacht im Bett. Falls es aber doch mal etwas wacher wurde und nicht gleich weiterschlafen konnte, genoß es diesen Zustand mit der zurückkommenden Wärme und Schläfrigkeit. Es hatte ihn besonders gern. Es versuchte, sich in einem so wohligen Halbschlaf halbwach zu halten.

Seit seiner Übernahme durch Christa und Kurt ließ es nicht mehr mit sich reden, zum Kapitel ***Nachttopf****. Hör mal, sagten die Erwachsenen freundlich, wir beide haben den gesamten Problemkomplex neu durchdacht, kann sein, daß wir uns geirrt haben, auch Erwachsene irren sich. Das Kind hörte diese spezielle neugierige Geduld aus den Stimmen der Erwachsenen. Es spürte die Beobachtung der zwei Erwachsenen richtig auf der Haut.*

Das ist ja nun vorläufig mal egal, ob du nun schon zu groß bist für so was oder nicht. Du bist vorläufig mal dran gewöhnt, nachts aufs Töpfchen zu gehen, und wir wollen nicht drüber herziehen, ob da deine Großeltern einen Fehler gemacht haben oder nicht.

Ich brauche keinen Nachttopf, sagte das Kind. Ich hätte sowieso keinen gebraucht. Ich hätte sowieso damit aufgehört. Es sagte mit Absicht ***Nachttopf*** *und nicht* ***Töpfchen*** *wie Christa, denn Christa hatte sich ja nur verstellt und meinte mit einem erwachsenen Ekel* ***Topf, Nachttopf.***

Das stimmt ja alles nicht, sagte Christa. Warum verdrängst du schon wieder was, sagte Kurt. Was denn? Du verdrängst immer mal wieder, immer wenn dir was peinlich ist, die Wahrheit. Die Wahrheit ist aber das Wichtigste. Für dich und auch für uns, denn wir sind es, die dich kennenlernen müssen und wollen, kennenlernen, ja, und zwar ganz so, wie du bist.

„Die E.", schrieb das Kind ins blaue Heft und machte einen Doppelpunkt hinter das „E". E stand für ***Eltern****. Es wollte nicht* ***Eltern*** *schreiben. Das blaue Heft war das Heft für die Einfälle und für die eiligen Notizen. Was davon zu verwerten war, kam später in ein gelbes Heft. „Die E. behaupten ja nur, dass sie mich kennenlernen wollen. Sie wollen mich überhaupt nicht kennenlernen!" Das Kind war mit seiner Niederschrift nicht zufrieden. Irgendwas stimmte nicht, nicht ganz, noch nicht, noch nicht einmal als Bruchstück und Eilnotiz. Etwas fehlte. Es war ihm selber oft nicht klar: wollte es sich denn kennenlernen lassen ganz so wie es war? Manchmal schon. Dann wieder ganz und gar nicht. Manchmal aber. Dann ließ es den Anfang von einer Wahrheit über sich heraus. Entweder ergab sich aus dem Anfang gleich und sofort eine Enttäuschung und das Kind fühlte sich zurückgestoßen. Oder der Wahrheitsanfang wurde gleich und sofort begierig von diesen „E." aufgegriffen und sie fingen wieder an zu reden, und so ein Reden dauerte, dauerte. Nie hatte das Kind erlebt, daß was Schönes und Wichtiges und Erlösendes für es selber bei diesem endlosen Hin und Her von Sätzen herauskam.*

Fortsetzung auf S. 140

Also, wie steht's nun, bist du noch immer eingeschnappt? Wegen des blöden unwichtigen Nachttopfgeschichtchens? ***Sie ist entsetzlich leicht beleidigt. Sie schnappt allzu rasch ein.*** *Wir fanden das nur einen Augenblick lang ein bißchen merkwürdig, den Topf, meine Liebe, wir, Kurt und ich, das mußt du doch verstehen, denn normalerweise gehen Mädchen in deinem Alter nicht mehr auf einen Nachttopf. Buben übrigens erst recht nicht, und du willst ja immer ein* ***Paul*** *sein. Also bitte. Aber wir haben gelernt, umgelernt, wir sehen das jetzt neu und unbefangen. Das Kind verweigerte nunmehr mit seinem wirksamen Material* ***Stummheit, Wegblicken, Wegtrotten, Was-anderes-machen*** *jegliche Stellungnahme zum Nachttopfthema.* ***Da: Sie sieht ja geradezu verkniffen aus.***

Ach, meine Großeltern, dachte das Kind, es nahm sich vor, etwas über die Großeltern zu notieren. Es mußte mit Ach anfangen. Etwas über die gemütlichen geborgenen Nächte, auch über die Tage in den kleineren gemütlichen Zimmern dort mit den altmodischen Möbeln und Bildern, aber vor allem über ein Gefühl wollte es schreiben und zuvor darüber nachdenken oder danach nachdenken, über ein Gefühl, das es bei Christa und Kurt oft geradezu einschnürte, richtig zusammenpresste. Vorher nie erlebt. Scham. Beschämung. Scham, wie Schimpf und Schande. Bei den Großeltern hat das Kind einfach den Nachttopf benutzt, sonst nichts. Bei Christa und Kurt empfand das Kind, daß es überhaupt nichts mehr selbstverständlich tat. Es mußte jetzt jeweils, bevor es etwas tat, überlegen, überdenken, überprüfen. …

Siegfried Lenz (geb. 1926)

Der im ostpreußischen Masurenstädtchen Lyck geborene Beamtensohn studierte nach dem Krieg Philosophie und Literaturgeschichte. Nach wenigen Jahren als Journalist ist er seit 1951 freier Schriftsteller.

Bei Lenz sind die Menschen Leidende äußerer Willkür oder Gefangene ihrer selbst in der Enge ihrer Veranlagung. Meistens scheitern sie, wenn sie einer schwierigen Situation ausgesetzt sind. Trotz verbissener Wehr gegen das Übermächtige werden sie besiegt und fügen sich schließlich in das Unabänderliche – oder sind bereit den ungewissen Kampf von neuem aufzunehmen. Lenz' Helden versagen nicht, denn sie setzen dem Schicksal eine Haltung entgegen, aus der Mitgefühl gegen den anderen spricht. – Nur wenige Werke beschreiben nicht diesen aussichtslosen Kampf, so etwa die humorischen ostpreußischen Erzählungen „So zärtlich war Suleyken".

Siegfried Lenz

Seine wichtigsten Werke: „Es waren Habichte in der Luft", Roman – „Jäger des Spotts", Erzählungen – „Das Feuerschiff", Erzählungen – „Zeit der Schuldlosen", Drama und Hörspiel, und der Roman „Deutschstunde", der ihn mit einem Schlag zum Bestseller-Autor machte.

Es ist die Geschichte von Siggi Jepsen, Insasse einer Anstalt für schwer erziehbare Jugendliche, dem in der Deutschstunde die Aufgabe gestellt wird über „Die Freuden der Pflicht" einen Aufsatz zu liefern. In diesem Thema ist er zu Hause. Sein Vater, in Rugbüll, dem „nördlichsten Polizeiposten Deutschlands", war zu jener Zeit den Pflichten seines Amtes in so rückhaltloser Leidenschaft ergeben, dass er nicht zögerte 1943 dem angesehenen Maler Max Ludwig Nansen, von Jugend auf sein Freund, den in Berlin gegen ihn gefällten Spruch zu überbringen. Er überwacht sogar unnachsichtig die Einhaltung des Verbots künstlerischer Betätigung.

Siggi Jepsen ist zur Zeit dieser Ereignisse noch ein Kind, das in seiner Wachheit Zeuge eines lautlosen Kampfes wird. Immer weiter entfernt er sich von seinem Vater und alle Zuneigung gehört Nansen und dessen farbglühenden Bildern. In der Rückerinnerung wird der Aufsatz zum Bericht seines Lebens, zum Versuch sich selbst zu begreifen. Gleichsam in einer Nussschale lässt Siegfried Lenz ein ganzes Zeitalter sichtbar werden. So weitet sich vor seinem Auge Siggis Deutschstunde zur Bestandsaufnahme deutscher Art und wird zu einem Zeugnis deutschen Selbstverständnisses. (Klappentext)

In dem Roman „Das Vorbild“ versuchen drei Pädagogen ein neues Lesebuch zusammenzustellen unter dem Titel „Lebensbilder – Vorbilder“ – ein Werk voller Zweifel und Fragen an unsere Generation.

In dem breit angelegten Roman „Heimatmuseum“ erzählt der Teppichweber Rogalla die Geschichte seines Lebens in Masuren. Als Vertriebener sammelt er noch einmal das Brauchtum der verlorenen Heimat, verbrennt jedoch das Museum, von der Sinnlosigkeit seines Tuns überzeugt.

Es folgten „Exerzierplatz“ und „Das serbische Mädchen“, fünfzehn Erzählungen der letzten zwölf Jahre sowie der Roman „Arnes Nachlaß“.

Martin Walser (geb. 1927)

Martin Walser

Walser wurde in Wasserburg am Bodensee geboren. Er studierte Literatur und schrieb seine Doktorarbeit über Franz Kafka. Acht Jahre war er beim Süddeutschen Rundfunk beschäftigt. Heute lebt er am Bodensee.

Er begann mit Erzählungen, schrieb eine Reihe Dramen und beteiligte sich wiederholt an der öffentlichen Diskussion über Fragen der Kunst und Politik. Seine bevorzugte Form aber ist der Roman. Immer wieder denselben Helden (Anselm Kristlein) lässt Walser durch die Gesellschaft der Bundesrepublik Deutschland schweifen, lässt ihn als Handelsvertreter die Machenschaften der Wirtschaftsbosse kennen lernen oder erotische Abenteuer suchen („Halbzeit“ – „Das Einhorn“ – „Der Sturz“). Ziellos ist Kristlein den Widersprüchen des gegenwärtigen Lebens ausgeliefert und vermag dessen Unmenschlichkeit nur wortreich anzugreifen, aber keinen besseren Weg zu finden.

Walsers Helden gehen bis an die Grenze des Belastbaren, sodass nur noch ein Ausbruch aus ihren Problemen möglich scheint – der jedoch unterbleibt. In seinen frühen Stücken sieht Walser die Annäherung an eine Gruppe als Lösung (z. B. an eine kommunistische), später geht es ihm nur noch ums bloße Überleben. Das Misslingen wird vor allem auch an Freundschafts- oder Liebesbeziehungen deutlich, etwa in der Novelle „Das fliehende Pferd“ (1978):

Zwei Ehepaare verleben in einer Ferienwohnung einen gemeinsamen Urlaub, alle in der Krisenmitte ihres Lebens zwischen 40 und 50, Helmut Hahn, Lehrer, mit Frau Sabine und Klaus Buch mit Frau, ein ehemaliger Schulkamerad von Hahn, Journalist, der den Lehrerberuf aufgegeben hat. Helmut abgesichert, unzufrieden mit seinem Beruf, Klaus vital, durchtrainiert. Er allein kann ein fliehendes Pferd bändigen. Aus diesen unterschiedlichen Charakteren entwickeln sich natürlich Komplikationen. So entsteht ein böses Buch, aber auch ein Buch mit etwas Hoffnung.

In seinen Theaterstücken behandelt Walser vornehmlich politische Themen. In „Eiche und Angora“, seinem bekanntesten, beschäftigt er sich mit dem Neofaschismus, in „Der schwarze Schwan“ mit den Mitläufern der Nazizeit, mit den Möglichkeiten des Widerstands.

Walser ist sicherlich einer unserer besten Erzähler. Allerdings sieht er sich immer wieder starker Kritik ausgesetzt, die z. B. seinen Roman „Jenseits der Liebe“ zerriss (M. Reich-Ranicki), ihm aber dann wieder (nach „Das fliehende Pferd“) als dem großen Meister hohes Lob zollte.

1998 erhielt Martin Walser den Friedenspreis des Deutschen Buchhandels. Seine in der Frankfurter Paulskirche gehaltene Dankesrede führte zu einer heftigen Kontroverse in der deutschen Öffentlichkeit, da darin von einer „Instrumentalisierung“ des Gedenkens an den Holocaust die Rede war. Der damalige Vorsitzende des Zentralrats der Juden in Deutschland, Ignatz Bubis, warf Walser vor, ein „geistiger Brandstifter“ zu sein.

Uwe Johnson (1934–1984)

Er stammt aus Cammin in Pommern, studierte in Rostock und Leipzig Germanistik. Weil er in Ostdeutschland sein erstes Buch „Mutmaßungen über Jakob" nicht veröffentlichen konnte, ging er 1959 nach Berlin (West). Er arbeitete zwei Jahre in New York und lebte zuletzt in England.

Uwe Johnson

Johnson ist der einzige deutsche Schriftsteller, dem es in seinem Werk um die Teilung Deutschlands geht. Er vermag jedoch im Spannungsfeld zwischen westlicher und östlicher Politik die Wahrheit nicht zu finden, da die sprachliche Gestaltung die Probleme erst recht schwierig macht (Was verstand der Osten etwa unter „Demokratie" und was der Westen?). Und weil Johnson die Frage nach Recht und Wahrheit nicht lösen kann, gestaltet er sein Werk in einer Sprache, die dieser Situation entspricht: Sie verfremdet, zwingt den Leser zur Entzifferung. Auch fällt er kein Urteil, er nimmt nur wahr, gibt keine Erklärung für den Tod des Jakob, vermutet nur. Seine Sprache ist rätselhaft, sie ist gemischt aus Bericht, Protokoll, Gesprächen und Andeutungen. Aus „Mutmaßungen":

Aber Jakob ist immer quer über die Gleise gegangen.

– Aber er ist doch immer quer über die Rangiergleise und die Ausfahrt gegangen, warum, außen auf der anderen Seite um den ganzen Bahnhof bis zum Straßenübergang hätte er eine halbe Stunde länger gebraucht bis zur Straßenbahn. Und er war sieben Jahre bei der Eisenbahn.

– Nun sieh dir mal das Wetter an, so ein November, kannst keine zehn Schritt weit sehen vor Nebel, besonders am Morgen, und das war doch Morgen, und alles so glatt. Da kann einer leicht ausrutschen. So ein Krümel Rangierlok ist dann beinah gar nicht zu hören, sehen kannst sie noch weniger.

– Jakob war sieben Jahre bei der Eisenbahn, will ich dir sagen, und wenn irgendwo sich was gerührt hat, was auf Schienen fahren konnte, dann hat er das wohl genau gehört.

Unterhalb des hohen großglasäugigen Stellwerkturms kam eine Gestalt quer über das trübe dunstige Gleisfeld gegangen, stieg sicher und achtlos über die Schienen, eine Schiene nach der anderen, stand still unter einem grün leuchtenden Signalmast, wurde verdeckt von der Donnerwand eines ausfahrenden Schnellzuges, bewegte sich wieder. An der langsamen stetigen Aufrechtheit des Ganges war vielleicht Jakob zu erkennen, er hatte die Hände in den Manteltaschen und schien geraden Nackens die Fahrten auf den Gleisen zu beachten. Je mehr er unter seinen Turm kam, verdunsteten seine Umrisse zwischen den finster massigen Ungeheuern von Güterzugwagen und kurzatmigen Lokomotiven, die träge ruckweise kriechend den dünnen schrillen Pfiffen der Rangierer gehorchten im Nebel des frühen Morgens auf den noch verschmierten Gleisen.

– Wenn einer, dann er. Hat er mir doch selbst erklärt, so mit Physik und Formel, lernt einer ja tüchtig was zu in sieben Jahren, und er sagt zu mir: Bloß stehen bleiben, wenn du was kommen siehst, kann noch so weit weg sein. „Wenn der Zug im Kommen ist – ist er da", hat er gesagt. Wird er auch bei Nebel gewusst haben. – Eine Stunde vorher haben sie aber einen Rangierer zerquetscht am Ablaufberg, der wird das auch gewusst haben.

– Deswegen waren sie ja so aufgeregt. Wenn sie auch gleich wieder Worte gefunden haben von tragischem Unglücksfall und Verdienste beim Aufbau des Sozialismus und ehrendes Andenken bewahren: der sich das aus den Fingern gesogen hat, weiß es gewiss besser, wär schon einer. Frag noch mal auf diesem ganzen verdammten Bahnhof, ob einer jetzt noch im November Ausreiseerlaubnis nach Westdeutschland gekriegt hat, und Jakob ist am selben Morgen erst mit einem Interzonenzug zurückgekommen.

Weitere Romane: „Das dritte Buch über Achim" – „Zwei Ansichten" – „Jahrestage".

Auch in diesen Romanen beschäftigt sich Johnson mit den Auswirkungen politischer Entwicklungen auf das private Leben der Menschen. „Das dritte Buch über Achim" spielt um einen Radsportler in der DDR, in „Zwei Ansichten" wird von einem Liebespaar erzählt, das durch den Bau der Berliner Mauer 1961 getrennt wird, und in dem vierbändigen Werk „Jahrestage" verklammert der Erzähler das Leben von Heinrich Cresspahl im Mecklenburg zur Zeit des Dritten Reichs und der Nachkriegszeit mit den Erfahrungen seiner Tochter Gesine in New York um 1968 (Vietnamkrieg, Einmarsch der Russen in Prag).

Hubert Fichte (1935–1986)

Er stammt aus Perleberg in Brandenburg, kam mit sechs Jahren in ein Waisenhaus in Oberbayern, war Kinderdarsteller am Deutschen Schauspielhaus in Hamburg, arbeitete in Schweden und Frankreich in der Landwirtschaft. Seit 1962 war er freier Schriftsteller.

Alle Werke sind genaue, überprüfbare Beschreibungen von Menschen am Rande der Gesellschaft. Gern wählt er die Form der Reportage oder des Dialogs.

Sein erster bekannter Roman ist „Das Waisenhaus" (1965). Aus der naiven Sicht des Kindes erzählt er von den Ereignissen des Krieges und den Zuständen im Heim. Der evangelische Sohn eines Juden erlebt den Terror der Nazis, die Streitigkeiten der Kinder untereinander und die religiösen Querelen der Schwestern. Er vermag die Widersprüche nicht einzuordnen, zumal er aus der heilen Welt des Großvaters kommt. – Der Roman ist zwar autobiografisch, soll aber exemplarisch stehen für die vielen Kinder, die als Minderheiten auf der ganzen Welt gequält werden.

In dem Roman „Detlevs Imitation ‚Grünspan'" und „Wolli Indienfahrer" bevorzugt Fichte die dialogische Form noch stärker. Mit „Hotel garni" begann er eine groß angelegte Romanreihe, an der er zehn Jahre arbeitete, die aber erst nach seinem Tode in ersten Teilen erschien.

Wolfdietrich Schnurre (1920–1989)

Schnurre wurde in Frankfurt/Main geboren, fühlte sich aber in Berlin zu Hause, wo er seine Jugend verbrachte.

Der Schriftsteller ist ein vielseitiges Talent, das fast alle Spielarten der Dichtung beherrscht: Er schreibt Romane, Erzählungen, Kurzgeschichten, Essays, Fabeln, Epigramme, Satiren, Hörspiele und Gedichte. Schnurre will den Protest, die Auflehnung gegen Einengung und sattes Bürgertum. Er liebt die Großstadt, aber er hat etwas „von einem großstädtischen Naturburschen, einem zu lebenslänglicher Großstadthaft verurteilten Vagabunden, der im Häuserdickicht Schleichpfade aufspürt und die große Freiheit des Weltenbummlers mit der kleinen Freiheit des Rebellen in der Wohlstandsgesellschaft vertauschen muss". Beispielhaft seien nur einige Erzählungen genannt: „Der Kassiber" – „Der Brötchenclou" – „Jenö war mein Freund" – „Ein Fall für Herrn Schmidt".

15.4.3 Die Natur als Maßstab

Die vielfältig erfahrene Zerstörung und Unmenschlichkeit ließ die Menschen und darum auch die Dichter nach einer Wirklichkeit suchen, die davon nicht betroffen war und als Trost in der allgemeinen Angst oder als Wertmaßstab beim Neubeginn gelten konnte. Vor allem in der Lyrik wird darum die Natur immer wieder zum Thema gewählt. Doch handelt es sich hier um keine Flucht aus den Großstädten aufs friedliche Land, vielmehr ist der Ausgangspunkt der Dichtung immer die gegenwärtige politisch-gesellschaftliche Wirklichkeit. Die Schriftsteller sind keine Träumer, auch wenn sie Träume darstellen, sondern genau beobachtende Zeitgenossen. Sie haben nicht nur Lyrik geschrieben, sondern sich auch in anderen Gattungen oder als Kritiker bewährt.

Günter Eich (1907–1972)

Eich wurde in Lebus an der Oder geboren. Er verbrachte seine Jugend in Brandenburg, Berlin und Paris, studierte Sinologie und Rechtswissenschaft. Schon seit 1932 war er Schriftsteller, zwischen 1939 und 1945 Soldat, nach dem Krieg arbeitete er vor allem für den Rundfunk (Hörspiele). Seit 1953 war er mit der Dichterin Ilse Aichinger verheiratet. Er wohnte zuletzt in der Nähe von Salzburg.

Günter Eich

Grundlegend für Eich ist seine „Entscheidung die Welt als Sprache zu sehen". Er schreibt, um mit seinen Worten an die verborgene, bleibende Wahrheit der Welt zu erinnern, die sonst in dem flüchtigen, sich ans Vergängliche klammernden Dasein der Menschen vergessen wird. Darum ist ihm die Natur so wichtig: Ihre Sprache kann wie die Sprache der Dichtung ein Maßstab in den Verirrungen des gegenwärtigen Daseins sein.

Später werden Eichs Gedichte kürzer, ja wortkarg. Sie deuten, ähnlich ostasiatischer Lyrik, mit der Eich sich oft beschäftigt hat, nur noch durch sparsame Zeichen dem Leser an, welchen Weg seine Empfindungen und Gedanken wählen sollen.

Der Beerenwald

Der Wald, worin ich einstens war,
Liegt noch im gleichen Licht.
Ein Spinnweb hängt sich in das Haar,
Ein Zweig schrammt das Gesicht.
Die Heidelbeere schwillt im Kraut,
Von Blättern halb versteckt.
Wie hab ich gerne sie gekaut,
Ihr dunkles Blut geschmeckt.

Doch wenn der körnig blaue Saft
Mir wieder schmilzt im Mund,
Wird in der Süße dämmerhaft
Die bittre Zeit mir kund.
Ich seh den Wald, der einstens war,
Nicht mehr im gleichen Licht,
Wo ich gespielt im Kinderjahr,
Kenn ich die Kiefern nicht.

Wo ich zu Schmaus und Zeitvertreib
Einst schweifte hin und her,
Im Dickicht kniet das Beerenweib
Und kämmt die Stengel leer.

Tage mit Hähern

Der Häher wirft mir
die blaue Feder nicht zu.

In die Morgendämmerung kollern
die Eicheln seiner Schreie.
Ein bitteres Mehl, die Speise
des ganzen Tags.

Hinter dem roten Laub
hackt er mit hartem Schnabel
tagsüber die Nacht
aus Ästen und Baumfrüchten,
ein Tuch, das er über mich zieht.

Sein Flug gleicht dem Herzschlag.
Wo schläft er aber
und wem gleicht sein Schlaf?
Ungesehen liegt in der Finsternis
die Feder vor meinem Schuh.

Eichs Bedeutung für die Nachkriegsdichtung beruht vor allem auf seinen Hörspielen. Durch ihn erst wurde diese neue Dichtungsform gleichrangig mit den alten Gattungen. Es entstanden zwischen 1950 und 1960 fünfzehn Hörwerke, die in kunstvoller, verzauberter Sprache –

erschreckend oder heiter – der Suche nach dem hintergründigen Weltsinn gewidmet sind. Das 1951 zum ersten Mal gesendete Hörspiel „Träume" zeigt Eichs Arbeitsweise sehr klar: Hier wird nicht wie im Theaterstück eine Handlung aufgebaut, sondern fünf Menschen aus verschiedenen Kontinenten, in ganz unterschiedlichen Lebenssituationen, erheben ihre Stimme. Aber sie haben etwas gemeinsam: Sie träumen, sie verlassen in ihrer Phantasie die enge Wirklichkeit, in der sie gefangen sind und deren Zerstörung bevorsteht. Ihr Reden im Wachen wie im Träumen wird dem Hörer vor dem Lautsprecher in gleicher Weise vernehmbar, er kann über beide Seiten der menschlichen Wirklichkeit nachdenken, wozu ihn zwischendurch und am Ende Verse des Dichters auffordern.

In seinen letzten Lebensjahren hat Eich noch in kurzen Prosastücken – er nannte sie „Maulwürfe" – spielerisch-kritisch das Missverhältnis zwischen Gegenwartswelt und Naturwahrheit beleuchtet, doch ohne die Hoffnung auf eine Erneuerung des Lebens.

Johannes Bobrowski (1917–1965)

Bobrowski wurde in Tilsit geboren und wuchs in Königsberg auf. Von 1939 bis 1945 war er Soldat, bis 1949 Kriegsgefangener in der Sowjetunion. Seit 1950 wohnte er in Berlin (Ost) und arbeitete in einem Verlag. Er veröffentlichte zugleich in der DDR und der Bundesrepublik Deutschland Gedichte, Erzählungen und zwei Romane.

Bobrowskis wichtigstes Thema ist das Land „Sarmatien", die östliche Welt seiner eigenen Heimat, Polens, Litauens und Russlands. Hier fand er die Gegenstände seiner Gedichte – Landschaftsbilder, Kirchen und Klöster, die unter dem Krieg leidenden Menschen – und hier spielen auch die Ereignisse seiner Erzählwerke. Ziel Bobrowskis, der als ein überzeugter Christ starb, war durch seine Dichtung zu einer „Nachbarschaft" zwischen den Deutschen und den angrenzenden Völkern beizutragen, zur Versöhnung und Befreiung von Schuld. Ein Beispiel für seine Art, die Natur des Ostens aufzurufen, sie vor dem Vergessen zu bewahren, ist sein Gedicht „Ebene" aus dem Band „Schattenland Ströme":

Ebene

See,
Der See.
Versunken.
Die Ufer. Unter der Wolke
der Kranich. Weiß, aufleuchtend
der Hirtenvölker
Jahrtausende. Mit dem Wind

kam ich herauf den Berg.
Hier werd ich leben. Ein Jäger
war ich, einfing mich
aber das Gras.

Lehr mich reden, Gras,
lehr mich tot sein und hören,
lange, und reden, Stein
lehr du mich bleiben, Wasser,
frag mir, und Wind, nicht nach.

Manche Gedichte und Prosatexte Bobrowskis sind so kunstvoll gefügt, dass sie dem ungeübten Leser dunkel bleiben. Gut lesbar ist jedoch sein humorvoller Roman über einen Rechtsstreit in Westpreußen, bei dem sich die nationalistischen und wohlhabenden Deutschen einer echt menschlichen Gemeinschaft aus armen Juden, Polen und Zigeunern gegenüberstehen: „Levins Mühle. 34 Sätze über meinen Großvater".

Peter Huchel (1903–1981)

Der aus der Mark Brandenburg stammende Lyriker hat sich wegen seiner „ideologischen Annäherung" an den Westen mit der DDR-Regierung überworfen und flüchtete 1971.

Seine Naturlyrik („Chausseen, Chausseen" – „Die Sternenreuse" – „Gedichte") ist wie die Bobrowskis stark heimatbezogen, sie umkreist die märkische Landschaft. Die Gedichte sind schwermütig und kräftig-anschaulich, oft gesellschaftskritisch, angelehnt an die Sprache des Volkes, jedoch stark verschlüsselt. Krieg, Tod, Herbst und Zerstörung sind seine Themen, die besonders der Natur ihren Stempel aufdrücken, dem Boden, dem Wasser, dem Holz.

Nebel

Grüngoldene Lauge
der Sümpfe.
Rohrdommelröhricht,
Die Schlangen des Abends
suchen den Himmel.
Falb züngeln sie
An den Erlen hoch.

Am Morgen hebt
Ein Duft von Kalmus
den Nebel.
Und auf dem Wasser
fegt der Wind
den Schatten
der Blätter
zusammen.

Peter Huchel

Erschließende Fragen:

Ein einfaches Gedicht, voller Sinnbilder; langes Schweigen zwischen den Sätzen.

1. *Welche Metaphern sagen das Typische der Landschaft aus? Deuten Sie genau.*
2. *Mit welchen Mitteln ist die Sprache auf das Wichtigste reduziert?*
3. *Was erreicht Huchel damit (1 + 2)?*

Marie Luise Kaschnitz (1901–1974)

geb. von Holzig-Berstett, entstammt dem elsässischen Adel. Sie wuchs in Potsdam und Berlin auf, war Buchhändlerin in Weimar, München und dann in Rom. Dort lernte sie ihren späteren Mann kennen, der Archäologe war. Viele Jahre begleitete sie ihn auf seinen Studienreisen in südliche Länder, bis er 1958 starb. Die Dichterin lebte zuletzt in Frankfurt.

Marie Luise Kaschnitz

Ihr eigentliches dichterisches Schaffen begann im Zweiten Weltkrieg, als sie jedoch nichts veröffentlichen konnte. Bekannt wurde sie erst, als sie schon fast fünfzig war. Sie war in der Hauptsache Lyrikerin, aber auch ihre kleineren Prosaarbeiten, die zuerst nur Versuche sein sollten, sind von Bedeutung, besonders die Sammlung von Erzählungen „Lange Schatten" (daraus z. B. „Popp und Mingel", „Das Wunder", „Schneeschmelze"). Ihr Werk ist stark fraulich geprägt, die Probleme kreisen vielfach um Familie und Erziehung; ihre Sprache ist schlicht und stark bildhaft-hintergründig.

Themen sind die Auseinandersetzung mit der Natur, Kindheitserinnerungen, Erfahrungen von Schmerz und Einsamkeit wie auch Gegenwartsprobleme.

Der Vater

Hier ein Vater riecht nach Stall,
spannt die Pferde vor den Wagen,
rasche Pferde, starke Pferde,
deren Hufe Funken schlagen.
Kind sitzt auf dem Bock und sieht
lange Schwänze, breite Kruppen,
Schlänglein an der Gerte zucken,
Vaters Leib zurückgebogen,
scharfe Zügel angezogen –
Starker Vater.

Dort ein Vater pflanzt und sät
Reihen, schöne Reihen,
läßt die Wasserstrahlen speien
zum Gelingen, zum Gedeihen.
Läßt im Topf den Keim sich regen,
erntet siebenfachen Segen.
Kind steht bei ihm, sät mit Samen,
Kressesamen, seinen Namen –
Kluger Vater.

Hier ein Vater sitzt und schreibt
einmal zögernd, einmal kräftig,
Kind weiß niemals, was er treibt
und womit er so beschäftigt.
Darf nicht toben, muß auf Zehen-
spitzen durch die Stube gehen,
sieht ihn nachts ums Bettchen streifen
und mit Augen, überreifen,
voller Sehnsucht nach ihm greifen –
Armer Vater.

Jeder Vater hat sein Reich.
Kommt ein Tag, sind alle gleich,
alle fremd und ungeduldig,
alle Kinder schlecht und schuldig.
Deine Arbeit ist zum Weinen,
Deine Hände sind nicht rein,
hart war meine Jugend, deine
soll nicht lauter Honig sein –
Böser Vater.

Wieviel später, wieviel später
erst verstehen wir die Väter.
Keiner weiß, eh' daß er stände
auf dem Grat der Lebenswende,
wohin Kinderscharen drängen
aus dem Osten mit Gesängen
unaufhaltsam, unaufhaltsam.
Wo bergab auf allen Wegen
Sonnenuntergang entgegen
Väter traurig still sich wenden,
die Geräte in den Händen
unaufhaltsam, unaufhaltsam –
Lieber Vater.

Erschließende Fragen:

1. *Wie viele Väter gibt es in den Strophen 1–3?*
2. *Vergleichen Sie dazu die Strophen 4–5 und die Überschrift.*
3. *Wer ist in allen Strophen gemeint?*
4. *Wer sagt die Worte nach den Gedankenstrichen?*
5. *Wie fühlt sich das Kind neben dem Vater in den Strophen 1–3? Wie in Strophe 4? Wie denkt es über den Vater in Strophe 4? Und wie wird es wohl nach einem Tag über das Schimpfen von gestern denken?*
6. *Lesen Sie die 5. Strophe nochmals. Wer drängt noch dem Grat entgegen, wer wendet sich bergab? Wann erst verstehen wir den Vater?*
7. *Warum sagt die 5. Strophe „lieber Vater"?*
8. *Lesen Sie nun die 5. Strophe sinnvoll vor.*

In ihren Erzählungen bricht oft ein rätselhafter Zufall in das Geschehen oder das Leben der Personen und fordert sie zur Auseinandersetzung auf. Kaschnitz' Sprache ist knapp und ruhig, spannend und zur Lösung drängend.

Scherben bringen Glück

Ich kenne einen jungen Vater, der sich freut, wenn sein kleiner Sohn ihn anbrüllt oder den Teller vorn Tisch fegt, den er ausessen soll, aber nicht ausessen will. Sein Bub soll nie ein schlechtes Gewissen haben, weil ein schlechtes Gewissen schlecht macht. Er soll nie denken, dass ein Vater ein höheres Wesen sei, weil er selbst dadurch zu einem niederen Wesen wird. Du wirst, sagt ihm der Vater oftmals, eines Tages größer und stärker sein als ich. Du wirst auch gescheiter sein, weil alle Kinder gescheiter als ihre Eltern sind. Dabei denkt der Vater an die geheimen Informationen, welche von den Kindern mit der Atemluft eingesogen werden, die ihnen selbstverständlich sind und auf die sie darum nicht stolz sein können. Der Teller hingegen, der auf dem Steinboden zersplittert, macht den kleinen Jungen stolz. Er hat den Willen seines Vaters gebrochen, jetzt kann er großmütig sein.

Karl Krolow (1915–1999)

Auch der aus Hamburg gebürtige, bis zu seinem Tode in Darmstadt lebende Dichter ist ein typischer Vertreter „moderner" Lyrik. Seine Gedichte sind schwer zugänglich, die Sprache ist dunkel, chiffriert; Gedanken und Gefühle werden „eingeblendet", die scheinbar ohne Sinn zum Übrigen stehen, jedoch auf geheimnisvolle Weise übersinnliche Zusammenhänge schaffen und dadurch tiefe Einblicke in seelische Regungen erlauben. Ein Beispiel seiner Lyrik sei das Gedicht

Pappellaub

Sommer hat mit leichter Hand
Laub der Pappel angenäht.
Unsichtbarer Schauder ist
Windlos auf die Haut gesät.

Zuckt wie Schatten Vogelbalg,
Spötterbrust, als winzger Strich:
Ach, schon wird es Überfall,
Wie sie blätterhin entwich!

Luft, die unterm weichen Flug
Kurzer Schwinge sich gerührt,
Schlägt wie blaue Geißel zu,
Die die dumpfe Stille führt.

Grüne Welle flüstert auf.
Silbermund noch lange spricht,
Sagt mir leicht die Welt ins Ohr,
Hingerauscht als Ungewicht.

Ingeborg Bachmann (1926–1973)

Sie wurde in Klagenfurt geboren und hielt sich längere Zeit in Paris, London, Rom und München auf. In ihrer Lyrik mischt sie auf treffende und oftmals ergreifende Art Gegenständliches und Ungegenständliches. Krieg, Elend und Anfeindung sind die Themen ihrer Dichtungen. Zwar ist der Mensch der Vernichtung des letzten Krieges entgangen, aber „es kommen härtere Tage. Die auf Widerruf gestundete Zeit wird sichtbar am Horizont". Am meisten beklagt die Dichterin, dass die Menschen die Liebe verloren haben.

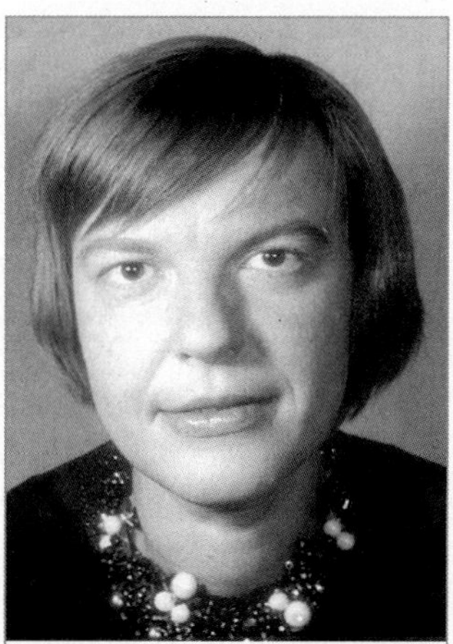
Ingeborg Bachmann

Ihre Gedichte sind zusammengefasst in „Die gestundete Zeit" und „Anrufung des Großen Bären". Auch durch Hörspiele ist sie bekannt geworden („Der gute Gott von Manhattan").

Seit 1977 wird im österreichischen Klagenfurt jährlich der nach ihr benannte Literaturpreis verliehen.

Reklame

Wohin aber gehen wir
ohne sorge sei ohne sorge
wenn es dunkel und wenn es kalt wird
sei ohne sorge
aber
mit Musik
was sollen wir tun
heiter und mit musik
und denken
heiter
angesichts eines Endes
mit Musik
und wohin tragen wir
am besten
unsere Fragen und die Schauer aller Jahre
in die Traumwäscherei ohne sorge sei ohne sorge
was aber geschieht
am besten
wenn Totenstille
eintritt

Erschließende Fragen:

1. *Lesen Sie das Gedicht nach Normal- und Kursivdruck mit unterschiedlicher Stimmtage.*
2. *Lesen Sie den Text in Normalschrift zusammenhängend. Interpretieren Sie.*
3. *Was sagt der Kursivtext? Was bedeutet die Überschrift?*
4. *Was besagen die Kursivstellen im Zusammenhang mit dem Haupttext?*

15.4.4 Schwierigkeiten mit der Sprache

Für nicht wenige Schriftsteller im zwanzigsten Jahrhundert ist ein Misstrauen gegen die Sprache und Kritik an ihrem normalen Gebrauch kennzeichnend. Die Ursache dafür ist die Erfahrung, dass die politische Propaganda besonders in Diktaturen die Sprache in Wort und Schrift so sehr verfälscht, dass niemand sich mehr von ihren Lügen befreien kann. In ähnlicher Weise wird auch die seit dem Wirtschaftswunder sich üppig entfaltende Werbung als ein Mittel gesehen durch bestimmte Worte und Redewendungen unauffällig, aber desto wirksamer Macht auszuüben.

Demgegenüber will eine Reihe von Dichtern mit „experimentellen“, also ungewohnten, Neuland betretenden Werken die Leser zur genauen Beobachtung der sprachlichen Besonderheiten der Dichtung, der Werbung, der Zeitungen oder des Fernsehens anhalten. Dass der Umgang mit solchen Texten nicht leicht fällt, ist also beabsichtigt. Spannende Geschichten, so sagen diese Dichter, liefern heute viele, aber nur neue Formen können zur notwendigen Besinnung über unsere Sprachgewohnheiten führen.

Die Versuche sind erst ein Anfang. Wie weit sie führen und weiter helfen, wird sich erst später zeigen.

Helmut Heißenbüttel (1921–1996)

Helmut Heißenbüttel

Geboren in Rüstringen bei Wilhelmshaven, im Krieg schwer verwundet, Studium der Germanistik, Kunstgeschichte und Architektur. Nach 1959 Leiter der Redaktion „Essay" beim Süddeutschen Rundfunk. Heißenbüttel war Lyriker. Seine Gedichte spiegeln aber nicht seelische Regungen des Dichters wider, sondern sind bewusst „entsinnlicht". Heißenbüttel versucht alles „Unechte" und „Gekünstelte" zu umgehen und seine Gedichte rein gedanklich zu konstruieren, etwa in sprachlichen Formeln oder geometrischen Figuren. Die Titel der Gedichtsammlungen verdeutli-chen dieses Bemühen: „Konstellationen" – „Kombinationen" – „Lineaturen" – „Topographien" – „Textbuch 1 bis 4" – „Textbuch 5, 6".

Heißenbüttels Lyrik verzichtet auch auf jede formale Bindung: Sie ist reimlos, kennt keine Strophe, keine Interpunktion und keine Metrik. Ein Beispiel:

das neue Zeitalter

Wenn wer wen trifft und was der dann sagt wenn wer
wem begegnet und dann sagt er was wenn wer wen wie
nennt

wenn ein kalter Krieger einen kalten Krieger trifft
und kalter Krieger sagt wenn ein Fellowtraveller
einem Fellowtraveller begegnet und sagt Fellow-
traveller wenn ein alter Nazi einen alten Nazi
einen alten Nazi nennt

wenn ein Intellektueller einen Intellektuellen einen
alten Nazi nennt wenn ein Avantgardist einen Avant-
gardisten trifft und kalter Krieger sagt wenn ein
Nonkonformist einem Nonkonformisten begegnet und
sagt Fellowtraveller

wenn ein Fellowtraveller einem Fellowtraveller be-
gegnet und sagt Halbstarker wenn ein alter Nazi einen
alten Nazi einen Experimentellen nennt wenn ein
kalter Krieger einen kalten Krieger trifft und
schwules Schwein sagt

wenn ein Intellektueller einen alten Nazi trifft
und schwules Schwein sagt wenn ein Avantgardist
einen kalten Krieger einen Experimentellen nennt
wenn ein Nonkonformist einem Fellowtraveller begegnet
und sagt Halbstarker

wenn ein Halbstarker einem Halbstarken begegnet
und sagt alter Nazi wenn ein Experimenteller einen
Experimentellen trifft und Fellowtraveller sagt
wenn ein schwules Schwein ein schwules Schwein
einen Intellektuellen nennt

Wenn der den so nennt wenn er den trifft und dann
das sagt wenn der dem begegnet und sagt das
treten alle in die kommunistische Partei und werden
glücklich.

Erschließende Fragen:

1. *Sind die Verbindungen, die zwischen den Personen (Typen) hergestellt werden, sprachliche Spielerei oder sagen sie auch inhaltliche Beziehungen aus? Untersuchen Sie im Einzelnen.*
2. *Welcher Bezug besteht zwischen dem Hauptteil und dem letzten „Satz"?*

Arno Schmidt

Arno Schmidt (1914–1979)

In Hamburg geboren, wuchs er in Schlesien auf, war Angestellter und den ganzen Krieg hindurch Soldat. Er arbeitete als Übersetzer aus dem Englischen und lebte seit 1958 sehr zurückgezogen in Bargfeld, einem Dorf in der Lüneburger Heide. Neben Erzählungen und Romanen hat Schmidt Übersetzungen und literaturgeschichtliche Forschungen veröffentlicht. Er war ein Einzelgänger und Sonderling, den man eigentlich keiner Gruppe zuweisen kann. Lange Zeit blieb er erfolglos, heute wird er aber als einer der bedeutendsten Schriftsteller der Gegenwart anerkannt.

Schmidt begann in der Nachkriegszeit mit Erzählungen und drückt in ihnen sehr scharf den Widerspruch eines freien Geistes gegen die Denk- und Lebensgewohnheiten der kleinbürgerlich angepassten Zeitgenossen aus. Dieser Gegensatz ist für ihn kennzeichnend geblieben. Dabei hat der „Held" stets viele Ähnlichkeiten mit Schmidt selbst: die Vorliebe für Zettelkästen, für Mathematik und Heimatgeschichte, die Abneigung gegen Militär oder Kirche. Die Absonderung vom Normalen bestimmt auch die Sprache. Schmidt überschreitet in jeder Richtung den gewohnten Redegebrauch. Sein Vokabular umfasst Wissenschaftssprache wie ordinären Jargon, seine Sätze sind bald zerstückelt, bald weiten sie sich zu langen Ketten aus und seine Schreibweise schließlich macht selbst die einfache Wiedergabe eines Wiesenspaziergangs für den Leser zu einem Abenteuer:

> *:hübsche Kopfweiden. (Das Gras-untn allerdings ziemlich missfarbige Hökker. Überall.) Weit drüben scheinbar'n Wasserlauf. Aber Nix-Avernus, im Gegenteil, mehrfach Krähenkraht; (etwas später flogen sie auch über'n Weg; 7 Stück; einzeln. Während mir das graue Oh-Zoon in der Lunge wupperte.) Und eine ungesellige Erlengruppe nach der anderen langsam an mir vorbeitrieb, mistletoeneblzäh; (die Schönste aus 6 haushohen Halmen, hatte leider eine Jägerleiter mitteninsichdrin. Zu deutlich auf dem Milchglashimmel heute.) / Oder auch diese fastschwarze Scheibe des Baumstummfs hier: aus der an 4 Stellen nadeldünnelange Grashalme sprießten. Das'ss irgend-1 na Tour Gesetz; das hatt ich schon öfter gesehen. Die waxen nich etwa von unten durch (das freilich wäre frappant; als Energieleistung); sondern es handelt sich vielmehr um Löcher von Holzwürmern, in die erst Bau-Steine-Erden, dann Grassamen fallen, wehewehewindchen ..: und aufgehts!*

Zuletzt hat Schmidt vor allem in der Nachfolge des großen irischen Dichters James Joyce eine eigene Sprachtheorie ausgebildet. Diese stellt den Schlüssel zu unvergleichlich umfangreichen Alterswerken („Zettels Traum" 1971) dar, über deren Gelingen heute noch kein Urteil möglich ist.

Botho Strauß (geb. 1944)

Er stammt aus Naumburg/Saale, besuchte im Westen die Schule, studierte Germanistik und Theaterwissenschaften, 1970 bis 1975 Mitarbeiter an der Schaubühne am Halleschen Ufer in Berlin. Er schreibt Prosa, Dramen, Hörspiele und Lyrik.

Sein wichtigstes Thema ist die Kontaktsuche des Menschen und die Unfähigkeit wahren Kontakt zu finden. So ist der Einzelne isoliert und leidet zudem an Identitätsschwierigkeiten.

Seine Sprache ist sehr variabel, reicht vom feinsten analytischen und ausgesprochen intelligenten Stil bis zum Jargon und Gassendeutsch.

Seine raffinierten darstellerischen Techniken sind schwer durchschaubar. Oft überlagern mehrere Handlungen einander.

Zu seinem Stück „Calldewey Farce", das wahllos aus einem Werk herausgenommen sei, weil es das „typisch" Strauß'sche Stück nicht gibt, treten die Figuren bis aufs Äußerste stilisiert auf. Es zeigt verschiedene mögliche Verhaltensweisen von Mann und Frau. Einmal wird die Frau als Hexe und einmal als Goldstück gezeichnet – einmal der Mann als Trottel, einmal als Casanova. Eingeblendet sind Punks, Fernsehquiz, Mode- und Medienkultur. Das alles aber soll nur ein heilsames Spiel sein, das irgendein Chef verordnet hat zur Therapie – wodurch die ganze Sache noch komplizierter wird.

Peter Handke (geb. 1942)

In Kärnten geboren, studierte er Jura in Graz und lebt seit 1966 als freier Schriftsteller in verschiedenen Orten der Bundesrepublik Deutschland und in Paris. Er hat in wenigen Jahren ein umfangreiches und vielseitiges Werk veröffentlicht: Romane, Gedichte, Hörspiele und Theaterstücke. Auch als Filmregisseur tritt er hervor.

Peter Handke

Seinem ersten Drama „Publikumsbeschimpfung" fehlt jegliche Handlung. Der Normalzustand des Theaters, dass nämlich die Zuschauer oder Zeitungen Kritik an den Schauspielern üben, wird umgekehrt: Das Publikum wird mit einem Schwall von höhnischen und beleidigenden Redensarten überschüttet und erhält am Ende aus Lautsprechern Beifall und Pfiffe. Wie hier, so weist Handke auch in anderen literarischen Gattungen weniger auf besondere Themen hin als vielmehr auf die Formen, auf die für selbstverständlich gehaltenen Regeln der Kunst oder des menschlichen Zusammenlebens. Vor allem setzt er sich darum mit der Sprache auseinander. In seinem wohl wichtigsten Stück „Kaspar", in dem ein bisher Sprachloser lernt mit Wörtern und Sätzen umzugehen, wird gezeigt, wie der Mensch durch Sprache beeinflusst wird:

> *„Seit ich sprechen kann, kann ich alles in Ordnung bringen ... Seit ich sprechen kann, kann ich ordnungsgemäß aufstehen; aber das Fallen tut erst weh, seit ich sprechen kann; aber das Wehtun beim Fallen ist halb so schlimm, seit ich weiß, daß ich über das Wehtun sprechen kann; aber das Fallen ist doppelt so schlimm, seit ich weiß, daß man über mein Fallen sprechen kann; aber das Fallen tut überhaupt nicht mehr weh, seit ich weiß, daß ich das Wehtun vergessen kann; aber das Wehtun hört überhaupt nicht mehr auf, seit ich weiß, daß ich mich des Fallens schämen kann!"*

Aber Sprache kann auch in die Irre führen, sie kann lügen, ohne dass es bewusst wird, sie kann jeden Beweis über richtig oder falsch unmöglich machen.

Weitere Stücke: „Der Mündel will Vormund sein" – „Ritt über den Bodensee" und der Gedichtband „Die Innenwelt der Außenwelt der Innenwelt".

Auch in den späteren Werken Handkes, in denen auf Handlung nicht mehr verzichtet wird, gehört das Hauptinteresse immer dem prägenden Einfluss, den Sprache auf das Verhalten und Empfinden, letztlich auf das Unglück oder Glück des Menschen ausübt. („Die Angst des Tormanns vor dem Elfmeter" – „Wunschloses Unglück" – „Die linkshändige Frau" – „Das Gewicht der Welt" – „Mein Jahr in der Niemandsbucht".)

Für Aufsehen sorgte 1996 seine in einer Tageszeitung abgedruckte Reportage „Eine winterliche Reise zu den Flüssen, Donau, Save, Morawa und Drina oder Gerechtigkeit für Serbien", in der er versuchte, den journalistischen Bildern und vorgefassten Meinungen über den Balkankrieg eine persönliche, stark ästhetisierende Position entgegenzustellen. Eine Lesereise wurden von aufgebrachten Demonstranten begleitet, der Text zum Politikum hochstilisiert.

Nach Ausbruch des Kosovo-Krieges 1999 trat Handke wegen seiner Einschätzung des Geschehens aus der katholischen Kirche aus und gab aus Protest gegen „das Zuschlagen der Nato im Herzen von Belgrad" den 1973 an ihn verliehenen Büchnerpreis zurück.

Ernst Jandl (1925–2000)

Jandl wurde in Wien geboren und lebte nach Militärzeit und Studium dort bis zu seinem Tode. Er hat seit 1956 mehrere Gedichtbände veröffentlicht und Hörspiele geschrieben. Jandl und andere Dichter, z. B. H. C. Artmann und Oswald Wiener, wurden als „Wiener Gruppe" bekannt. Ihnen allen gemeinsam ist die bald ernsthafte, bald spielerisch-witzige Aufspaltung von Sätzen und Wörtern der normalen Sprache in Bruchstücke, die dann auf überraschende Weise neu zusammengesetzt werden. Um in solchen „Texten" – Gedichte kann man sie kaum mehr nennen – Sinn zu finden, muss man sowohl auf ihre äußere Gestalt als auch auf ihren Klang sehr genau achten. Im Folgenden ist ein verhältnismäßig einfaches Beispiel wiedergegeben, Hier wird der Gegensatz von umgangssprachlicher und wissenschaftlicher Ausdrucksweise vorgeführt und die Sinnlosigkeit so mancher scheinbarer Sprachverbesserung gezeigt. (Für „am Himmel und auf Erden" findet sich in der rechten Spalte keine verständige Entsprechung.)

doppelgedicht

im himmel	*an fernem ort*
bund	*zusammenschluss*
im himmel	*an fernem ort*
fund	*worauf man stößt*
im himmel	*an fernem ort*
hund	*treues tier*
im himmel	*an fernem ort*
kund	*bekannt*
im himmel	*an fernem ort*
mund	*teil des kopfes*
im himmel	*an fernem ort*
rund	*von glatter form*
im himmel	*an fernem ort*
und	*bindewort*
auf erden	*hier*

Peter Rühmkorf (geb. 1929)

Rühmkorf stammt aus Dortmund, studierte Germanistik und Psychologie. Unter dem Pseudonym Leslie Meier schrieb er für „Konkret". Er lebt heute als freier Schriftsteller in Hamburg.

Seine Themen sind Liebe und Natur, Freundschaft, Tod und Einsamkeit. Was ihn jedoch auszeichnet, ist seine Virtuosität, mit der er Sprache handhabt. Er ist spöttisch, spielt mit der Sprache, indem er z. B. Wörter aus dem Zusammenhang löst, um neue Zusammenhänge zu schaffen. Er ist ein Meister der Parodie: Er macht „Gegengedichte" zu den großen Werken der Vergangenheit, wandelt sie um, ändert sie nach unserem Zeitgeist – ohne jedoch (was manchmal nicht leicht ist) das Vorbild zu verletzen.

Außer Lyrik hat Rühmkorf auch Prosa verfasst und theoretische Schriften zur Literatur. Er arbeitet auch für Film und Fernsehen. In den letzten Jahren veröffentlichte er seine Tagebücher (Tabu I) sowie literaturgeschichtliche Essays.

Peter Rühmkorf

Ein Beispiel seiner Parodien:

Auf eine Weise
des Joseph Freiherrn von Eichendorff

In meinem Knochenkopfe
da geht ein Kollergang,
der mahlet meine Gedanken
ganz außer Zusammenhang.
Mein Kopf ist voller Romantik,
meine Liebste nicht treu –
Ich treib in den Himmelsatlantik
Und lasse Stirnenspreu.

Ach, wär ich der stolze Effendi,
der Gei- und Tiger hetzt,
wenn der Mond, in statu nascendi,
seine Klinge am Himmel wetzt! –

Ein Jahoo, möcht ich lallen
lieber als intro-vertiert
mit meinen Sütterlin-Krallen
im Kopf herumgerührt.

Ich möcht am liebsten sterben
im Schimmelmonat August –
Was klirren so muntere Scherben
in meiner Bessemer-Brust?!

Erschließende Fragen:

Das Gedicht ist eine Parodie auf Eichendorffs bekannte Verse „Das zerbrochene Ringlein": In einem kühlen Grunde – Da geht ein Mühlenrad ... Das romantische Lebensgefühl jener Zeit kommt dort fast exemplarisch zum Ausdruck. Rühmkorfs Gedicht entstand eineinhalb Jahrhunderte später.

1. *Betrachten Sie zunächst die Form der beiden Gedichte, Strophenzahl und -bau, Metrum, Reim.*
2. *Welches Gedicht ist ruhig, welches nervös? Warum?*
3. *Was im Einzelnen setzt Rühmkorf gegen die Bilder Eichendorffs?*
   Was lässt er fort, was ändert er, wie ändert er?
   (Ein Beispiel: kühlen Grunde/Mühlenrad – Knochenköpfe/Kollergang)
   [Mond in statu nascendi = bei Neumond]
4. *Richtet sich Rühmkorf gegen die Romantik? Wird man wohl im Jahre 2100 noch so schreiben wie heute?*

Thomas Bernhard (1931–1989)

Er wurde in Heerlen (Holland) geboren. Seine Kindheit verbrachte Bernhard in einem Salzburger Internat. Seine Erfahrungen während der Schulzeit und eine schwere Lungenkrankheit verarbeitete er in teils autobiographischen Romanzyklen. Er ist einer der bedeutendsten Autoren der österreichischen Literatur nach dem Zweiten Weltkrieg. Sein umfangreiches Prosa- und Dramenwerk, in welchem er einen gänzlich eigenständigen Stil entwickelte, gehört zur Weltliteratur.

In seinen zahlreichen provozierenden Theaterstücken entwirft Bernhard ein Bild des Weltekels und des Weltschmerzes. So kam es nach der Vorveröffentlichung des Dramas „Heldenplatz" (1988) zum Eklat. Das Stück, das sich mit der Haltung Österreichs zu jüdischen Emigranten beschäftigt, brachte ihn in Konflikt mit einigen Politikern seines Landes. Wegen zahlreicher Proteste von höchster Stelle („Hinaus aus Wien mit dem Schuft!", sagte Jörg Haider) musste die Premiere um vier Wochen verschoben werden.

Mit einer testamentarischen Verfügung lässt er sämtliche Aufführungen und Drucklegungen seiner Werke in Österreich verbieten. Dieses Aufführungsverbot wird im Juli 1998 durch die Initiative einer Privatstiftung wieder aufgehoben.

Zu seinem Hauptwerk, das sich durch Ausweglosigkeit, Tod, Krankheit, Auslöschung sowie düstere, beklemmende Schilderungen auszeichnet, gehören „Verstörung" (1967) – „Über allen Gipfeln ist Ruh" – „Holzfällen" (1984) – „Ein Zerfall" (1986).

15.4.5 Politik und Arbeitswelt

Schon die bisher genannten Schriftsteller der Gegenwart sehen vielfach ihre Aufgabe darin, an einer Wirklichkeit Kritik zu üben, die dem Einzelnen fremd entgegentritt und Menschlichkeit immer wieder verhindert. Aber für sie bleiben doch die Ausdrucksformen und die Ziele des Dichters von denen eines Politikers deutlich geschieden, und ihre Arbeitskraft gilt zunächst der künstlerischen Vollendung eines sprachlichen Werkes.

Seit etwa 1965 treten daneben aber Autoren auf, die eine Trennung zwischen Literatur und Politik bestreiten und mit ihren Schriften direkt einzugreifen suchen in die Auseinandersetzungen der Gegenwart. Sie wollen bewusst „parteilich" sein, selbst wenn sie keiner Parteiorganisation angehören. Sie wollen aufklären, sowohl über das Spiel politischer Machthaber als auch über die Zustände am Arbeitsplatz, und dazu bedienen sie sich häufig der Form der „Dokumentation", also der Wiedergabe von Augenzeugenberichten. Das hat auch dazu geführt, dass nicht nur berufsmäßige Schriftsteller mit Veröffentlichungen hervortreten, sondern auch die direkt Betroffenen. Sie schließen sich zusammen, vor allem in dem „Werkkreis Literatur der Arbeitswelt".

Peter Weiss (1916-1982)

Weiss wurde in Berlin geboren und verbrachte seine Jugend dort und in Bremen. 1934 musste sein Vater als Jude mit seiner Familie Deutschland verlassen und zunächst nach England, dann nach Prag gehen. 1938 floh Weiss vor dem deutschen Einmarsch über die Schweiz nach Schweden. Dort hat er gelebt, zunächst als Maler, dann als freier Schriftsteller. In deutscher Sprache hat er erst 1960 ein Buch veröffentlicht, wurde aber schnell sowohl in der DDR als auch in der Bundesrepublik Deutschland bekannt.

Seine Dramen standen immer wieder im Mittelpunkt politischer Auseinandersetzungen, und das war beabsichtigt. Denn Weiss sucht nach neuen Formen der Kunst, vor allem auf dem Theater, um Diskussionen anzuregen über Macht und Recht, Menschlichkeit und Gewalt, über den Weg zu einer besseren Welt. Am besten gelang ihm dies in einem Stück über die Französische Revolution („Marat/ Sade" 1964), am ergreifendsten ist das „Oratorium" über den Prozess gegen die Mörder im Vernichtungslager Auschwitz („Die Ermittlung"). Gegen den Krieg der Amerikaner in

Ostasien richtete sich der „Vietnam-Diskurs", gegen die portugiesische Kolonialmacht in Afrika der „Gesang vom lusitanischen Popanz". Später folgten Szenenreihen über den russischen Revolutionär Trotzki und über den Dichter Hölderlin.

Es ist kaum möglich oder sinnvoll, ein Beispiel für den Stil von Peter Weiss zu geben. Denn er verändert mit großer Sprachbegabung und überraschender Phantasie seine Ausdrucksmittel je nach dem Ziel, das er dem jeweiligen Werk gesetzt hat.

Hans Magnus Enzensberger (geb. 1929)

Er wurde in Kaufbeuren geboren, ist in Nürnberg aufgewachsen, studierte Literaturwissenschaft und war zeitweise als Dozent und Lehrer tätig. Enzensberger ist viel gereist, er lebte in Italien, in den USA, in Kuba, Norwegen und Berlin, heute in München.

Hans Magnus Enzensberger

Als Herausgeber von Zeitschriften („Kursbuch") und Textsammlungen hat er zeitweise großen Einfluss auf jüngere Schriftsteller und Studenten ausgeübt. Er war der „zornige junge Mann" der deutschen Literatur, der typische Linksintellektuelle der 50er-Jahre, der Verfasser großer Politikgedichte ähnlich Heine und Brecht.

Er ist ein virtuoser Künstler vielfältiger sprachlicher Mittel: von schneidender Satire und Untertreibung über triviale Allerwelts-Slogans, geschäftssprachlichen Floskeln bis zu Kinderreimen.

Enzensberger wurde bekannt mit drei Gedichtbänden: „verteidigung der wölfe", „landessprache" und „blindenschrift". In heftigem Tonfall, aber mit großer Sprachkraft wurde hier Protest laut gegen die blinde Zufriedenheit der Wohlstandsgesellschaft. Mit verletzendem Hohn wird zum Beispiel die Kulturpflege im Theater angegriffen:

mit morgensternen, mit drachen aus grünem papier,
mit netten tiraden, mit säuglingen, kronen und trommeln
zieht das schauspiel über den dünnen teppich der täuschung
und beizt mit furcht und mitleid die drüsen
von gummigrossisten und fetten witwen,
die in den logen sitzen, duftend
nach eau de cologne und lakritze,
staatlich geförderte tragik! und niemand
sieht die katze hinterm museum verhungern,
sieht die rosen im ascheimer, sieht schaukeln
im schlamm des kanals einen apfelbutzen,
abgenagte erkenntnis, liebe in ruß.

Jahrelang hat Enzensberger danach auf die lyrische Form verzichtet und sich direkt an der politischen Auseinandersetzung beteiligt. Auch ein dokumentarisches Theaterstück „Das Verhör von Habana" (1970) diente dem Ziel, die Revolution in der Dritten Welt zu unterstützen. In letzter Zeit jedoch ist Enzensberger wieder zum Gedicht zurückgekehrt und betont stärker den Unterschied von Dichter und Politiker.

Als er begann, war Enzensberger ein Einzelgänger. Seit 1965 etwa traten aber andere politische Lyriker an seine Seite, von denen hier nur der in London lebende, als vorzüglicher Shakespeare-Übersetzer bekannte Erich Fried (1927–1988) genannt sei. Zwei Sammlungen von ihm heißen: „und vietnam und" (1966), „Die Freiheit den Mund aufzumachen" (1972).

Max von der Grün (geb. 1926)

Er wurde in Bayreuth geboren, war Kriegsteilnehmer, 1951–1964 Bergmann, seit 1964 Schriftsteller.

Romane: „Männer in zweifacher Nacht" – „Irrlicht und Feuer" – „Stellenweise Glatteis", alle um die moderne Arbeitswelt kreisend, setzen sich auseinander mit der „Ausnutzung" des Arbeiters durch das kapitalistische System. „Flächenbrand" ist eine Anklage gegen die SPD und die sich immer stärker ausbreitenden Interessengruppen.

Er gehörte bis zu ihrer Auflösung zu einer kleinen Zahl von Autoren, die sich „Dortmunder Gruppe 61" nannte, die ihre Aufgabe so definierte: „Literarisch-künstlerische Auseinandersetzung mit der industriellen Arbeitswelt der Gegenwart und ihren sozialen Problemen. Geistige Auseinandersetzung mit dem technischen Zeitalter!" Ob die Auseinandersetzung literarisch-künstlerisch gelingt, wird häufig bezweifelt, dass sie jedoch „Auseinandersetzung" ist, wird klar an einer Inhaltsangabe des Romans:

„Stellenweise Glatteis"

Der Lkw-Fahrer Maiwald, in einem großen Fuhrunternehmen tätig, soll zum Fahrdienstleiter befördert werden. Da entdeckt er, dass eine kürzlich eingerichtete Gegensprechanlage zur Bespitzelung der Arbeiter installiert worden ist. Maiwald gelingt es, die Beweise aus dem Betrieb zu schmuggeln. Er informiert die Kollegen und mobilisiert sie gegen die Betriebsleitung. Er wird widerrechtlich entlassen, die Belegschaft streikt, Maiwald wird wieder eingestellt. Er verlangt jedoch, dass sich die Geschäftsführung wegen der Bespitzelung entschuldigt. Als nichts geschieht, klärt er auch die Belegschaftsmitglieder anderer Betriebe auf. Eine Demonstration ist die Folge. So wird er erneut entlassen. Schließlich erhält er den Posten eines Fahrdienstleiters in einem anderen kleineren Betrieb.

Günter Wallraff (geb. 1942)

Geboren in Burscheid bei Köln, Ausbildung als Buchhändler, 1963–65 Arbeiter in Industriebetrieben, Redakteur bei „Pardon", heute freier Schriftsteller in Köln.

Werke: „Industriereportagen" – „Unerwünschte Reportagen" – „Neue Reportagen" – „Ihr da oben – wir da unten" – „Ganz unten" – „Bild-Störung".

Wallraff verzichtet bewusst auf sprachlich künstlerische Darstellung, wie von der Grün sie anstrebt, sondern bevorzugt die Form des sachlichen Protokolls (Reportage, Dokumentation). So kann er Sprache stärker als Instrument politischer Agitation einsetzen. Er sieht es als seine Aufgabe an, über Missstände zu berichten (insbesondere in Industriebetrieben) und Kritik zu üben, damit die Betroffenen reagieren. Der Arbeiter ist für ihn der Ausgebeutete des Unternehmers.

Seine Informationen erhält Wallraff überwiegend aus persönlicher Anschauung, indem er sich anonym in Betriebe einschmuggelt, um dort als Arbeiter Erfahrungen zu sammeln. Ein Beispiel für diese veröffentlichten Arbeitserfahrungen sei ein Auszug aus:

„Am Fließband"

Eine Frau arbeitet mich ein. Sie ist schon vier Jahre am Band und verrichtet ihre Arbeit „wie im Schlaf", so sagt sie selbst. Ihre Gesichtszüge sind verhärtet wie bei einem Mann.

Nach zwei Tagen Einarbeiten wird die Frau versetzt zum Wagenwaschen. Sie fürchtet um ihre Hände, die vom Benzin ausgelaugt werden. Aber danach fragt keiner. Der Meister geht ihr aus dem Weg.

Punkt 15:10 ruckt das Band an. Nach drei Stunden bin ich selbst nur noch Band. Ich spüre die fließende Bewegung des Bandes wie einen Sog in mir. Wenn das Band einmal einen Augenblick stillsteht, ist das eine Erlösung. Aber um so heftiger, so scheint es, setzt es sich danach wieder in Gang. Wie um die verlorene Zeit aufzuholen.

Fortsetzung auf S. 158

Die Bandarbeit ist wie das Schwimmen gegen einen starken Strom. Man kann ein Stück dagegen anschwimmen. Das ist erforderlich, wenn man einmal zur Toilette muss oder im gegenüberliegenden Automaten einen Becher Cola oder heißen Kaffee ziehen will. Drei, vier Wagen kann man vorarbeiten. Dann wird man unweigerlich wieder abgetrieben.

J., vom Band nebenan, 49 Jahre, erinnert sich an frühere Zeiten: „Da ging es noch gemütlicher am Band zu. Wo früher an einem Band drei Fertigmacher standen, arbeiten heute an zwei Bändern vier. Hin und wieder kommt der REFA-Mann mit der Stoppuhr und beobachtet uns heimlich. Aber den kenne ich schon. Dann weiß ich: bald wird wieder jemand eingespart oder es kommt Arbeit dazu!" J. beklagt sich nicht. „Man gewöhnt sich daran. Hauptsache, ich bin noch gesund. Und jede Woche ein paar Flaschen Bier."

Einer von meinem Bandabschnitt erzählt, wie der dauernde Schichtwechsel „langsam, aber sicher" seine Ehe kaputtmacht. Er ist jung verheiratet – ein Kind – seit drei Monaten neu am Band.

„Wenn ich nach Hause komme, bin ich so durchgedreht und fertig, dass mich jeder Muckser vom Kind aufregt. Für meine Frau bin ich nicht mehr ansprechbar. Ich sehe kommen, dass sie sich noch scheiden lässt. Meine Frau ist jetzt für eine Zeitlang mit dem Kind zu ihrer Mutter gezogen. Das ist mir fast lieber so!"

Dass Wallraffs Proteste Aufsehen erregen, beweisen die heftigen Reaktionen der betroffenen Firmen. Ob er auch die betroffene Arbeiterschaft erreicht, kann bezweifelt werden. Auch kann man über die Art seiner Informationsbeschaffung unterschiedlicher Meinung sein, wenn er z. B. als Klosterschüler verkleidet einen Abt bespitzelt.

Franz Xaver Kroetz (geb. 1946)

Kroetz wurde in München geboren, erhielt eine Schauspielerausbildung und war Gelegenheitsarbeiter. Er ist in den letzten Jahren zum wohl meistgespielten jungen Dramatiker geworden. Unter seinen Werken seien genannt: „Heimarbeit" – „Stallerhof" – „Oberösterreich" – „Wildwechsel" – „Bauerntheater" – „Der Drang".

Franz Xaver Kroetz

Kroetz nimmt entschieden Partei für hilflose, unterdrückte Menschen, denen vor allem auch die Begabung und die Kraft fehlt sich und ihre Wünsche selbstständig auszudrücken. Seine Figuren sprechen nach, was ihnen vorgesagt wird – von Zeitungen, Reiseprospekten oder von Wohlhabenden und Gesunden, die die Schwachen missbrauchen. Kroetz zeigt in seinen kurzen Stücken rücksichtslos, wie weit entfernt Menschen unserer Gegenwart von Zufriedenheit oder Glück leben, welche Ängste es gibt, die in sinnlose Gewalt übergehen können.

Kroetz ist der typische Vertreter des neuen Volkstheaters. Seine Menschen sind keine Helden und die Handlungen seiner Stücke dem heutigen Alltag entnommen. So beschreibt er Bauern, Arbeiter, Handwerker, Alte und Junge – Mord, Schwangerschaftsprobleme, Erotik, kleine und große Vergehen in Stücken mit meist hoffnungsvollem Ausgang.

Ein Beispiel für seine Produktionen sei der Inhalt des Volksstückes:

„Das Nest"

- *Es handelt von einem Alltagspaar, dem Kraftfahrer Karl und seiner Frau Martha. Mit vielen Überstunden verdient er so viel, dass sie sich ein Kind leisten können. Dieser Bub soll es einmal besser haben. Für Karl scheint daher alles in Ordnung, auch dass er Fässer mit angeblich vergorenem Wein in den Teich schütten muss, den sie immer als Badesee benützen. Da erleidet das Kind in diesem Teich schwere Verbrennungen, denn bei dem angeblichen Wein handelte es sich um gefährliche Gifte. Als der Bub wieder gesund wird, zieht Karl endlich die Konsequenzen: Er will nicht länger nachgeben und der vom System „dressierte Affe" sein, sondern seinen Chef zur Verantwortung ziehen, auch wenn er dadurch seine Stelle verliert.*

Rolf Hochhuth (geb. 1931)

Er stammt aus Eschwege, absolvierte eine Buchhändlerlehre, war Verlagslektor. Seit 1963 wohnt er als freier Schriftsteller in der Schweiz.

Hochhuth ist einer der namhaftesten Vertreter des ***„Dokumentarischen Theaters"***. Er recherchiert historische Fakten genau, treibt Quellenforschung, berichtet exakt über große Figuren mit öffentlichem Ansehen und kritisiert.

Er erhebt jedoch keinen Anspruch auf großen literarischen Rang. So ist er erfolgreich, aber auch umstritten.

Weltbekannt wurde er 1963 mit seinem Drama **„Der Stellvertreter"**.

- *Es geht um das Verhalten von Papst Pius XII. angesichts der Greueltaten der Nazis in ihren KZ. Der Papst habe versagt, deshalb geht der Jesuitenpater Ricardo als sein Stellvertreter freiwillig ins Vernichtungslager Auschwitz. Es werden ungeheure Vorwürfe vorgebracht, der Papst weihe die Welt der unbefleckten Empfängnis, während er der Judenverfolgung tatenlos zusehe, er sei mehr an Aktien als an Christus interessiert, dessen Stellvertreter er ja sein will.*

Das Stück ist allerdings ein Monsterdrama, dessen Länge nur verkürzt eine Aufführung im Theater möglich macht.

In „Soldaten" beschreibt Hochhuth, wie Churchill deutsche Städte bombardieren lässt und in dem Zwiespalt von Macht und Moral versagt. Weitere Werke: „Guerillas" (linkstendenziöses Stück als Putschaufruf) – „Eine Liebe in Deutschland" (zwischen einer Deutschen und einem polnischen Kriegsgefangenen) – „Juristen" (in der Bundesrepublik Deutschland) – „Ärztinnen" – „Wessis in Weimar".

15.4.6 Die Dichtung in der ehemaligen DDR

Die politische Entwicklung seit dem Zweiten Weltkrieg führte dazu, dass in Deutschland zwei selbstständige Staaten mit unterschiedlicher Gesellschaftsordnung entstanden. Davon war die Kultur- und Literaturentwicklung aufs Stärkste betroffen, ja selbst die Umgangssprache war im Westen und Osten nicht mehr dieselbe. Kennzeichnend für die Geschichte der Dichtung in der DDR war, dass es dem einzelnen Schriftsteller nur sehr beschränkt möglich war, seine eigenen Ziele anzustreben. Vielmehr unterlag alles, was geschrieben wurde, der Kontrolle des Staates, und die SED als herrschende Partei erteilte dem Schriftstellerverband Richtlinien darüber, welche Themen und welche Formen erwünscht waren. So wurde etwa auf zwei „Konferenzen in Bitterfeld" (1959, 1964) die Losung „Greif zur Feder, Kumpel" ausgegeben und die berufsmäßigen Schriftsteller zur direkten Zusammenarbeit mit Industriebetrieben aufgefordert.

Jedoch haben gerade die begabtesten unter den Schriftstellern der ehemaligen DDR sich oft nur widerstrebend den Anordnungen der Partei gefügt und nicht selten Werke geschrieben, die im eigenen Staat unterdrückt und nur im Westen veröffentlicht wurden. Solche Spannungen gab es schon früh, auch zwischen so überzeugten Kommunisten wie Bert Brecht oder Anna Seghers einerseits und den Funktionären andererseits. Sie verschärften sich aber mit den Jahren so sehr, dass eine Reihe der bedeutendsten Dichter und Künstler die frühere DDR freiwillig oder unfreiwillig verlassen hat und zum Westen wechselte. Besonders an ihren Werken wird erkennbar, dass nur eine freie Entfaltung der Literatur, gerade auch wenn sie Kritik übt, den Menschen helfen kann sich besser zu verstehen und wirkliche Fortschritte zu erreichen.

Johannes R. Becher (1891–1958)

„Auferstanden aus Ruinen / Und der Zukunft zugewandt" – so begann die Nationalhymne der DDR, die Johannes R. Becher 1949 geschrieben hat. Der aus München stammende Lyriker, der die Jahre des Exils nach 1933 in Moskau verbracht hatte, hoffte wohl damals noch auf eine Erneuerung der ganzen deutschen Nation – allerdings eindeutig unter der Führung der kommunistischen Partei. Deren Mitglied war Becher seit ihrer Gründung 1918, und wenn er als Student auch eher mit religiösen Aufbruchs-Gesängen begonnen hatte, so war er doch während der Weimarer Republik schon ein literarischer „Parteisoldat" gewesen. Nach 1945 setzte er in der Sowjetzone bzw. der DDR in enger Zusammenarbeit mit den Russen den „sozialistischen Realismus" in allen Künsten durch. Als Präsident des „Kulturbundes zur Demokratischen Erneuerung Deutschlands", als Präsident der Akademie der Künste, als Herausgeber der Zeitschrift „Sinn und Forum" und seit 1954 sogar als Kultusminister war Becher der mächtigste Kulturpolitiker der frühen Jahre der DDR. Seine Dichtung freilich hatte die frühere revolutionäre Kraft verloren. Vor allem schrieb er Sonetten in der Art des Barock und der Klassik und verkündete in Aufsätzen, dass eine Versöhnung von Geist und Macht in der „Literaturgesellschaft" der DDR möglich sei – eine schlimme Täuschung.

Anna Seghers (1900–1983)

Die aus Mainz stammende Schriftstellerin hieß eigentlich Netty Radványi. Als Kommunistin war sie in ihrem Werk bewusst politisch und wollte den Leser mit radikalen Mitteln zum Sozialismus bekehren. Sie lebte in Berlin (Ost), war Präsidentin des deutschen Schriftstellerverbandes der ehemaligen DDR.

Der Roman „Das siebte Kreuz" von 1942 wurde in der ganzen Welt bekannt, in Deutschland allerdings erst nach 1945. Er ist „den toten und lebenden Antifaschisten" gewidmet.

- *Sieben KZ-Häftlingen gelingt es aus dem Lager auszubrechen, aber sechs fallen den Nazis wieder in die*
- *Hände und werden gekreuzigt. Nur einer entkommt ins rettende Ausland.*

Andere Werke sind die Novelle „Der Aufstand der Fischer von St. Barbara" und der Roman „Die Toten bleiben jung", worin Geschichte und eigenes Erleben der Schriftstellerin von 1918 bis 1945 gestaltet werden.

Erwin Strittmatter (1912–1994)

Er wurde in der Lausitz geboren, erlernte das Bäckerhandwerk und arbeitete in vielen Berufen. Im Zweiten Weltkrieg war er Soldat, nach dem Krieg Amtsvorsteher auf dem Lande, später Mitglied einer landwirtschaftlichen Genossenschaft und freier Schriftsteller. Strittmatter, der in der ehemaligen DDR vielfach ausgezeichnet wurde und hohe Ämter im Schriftstellerverband bekleidete, wollte ein Volksschriftsteller sein. Seine Erzählungen und Romane berichten vom Bauernleben der Gegenwart, besonders von den Auseinandersetzungen zwischen den Generationen, die von der kommunistischen Partei zum Teil veranlasst wurden. Strittmatters einfache, doch kräftige und lebhafte Sprache verschaffte seinem Drama „Katzgraben" und seinem Roman „Ole Bienkopp" auch dort Anerkennung, wo man seine Parteilichkeit ablehnen und sein Wirklichkeitsbild als zu stark vereinfacht beurteilen muss. Die „Laden"-Triologie, die Essenz eines erfahrungsreichen Lebens, entstand aus Dichtung und Wahrheit: aus Strittmatters unerschöpflicher Quelle der Erinnerung und jener Poesie, die Leben in Literatur verwandelt. Wenn Esau Matt seine eigenwillige Familie beschreibt, die Zerwürfnisse und Versöhnungen der Leute von Bossdom, ist der Alltag mit dem großen Zeitgeschehen verquickt: „Bossdom – ein Kosmos; was Menschen irgend geschehen kann, geschieht ihnen hier; wie Menschen sein können, so sind diese Dörfler". (Die Zeit)

Christa Wolf (geb. 1929)

Sie wurde in Landsberg (Warthe) geboren und wuchs dort und nach der Flucht in Mecklenburg auf. Sie studierte, arbeitete in einem Verlag und lebt heute als freie Schriftstellerin bei Berlin. Christa Wolf war überzeugt von der Richtigkeit des in der ehemaligen DDR eingeschlagenen Weges. Aber da ihr Interesse dem einzelnen Menschen und seinen Lebensschwierigkeiten gehört und sie vor schnellen Vereinfachungen zurückscheut, geriet sie wiederholt in Gegensatz zu den Staatsfunktionären.

Ein großer Erfolg, auch als Film, wurde ihr Roman „Der geteilte Himmel" (1963), der von einer Liebesgeschichte zwischen Berlin (Ost) und Berlin (West) handelt. Wie hier, so wird auch in den folgenden Hauptwerken („Nachdenken über Christa T.", 1968, und „Kindheitsmuster", 1976) der Handlungsablauf nur auf indirekte Weise, durch Erinnerung, erschlossen. Das „Nachdenken" darüber, wodurch menschliche Lebensläufe gesteuert werden und wie Schuld und Verantwortung zu bemessen sind, steht im Vordergrund. Der Leser wird in dieses Nachdenken, das zu keinen endgültigen Resultaten kommen kann, hineingezogen. Dabei verklammern sich Gegenwart und Vergangenheit, sie befragen einander. Nach der Wende versuchte sie Anfang 1990 in „Was bleibt" eine Rechtfertigung ihrer Regimetreue, die ihr sehr unterschiedliche Kritik einbrachte.

In der Erzählung „Störfall. Nachrichten eines Tages" nimmt sie zu einem aktuellen Ereignis Stellung, der Katastrophe von Tschernobyl. Ihr Thema ist die Problematik des technischen Fortschritts, die Frage nach der Überzogenheit der menschlichen Bedürfnisse.

„Sommerstück" (Roman).

Eine Hand voll Menschen, die sich in einem mecklenburgischen Dorf zusammenfinden, als suchten sie Zuflucht beieinander. Zurückgewiesen, an den Rand gedrängt, haben sie die Stadt hinter sich gelassen, den grau gewordenen Alltag. Jetzt zeigen sie einander die alten Bäume, die reetgedeckten Katen und die Wege, die zu ihnen führen. Gemeinsam erkunden sie die neue Umgebung, besichtigen „die kleinen Städte" an der Fernstraße, richten sich ein – und haben manchmal das Gefühl, nach Hause gekommen zu sein.

Die Tage, die gemeinsam verbrachten Sommerabende sind wie ein einziges nicht endendes Fest. „Wirklich geglaubt haben wir nicht, daß unsere Zeit begrenzt war!" Es ist, als lernten sie miteinander endlich das wirkliche Leben kennen. Ein neuer Anfang scheint möglich und mit ihm Freundschaft, Nähe, Glück. Alles Schöne scheint mit der Fähigkeit begabt sich viele Male zu wiederholen. (Klappentext, Luchterhand-Verlag)

Günter Kunert (geb. 1929)

Kunert lebt noch heute in seiner Heimatstadt Berlin. Er fand früh mit seinen Gedichten Anerkennung, die an Bert Brecht geschult sind und in Bildern zugleich eine Lehre vermitteln. Schwerer zu durchschauen sind seine knappen Erzählungen, in denen oft das Gewöhnliche ungewöhnlich und das Ungewöhnliche gewöhnlich erscheint. Sie zeigen stärker auch seinen Widerspruchsgeist gegen allen staatlichen Zwang.

Kunert erinnert immer wieder an die Vergangenheit des Krieges und er entdeckt im gegenwärtigen Alltag neue Gefahren für den Menschen. Darum gibt es keinen in sich geschlossenen Privatbereich, der frei wäre von Politik und Geschichte. Der folgende Text zeigt das, ähnlich einem „Zeitraffer" im Film:

Die Sonne scheint. Aus den Fenstern
Des neuen Hauses schauen die Frauen
Auf spielende Kinder. Über den
Himmel fliegt ein Flugzeug, über
Die Gesichter zieht ein Schatten.
Sie erinnern sich.

Reiner Kunze (geb. 1933)

Der Sohn eines Bergarbeiters stammt aus Oelsnitz/Erzgebirge. Er studierte Philosophie und Journalistik, war Dozent in Leipzig, wurde aber aus dem Universitätsdienst ausgeschlossen. Nach dem „Prager Frühling" Streit mit der SED, 1977 ausgewiesen. 1973 Büchner-Preis.

Kunzes Lyrik liegt in mehreren Sammelbänden vor, z. B. „Vogel über dem tau" (1959) – „Aber die nachtigall jubelt" (1962) – „Sensible wege" (1969) – „Auf eigene hoffnung" (1981).

Kurze Prosa: „Der Löwe Leopold" (1970), „Die wunderbaren Jahre" (1976).

In Kunzes Werk findet sich eine Lebenseinstellung, die starke Gegensätze zur Dichtung Kunerts aufweist: „Dem Intellekt Kunerts steht Kunzes Gefühl, seinem dialektischen Denken das Erlebnis, seinem Zorn der Schmerz und seiner Ironie die Klage gegenüber."

Sensible wege

Sensibel
Ist die Erde über den quellen: kein baum darf
gefällt, keine Wurzel
gerodet werden.

Die quellen könnten
versiegen

Wie viele bäume werden
gefällt, wie viele wurzeln
gerodet

in uns

Silberdistel

Sich zurückhalten
an der Erde

Keinen schatten werfen
auf andere

Im Schatten der anderen
leuchten

Nachhall

Hier wird nicht gespielt! Eure Zeit ist vorbei, geht nach Hause!

(Polizeistreife zu Jugendlichen, die am 8. August 1973, drei Tage nach Abschluß der Weltfestspiele, auf dem Alexanderplatz Gitarre spielten.)

Als Michael aus den Bierstuben kam, wirkte der Platz wie leergekippt. Unterhalb des Warenhauses sprang ein Motor an: Der Jugend-Müll wurde eben abgefahren. Und eine Scherbe schändete den Platz: er. Zwischen Posten, die dastanden wie schnell gewachsene Gehölze. Polizeigrün. Immergrün.

Seine Gitarre lag nicht mehr auf dem Brunnenrand. Sie hatten seine Gitarre. Sie hatten eine Geisel.

Der Polizist sagte: „Ihre Gitarre suchen Sie? Kommen Sie mit."

Während Michael im Gang des Polizeigebäudes neben den anderen stand, das Gesicht zur Wand und die Arme erhoben, wurde der Tag ausgeschrien. „Schuhe ausziehn! Wenn du nicht sofort die Schuhe ausziehst, kriegst du eins in die Schnauze, und wo die Pfote hinhaut, dort wächst kein Gras mehr!"

Sie hatten auf der Brunneneinfassung gesessen: Lehrlinge, Schüler, Rentner. Viele Passanten waren stehengeblieben und hatten ihnen Beifall gespendet, vor allem den beiden Ungarn. Der eine hatte fast Funken aus den Saiten geschlagen.

Auf dem Ordnungsstrafbescheid über 10 Mark, mit dessen Entgegennahme Michael um drei Uhr morgens sein Instrument auslöste, stand: Störung des sozialistischen Zusammenlebens (Spielen mit Gitarre).

Wolf Biermann (geb. 1936)

Biermann ist in Hamburg aufgewachsen, ging aus politischer Überzeugung in die DDR und wurde dort als Liederdichter und Sänger rasch bekannt. Weil er Freiheit auch für abweichende Meinungen forderte und die Staatsfunktionäre scharf kritisierte, durften seine Werke lange nur im Westen erscheinen und er selbst wurde von allem öffentlichen Leben ausgeschlossen. Dennoch wollte er in Berlin (Ost) bleiben. Nach einer Gastspielreise in die Bundesrepublik Deutschland wurde ihm 1976 die Rückkehr verwehrt. So lebte er bis 1990 in Hamburg, kehrte aber nach der Wende nach Berlin zurück.

Bei Biermanns Liedern, die für viele politische Lyriker vorbildlich wurden, fällt die Verbindung von Nachdenklichkeit und Witz auf, von lautem Angriff und Sehnsucht nach einer glücklichen Menschheit. Als ein Balladen-Sänger bedient er sich oft phantastischer Figuren und Bilder, um seine politische Botschaft zu verdeutlichen. Biermann hat aber auch die heute seltene Gabe, so einfach wie etwa ein Kirchenlieddichter im Barock, die Not und die Hoffnung der Menschen auszusprechen.

Dafür ein Beispiel:

Wann ist denn endlich Frieden

Wann ist denn endlich Frieden
In dieser irren Zeit
Das große Waffenschmieden
Bringt nichts als großes Leid

ES blutet die Erde
ES weinen die Völker
ES hungern die Kinder
ES droht großer Tod
ES sind nicht die Ketten
ES sind nicht die Bomben
ES
ist ja der Mensch
der den Menschen bedroht

Die Welt ist so zerrissen
Und ist im Grunde so klein
Wir werden sterben müssen
Dann kann wohl Frieden sein

ES blutet die Erde
ES weinen die Völker
ES hungern die Kinder
ES droht großer Tod
ES sind nicht die Ketten
ES sind nicht die Bomben
ES
ist ja der Mensch
der den Menschen bedroht

Nach der Wiedervereinigung äußerte sich Biermann verstärkt zur Stasi-Tätigkeit vieler seiner Kollegen in der ehemaligen DDR und über die Auseinanderssetzung der Öffentlichkeit mit der deutsch-deutschen Vergangenheit.

Sarah Kirsch (geb. 1935)

Im Harz geboren, arbeitete sie in einer Zuckerfabrik, studierte Biologie, dann Literatur in Leipzig. Bis 1977 lebte sie in Berlin (Ost), geriet in Konflikt mit der Kulturverwaltung und erhielt die Erlaubnis nach Berlin (West) umzuziehen. Heute lebt sie in Schleswig-Holstein. 1997, zum 200. Geburtsjahr der „älteren Schwester", erhielt sie den Droste-Preis.

Sarah Kirsch, „der Droste jüngere Schwester", gilt als die begabteste Lyrikerin der Gegenwart. Ihre Gedichte sind ausgezeichnet durch große Genauigkeit in der Beobachtung von Naturwelt und menschlichem Verhalten und zugleich durch die Kühnheit, mit der Erfahrung und Traum, Gegenwart, Vergangenheit und Zukunft zusammengefügt werden.

Sarah Kirsch

Dreistufige Drohung

Du willst jetzt gehn?
Das sag' ich dem Mond!
Da hat sich der Mond
im Großen Wagen verladen,
der fühlt mit mir, weißzahnig
rollt er hinter dir her!

Die Klinke drückst du?
Ich sag' es dem Wind!
Er schminkt dich
mit Ruß und Regen,
peitscht dich mit Hagelkörnern,
glasmurmelgroß.

Du mußt jetzt fort?
Gut, ich sag' es keinem.
Ich werde ohne Tränen
und Träume schlafen;
nichts hindert dich.

Erschließende Fragen:

1. *Womit droht die allein Gelassene in den Strophen 1 und 2?*
2. *Was bedeutet in Strophe 3 „Ich sag' es keinem" für das ganze Gedicht?*
3. *Ist das Gedicht – selbst in den Strophen 1 und 2 – jetzt noch eine Drohung?*

Schöner See Wasseraug

Schöner See Wasseraug ich lieg dir am Rand
spähe durch Gras und Wimpern, du
läßt mir Fische springen ihr Bauchsilber
sprüht in der schrägen Sonne die Krähe
mit sehr gewölbten Schwungfedern
geht über dich hin, deine Ufer
wähltest du inmitten heimischer Bäume
Kiefern und Laubwald Weiden und Birken
rahmen dich, kunstvolle Fassung
deines geschuppten Glases, aber am nächsten Morgen

ist die Sonne in Tücher gewickelt und fern
das andere Ufer verschwimmt, seine Hänge
sanft abfallende Palmenhaine
erreichen dich, du
einem langsamen Flußarm ähnlich
birgst Krokodile und lederne Schlangen
seltsame Vögel mit roten Federn
fliegen dir quellwärts, ich komm zur Hütte
rufe mein weißgesichtiges Äffchen und will
in dir die bunten Röcke waschen

wenn der Rücken mir schmerzt, wenn
die Sonne ganz aufgekommen ist
liegt der See in anderer Landschaft
er weiß alle jetzt hat er das Ufer der Marne
ein Stahlbrückchen eckige Häuser Büsche
mein schöner Bruder holt mich im Kahn
Fischsuppe zu essen er singt das Lied
vom See der zum Fluss wurde
aus Sehnsucht nach fremden Flüssen und Städten.

Die Luft riecht schon nach Schnee

Die Luft riecht schon nach Schnee, mein Geliebter
Trägt langes Haar, ach der Winter, der Winter der uns
Eng zusammenwirft steht vor der Tür, kommt
Mit dem Windhundgespann. Eisblumen
Streut er ans Fenster, die Kohlen glühen im Herd und
Du Schönster Schneeweißer legst mir deinen Kopf in den Schoß
Ich sage das ist
Der Schlitten der nicht mehr hält, Schnee fällt uns
Mitten ins Herz, er glüht
Auf den Aschekübel im Hof Darling flüstert die Amsel.

Heiner Müller (1929–1995)

Er wurde in Eppendorf (Sachsen) geboren. Kurz vor Kriegsende 1945 musste er zum Militärdienst und geriet in amerikanische Kriegsfangenschaft. In den Fünfzigerjahren war er als Buchhändler tätig, nach seiner Übersiedlung nach Ostberlin als Journalist. Neben seiner publizistischen Tätigkeit für dem Schriftstellerverband der DDR begann er, Theaterstücke zu verfassen. Seine Popularität erlaubte ihm eine Existenz als freier Schriftsteller. 1961 Ausschluss aus dem DDR-Schriftstellerverband (man warf ihm vor, in seinen Theaterstücken die DDR-Wirklichkeit unzureichend oder verfälscht darzustellen). Nach seiner Wiederaufnahme 1988 wurde er 1990 zum Präsidenten der Akademie der Künste in Ostberlin gewählt. Mit Theaterstücken wie „Germania Tod in Berlin" (1971) und „Hamletmaschine" (1977) avancierte er neben Botho Strauß zum zentralen, aber auch umstrittensten deutschen Dramatiker der letzten Jahrzehnte.

Weitere Werke: „Der Umsiedler oder Ein Leben auf dem Lande" (1961) – „Der Auftrag" (1979) – „Quartett" (1981) – „Germania 3" (1995).

Ulrich Plenzdorf (geb. 1934)

Er wurde als Sohn eines Arbeiters in Berlin-Kreuzberg geboren. Nach einigen Semestern Studium des Marxismus-Leninismus arbeitete er als Bühnenarbeiter bei der DEFA und studierte anschließend an der Filmhochschule in Babelsberg. Danach war er als Filmdramaturg tätig. Ein besonders erfolgreiches Drehbuch schrieb er für den Film „Die Legende von Paul und Paula" (1974).

Er war einer der profiliertesten und trotz seiner gesellschaftskritischen Anklänge meistgespielten Dramatiker der DDR. Bekannt wurde er auch in der Bundesrepublik vor allem durch das an Goethe anknüpfende Theaterstück „Die neue Leiden des jungen W." (1973). Das Stück bewirkte eine breite Diskussion über Lebensgefühl und Selbstverwirklichung der Jugend in der DDR.

Weitere Werke: „Kein runter, kein fern" (1984) – „Ein fliehendes Pferd" (1986) und „Ein Tag, länger als das Leben. Zeit der Wölfe. Zwei Stücke" (1991).

Stefan Heym (1913–2001)

Er wurde unter dem Namen Helmut Flieg in Chemnitz geboren. Nach der Machtergreifung Hitlers floh er in die USA. Nach einem Studium in Chicago wurde er Chefredakteur einer antifaschistischen Wochenzeitschrift in New York. In dieser Zeit erste Veröffentlichungen (meist in englischer Sprache). 1943 trat er in die amerikanischen Armee ein und nahm an der Landung in der Normandie teil. 1952 verließ er aus Protest gegen den Koreakrieg die USA und ging nach Ostberlin, wo er bis zu seinem Tode lebte.

Mit seinen Werken, in denen er die Beschneidung persönlicher Freiheit durch staatliche Sanktionen beschreibt, zog er sich den Unwillen der DDR-Führung zu. Die meisten seiner Werke konnten deshalb dort nicht veröffentlicht werden. Als sein Hauptwerk gilt „Fünf Tage im Juni", in dem er die Ereignisse des Aufstands am 17. Juni 1953 darstellt. Sein 1979 veröffentlichter Roman „Collin", in dem er die Verdrängung der stalinistischen DDR-Vergangenheit aufgreift, konnte nur in der Bundesrepublik erscheinen. Im selben Jahr wurde er aus dem Schriftstellerverband der DDR ausgeschlossen.

1994 erhielt er als Kandidat der PDS ein Direktmandat für den Deutschen Bundestag, einen Eintritt in die Partei lehnt er allerdings ab; als Alterspräsident hielt er am 10. Oktober 1994 die Eröffnungsrede bei der letzten Sitzung des 13. Bundestages im Berliner Reichstagsgebäude vor dem Umbau.

Weitere Werke: „Der König David Bericht" (1972) – „Schwarzenberg" (1984) – „Radek" (1995) und „Filz. Gedanken über das neueste Deutschland" (1992).

Bild mit weißen Linien, 1913 *Wassily Kandinsky (1866–1944) Russischer Maler*

15.4.7 Zeitenwende

Am 3. Oktober 1990 endeten vierzig Jahre deutsche Teilung. Für viele Schriftsteller war es nicht leicht, sich im wiedervereinten Deutschland neu zu orientieren. Einige bedeutende Dichter schwiegen in diesen ersten wichtigen Jahren nach der Wende. Manche Autoren lähmte die Konfrontation mit ihrer Stasi-Vergangenheit. Ansätze gab es u. a. durch Günter Grass („Ein Schnäppchen namens DDR", 1990; „Ein weites Feld", 1995), Christa Wolf („Was bleibt", 1990) und Thomas Brussig („Helden wie wir", 1995). „Der große Wiedervereinigungsroman" lässt noch heute auf sich warten. Das literarische Bewusstsein in Ost und West ist über zehn Jahre nach der Wende immer noch geteilt.

Immer mehr treten auch jüngere Autoren in den Vordergrund. Einigen wirft die Kritik vor, zu unpolitisch zu sein und nur eigene Befindlichkeiten zu behandeln. Aber gerade für junge Schriftsteller war das „Ich" schon immer der Mittelpunkt der Welt, siehe z. B. Goethes „Die Leiden des jungen Werthers", 1774 veröffentlicht.

Schwierig war es schon immer, die wirklich wichtigen Literaten aus der großen Zahl der Schreibenden auszuwählen. In der jetzigen Zeit, die durch neue Methoden der Veröffentlichung geprägt ist (Internet, Printing on demand), wird eine solche Auswahl fast unmöglich. Um herauszufinden, welche Literaten im angebrochenen 21. Jahrhundert Bestand haben werden, müssen die Leserinnen und Leser auf eigene Entdeckungsreise gehen.

Hier eine kleine Auswahl der „jüngeren" Autorinnen und Autoren:

Durs Grünbein, geb. 1962

Arnold Stadler, geb. 1954

Elfriede Jelinek, geb. 1946

Judith Hermann, geb. 1970

16 Anhang[1]

16.1 Stilmittel

Ein Werk der Dichtung ist nicht allein vom Inhalt, sondern insbesondere von der Form her zu erschließen. Zur Kunst der Interpretation gehört deshalb das Wissen um die wichtigsten Ausdrucksmittel (Stilmittel).

Die Metapher enthält im Gegensatz zum eindeutigen Begriff („Fluss", „Rede", „Abend") eine bildliche, übertragene Bedeutung („Redefluss", „Abendrot"). Unsere Sprache ist reich an solchen einfachen Metaphern. Immer enthalten sie einen Widerspruch in sich; ist der „Redefluss" eine Rede, ein Fluss? Die Metapher führt uns durch ihren Widerspruch über die Welt der eindeutigen Begriffe hinaus zu tieferer, reicherer Einsicht. Ältere Metaphern sind schon so in unseren alltäglichen Sprachgebrauch eingegangen, dass sie häufig gar nicht mehr bewusst werden. Doch sind sie bei der Interpretation ebenso untersuchenswert wie neuere, d. h. ungewöhnliche. Wenn Brentano („Abendständchen", S. 69) sagt: ***Golden*** wehn die ***Töne*** nieder, wie es ***süß*** zum Herzen ***spricht***; durch die Nacht ... ***blickt*** zu mir der ***Töne Licht*** – so nehmen wir die Dissonanz kaum noch wahr. Celans Metapher ***„schwarze Milch"*** erschrickt uns indes und deshalb beachten wir sie (Seite 126).

Das Bild ist weiter als die Metapher. Es umfasst oft eine ganze Strophe oder eine Passage eines Prosatextes. Auch das Bild führt uns zu tieferem Erleben, es ist unmittelbarer und eindringlicher als die rein feststellende Sprache. Es entstammt der Gefühlswelt und ist nicht ganz mit dem Verstande „auflösbar". Auch darin liegt sein Reiz.

Beispiel: Eichendorff, „Mondnacht" (Seite 68).

Viele Bilder sind ***Vergleiche***. Sie vereinen Gemeinsames aus verschiedenen Bereichen, wodurch sie das Nacherleben besonders eindringlich gestalten.

Beispiele: Augen wie Tollkirschen, eine Figur wie eine Groschenpuppe (Langgässer).

Bildcharakter hat auch das ***Symbol***. Seine Eigenart liegt in seiner starken Ausstrahlungskraft auf tiefere und Nebenbereiche. Einmal in einem Zusammenhang genannt, lässt es diesen vielfach durchdringen, Schichten aufdecken, die durch bloßes Feststellen nicht erreichbar wären.

Beispiel: „Traumwäscherei" in „Reklame" (Bachmann, Seite 149).

Chiffren sind zu verschlüsselten Zeichen verstellte Symbole. Sie sind fast aller modernen Lyrik eigen. Können die Symbole meist noch aus dem Zusammenhang des Textes allgemein verständlich gedeutet werden, so ist das mit den Chiffren nicht immer möglich. Oft gelingt ein „Lösen" der rätselhaften Worte erst nach mühevollem Dechiffrieren (Entziffern) oder eine Lösung ist objektiv nicht möglich, denn in eine Chiffre können unterschiedliche Sinngehalte hineingelegt werden.

Beispiel: Krolow, „Pappellaub": „Zuckt wie Schatten Vogelbalg, Spötterbrust, als winziger Strich: Ach, schon wird es Überfall, Wie sie blätter hin entwich" (Seite 148).

Figuren. Aus der Menge der schriftstellerischen Möglichkeiten seien nur einige „Figuren" genannt:

Wortstellung. Die deutsche Sprache kennt keine zwingend vorgeschriebene Folge von Satzteilen. So wird der Dichter je nach Absicht die Folge ändern. Jede Änderung der Stellung bewirkt andere Bedeutung; so ist ein Satz einmal mehr gefühlsbetont, einmal nüchtern, hebt einmal hervor, wirkt zurückhaltend, maßlos, maßvoll usw.

Beispiel: „Er hat nichts erreicht" – „Nichts hat er erreicht" – „Erreicht hat er nichts".

Übertreibung. Sie soll eine Steigerung des Ausdrucks bewirken, und zwar durch eindringliche Wiederholung oder stark gefühlsbetonte Wörter.

Untertreibung soll durch Milderung des Ausdrucks etwas verschleiern, was eigentlich gesagt werden soll (englisch = understatement).

Beispiel: „Er war nicht wenig erstaunt" = sehr

Beschönigung umschreibt Negatives auf mildernde Weise.

Beispiel: „entschlafen" für „sterben"

1 Vgl. dazu: Poetik in Stichworten, Hirt, Kiel 1980.

Aussparung von Unwichtigem, wodurch die Wirkung des Gesagten verstärkt wird.

Beispiel: *„Und ihr glaubt nicht auch, dass ich ...?" – Aussparung von Wichtigem wirkt gekünstelt. Beispiel: „Ich könnte dir manches verraten, aber ..."*

Rhetorische Frage ist nur scheinbare Frage, deren Beantwortung nicht erwartet wird. Sie dient der Steigerung, soll Spannung erzeugen und den Angesprochenen zum Mitdenken veranlassen. Sie ist auch ein beliebtes Stilmittel des Demagogen.

Beispiel: *„Was soll man aber dazu sagen, dass er davor nicht zurückscheut?"*

16.2 Rhythmus und Klang

16.2.1 Prosa

Sie ist verslose Dichtung. Wenn auch naturgemäß der Vers viel stärker in Rhythmus und Klang lebt, so lassen sich doch auch bei Prosatexten Übereinstimmungen von Form und Inhalt nachweisen. Auf einige Merkmale sei hingewiesen:

Steigerung enthält ein Gesamtsatz, wenn die entscheidende Aussage hinausgezögert wird. Das geschieht durch Einschieben von Teilsätzen oder Satzteilen, Pausen, Zurückgreifen auf den Anfang u. Ä. – Ein Text enthält keine Steigerung, wenn die lösende Aussage früh erfolgt, insbesondere also bei kurzen Gesamtsätzen.

Beispiel für Steigerung: Brecht, „Der verwundete Sokrates", 1. Gesamtsatz.

Unruhe beherrscht einen Text, wenn die Muße zur Beschaulichkeit, die Zeit zum Verweilen bei den kleinen Dingen fehlt, wenn er voll Unrast und Bewegung ist, wenn nervöse Erwartung vorherrscht.

Beispiele: Dramen, Balladen, die meisten Novellen.

Abwechslung bringt besonders der Wechsel von Haupt- und Gliedsätzen in die Textmelodie. ***Ruhig,*** manchmal eintönig, wirken Anreihungen von Hauptsätzen.

Tempi: Ein Text kann nach seinem Zeitmaß – entsprechend der Musik – sein: langsam, schreitend, leicht bewegt, mäßig bewegt, lebhaft, schnell.

16.2.2 Aus der Verslehre

Was den Vers von der Prosa unterscheidet, ist seine Gliederung nach ***Takten*** (Hebungen und Senkungen): Er ist gebundene Rede, metrisch (an Maße) gebunden.

Zwischen Prosa und Vers stehen Übergangsformen, z. B. die rhythmische Prosa und die freien Rhythmen, metrisch ungebundene, aber stark rhythmisch betonte Verse, deren Länge unterschiedlich sein kann.

Beispiel für freie Rhythmen: Enzensberger, „mit morgensternen ..." (Seite 156).

Die Verse setzen sich aus Wörtern zusammen, in denen Hebungen und Senkungen in einem bestimmten Rhythmus aufeinander folgen.

Hebungen sind betont (′), Senkungen unbetont (◡).

Die Versfüße. Man unterscheidet vier übliche Folgen von Hebungen und Senkungen. Sie heißen Versfüße. Man benennt sie mit griechischen Namen:

1. **Der Jambus** ist ein Versfuß, in dem eine Senkung und eine folgende Hebung verbunden werden (◡ ′): Im Nebel ruhet noch die Welt. ...
2. **Im Trochäus** werden eine Hebung und eine folgende Senkung verbunden (′ ◡): Freude, schöner Götterfunken ...
3. **Der Daktylus** ist ein Versfuß, in dem eine Hebung und zwei folgende Senkungen verbunden werden (′ ◡ ◡): Unbemerkt nahet die Göttin mir ...
4. **Im Anapäst** werden zwei Senkungen und eine folgende Hebung verbunden (◡ ◡ ′): Schau zurück und erkenn jene Küste ...

In der Dichtung wird nun eine bestimmte Anzahl von Versfüßen im Vers miteinander verbunden. So entstehen drei-, vier-, fünf- oder sechsfüßige Jamben, Trochäen usw. Unter diesen haben einige besondere Namen:

Der **„Blankvers“** ist ein fünffüßiger ungereimter Jambus:

Es eifre jeder seiner unbestochnen,
∪ ′ ∪ ′ ∪ ′ ∪ ′ ∪ ′ (∪)
Von Vorurteilen freien Liebe nach.
∪ ′ ∪ ′ ∪ ′ ∪ ′ ∪ ′ (Lessing)

Der **„Hexameter“** (Sechsfuß) ist ein Daktylus-Vers. Er hat jedoch nie ausschließlich daktylische Füße; nur der fünfte Fuß muss ein Daktylus und der sechste ein Trochäus sein:

Sing, unsterbliche Seele, der sündigen Menschen Erlösung,
′ ∪ ′ ∪∪ ′ ∪ ∪ ′ ∪∪ ′ ∪∪ ′ ∪
Die der Messias auf Erden in seiner Menschheit vollendet.
′ ∪ ∪ ′ ∪∪ ′ ∪∪ ′ ∪ ′ ∪ ∪ ′ ∪ (Klopstock)

Das **„Distichon“** ist eine Verbindung von Hexameter und Pentameter (Fünffuß). Genau genommen ist der Pentameter ein Sechsfuß, aber da der dritte und der sechste Fuß aus nur einer Hebung bestehen, zählt man sie zusammen als einen Fuß:

Im Hexameter steigt des Springquells flüssige Säule,
′ ∪ ′ ∪∪ ′ ∪ ′ ∪ ′ ∪∪ ′ ∪
Im Pentameter drauf fällt sie melodisch herab.
′ ∪ ′ ∪∪ ′ ′ ∪ ∪ ′ ∪ ∪ ′ (Schiller)

Reimformen

Männliche Reime sind einsilbig (fest): kann – Mann; ***weibliche*** Reime sind mehrsilbig (klingend): geblieben – vertrieben; ***Stabreim*** (Alliteration) liegt vor, wenn in einem Vers zwei oder mehr Wörter denselben betonten Anfangsbuchstaben haben (Seite 6). Im Unterschied dazu: ***Endreim*** (Gleichklang vom letzten betonten Vokal eines Verses an: grün – blühn; Unterlass – Gras; grüßen – sprießen; Geläute – Weite).

Reimfolgen

Nach der Stellung der Reimsilbe am Ende des Verses unterscheidet man:

paarige Reime: a–a–b–b (z. B. Liliencron, „Die Musik kommt“, S. 89). ***Kreuzreime:*** a–b–a–b (z. B. Britting, „Nach dem Regen“, Seite 116). ***Haufenreime:*** a–a–a–b–b–b, ***dreifache Reime:*** a–b– c–a–b–c und viele andere mehr.

16.2.3 Der Rhythmus

Der Rhythmus schwingt über die Takte hinaus und umfasst oft den ganzen Vers oder gar mehrere. Er wird besonders verdeutlicht durch die (Sprech-)***Pause:***

Am grauen Strand, am grauen Meer Und abseits liegt die Stadt; /
Der Nebel drückt die Dächer schwer, /
Und durch die Stille braust das Meer Eintönig um die Stadt. / (Seite 79)

Aber auch die Betonung formt den Rhythmus. Sie ist, soll sie wirken, nur sparsam anzuwenden; betont ein Rezitator alles, so betont er in Wirklichkeit nichts.

Rhythmusarten[1]

Fließender Rhythmus: schwache Hebungen, keine starken Pausen, sondern Weiterdrängen.

Beispiel: *Hofmannsthal, „Terzine“ (Seite 97).*

Bauender Rhythmus: Aufstieg zu abschließendem Reimpaar, das aufstreben lässt: regelmäßigere Pausen und Strophen als beim fließenden Rhythmus; fester gefügt.

Beispiel: *Kaschnitz, „Der Vater“ (Seite 147).*

1 Vgl. W. Kayser, Kleine deutsche Versschule, Bern, 1946.

Spröder Rhythmus: unterschiedlich lange Rhythmen, starke Pausen und Hebungen, abfallende Senkungen.

Beispiel: *Bachmann, „Reklame" (Seite 149).*

Tänzerischer Rhythmus: dem fließenden verwandt, aber stärkere Hebun- gen und Pausen.

Beispiel: *„Wie der Regen tropft, Regen tropft, / An die Scheiben klopft! / Jeder Strauch ist nass bezopft." (Britting)*

16.3 Gattungsformen

Man unterscheidet gemeinhin vier Hauptformen der Dichtung: epische, didaktische, lyrische und dramatische. Das können allerdings immer nur Hilfsbegriffe sein, die eine gewisse Ordnung in die Vielfalt der Formen zu bringen vermögen; jedes Werk enthält verschiedene Gattungsformen (ein Roman kann z. B. ausgesprochen lyrische Stellen aufweisen); doch ist eine Dichtung in den meisten Fällen ***vornehmlich*** der einen oder anderen Gattung zuzuordnen.

Epische Dichtung (Epik) ist erzählende Dichtung. Ihre Kennzeichen sind:

a) Der Dichter erzählt uns etwas Vergangenes; er geht nicht selbst in der Stimmung oder im Inhalt auf, sondern steht der Handlung gegenüber.

b) Der Dichter spricht anschaulich und eindringlich, sodass wir zum Mitspiel aufgefordert werden.

c) Die Geschehnisse führen zwar zu einem Ziel hin, werden jedoch ausführlich verweilend dargestellt.

Didaktische Dichtung (Didaktik) umfasst Übergangsformen zwischen Epik und Lyrik.

Lyrische Dichtung (Lyrik) ist der Musik in Rhythmus und Klang verwandt. Der Dichter geht selbst in Stimmung und Inhalt auf, steht dem Werk nicht gegenüber. Die tiefen seelischen Regungen des Dichters können letztlich nicht geklärt, sondern nur erahnt werden.

Dramatische Dichtung (Dramatik) ist „handelnde" Dichtung, Bühnendichtung, bei der zum Wort die Gebärde (Mimik) gehört. Sie ist Bühnendichtung mit spannungsgeladenem Dialog. Ein weiteres Element ist der Kampf, der ein äußerer sein kann und dann zwischen den Menschen ausgetragen wird – oder ein innerer zwischen einander widerstrebenden Neigungen im Seelenleben eines Menschen.

16.3.1 Die epische Dichtung

Die Anekdote ist eine kurze Erzählung, entweder um eine geschichtliche Persönlichkeit oder eine Begebenheit, an deren Ende plötzlich verborgene Zusammenhänge erkennbar werden. Die Begebenheit ist historisch belegbar oder könnte sich doch in Wirklichkeit so ereignet haben. Ort, Zeit und Personen werden meistens genannt.

Beispiele: *Moltke, „Der Araber und sein Pferd" – Hebel, „Unverhofftes Wiedersehen" – Anekdoten um Luther, J. S. Bach, Bismarck, um den Alten Fritz (und in neuerer Zeit um viele bekannte Persönlichkeiten).*

Das Epos ist die Urform erzählender Dichtung. Es ist eine längere Erzählung in sich gleichmäßig wiederholenden Versen und berichtet Ereignisse aus dem Leben eines Volkes oder seiner Helden, die typisierte Gestalten sind. Wir finden das Epos nach dem Vorbild Homers (Odyssee) zuerst als Volksepos (Heldenepos) oder als Kunstepos (höfisches Epos) zur Ritterzeit.

Beispiele: *„Nibelungenlied" (S. 12 f.) – „Der arme Heinrich" (Hartmann von Aue, S. 14) – „Tristan und Isolde" (Gottfried von Straßburg, S. 14) – „Parzival" (Wolfram von Eschenbach, S. 15).*

Die Erzählung ist in ihrem Wesen nicht eindeutig bestimmbar, da ja im Grunde jede epische Form eine Erzählung ist. Zumindest kann definiert werden: sie ist schlicht und kurz, sozusagen in einem Zuge zu „erzählen", enthält nur einen begrenzten Lebensabschnitt, der jedoch anschaulich dargestellt wird.

Beispiele: *„Der Geizhals" (Jeremias Gotthelf) – „Gerechtigkeit" (Werner Bergengruen) – „Der andorranische Jude" (Max Frisch).*

Das Heldenlied bestand nur in „vorliterarischer" Zeit vom 4. bis zum 8. Jahrhundert. Einziges erhaltenes Beispiel ist das „Hildebrandslied" (Seite 7). Andere sind überliefert. Das Heldenlied beschreibt, wie ein

Recke durch ein übermächtiges Geschick vernichtet wird. Obwohl er weiß, dass er unterliegen wird, weicht er dem Kampf nicht aus – das wäre eines Recken unwürdig.

Die Kurzgeschichte ist eine Gattung, die in ihrer modernen Form bei uns erst nach dem Zweiten Weltkrieg (in Anlehnung an die englisch-amerikanische „Short-story“) entwickelt wurde. Bedeutendstes Vorbild war Ernest Hemingway. Merkmale der Kurzgeschichte sind: Sie ist am Anfang und am Ende „offen“, d. h., sie hat keine Einleitung und wirft am Ende Fragen auf; der Text ist stark symbolhaltig, das vordergründige Geschehen birgt einen hintergründigen Sinn.

Der Dichter gestaltet einen Krisenaugenblick „eines Lebens in äußerster Kürze so, dass dadurch ein Blick in das Ganze des Lebens getan wird. Der Inhalt ist ein Augenblick innerer oder äußerer Gefährdung für den Menschen, der entweder durch ein Ereignis vernichtet wird oder zu dem Ereignis eine innere Haltung einnimmt und es damit seinem Lebensgang und -sinn einfügt. Die Menschen sind Menschen des Alltags, die keine Entwicklung durchmachen, sondern in Grenzsituationen geraten, aber zugleich Muster, die für viele andere stehen.“ (Helmich)

Beispiele: *Böll, „Wanderer, kommst du nach Spa ...“ – Borchert, „An diesem Dienstag“ – Schnurre, „Ein Fall für Herrn Schmidt“ – Lenz, „Jäger des Spotts“ – Langgässer, „Saisonbeginn“ – Kaschnitz, „Popp und Mingel“.*

Die Legende ist der Sage verwandt, von der sie sich dadurch unterscheidet, dass sie religiösen Inhalts ist: Sie erzählt in volkstümlicher Art vom Leben Christi, der Apostel und Heiligen. Sie soll den Christen erbauen, indem sie von Gottes Liebe und dem Glaubensmut der Heiligen berichtet.

Beispiele: *Goethe, „Das Hufeisen“ – W. Schäfer, „Der Mönch von Heisterbach“ – „Sankt Christophorus“.*

Das Märchen ist eine kurze, frei erfundene Erzählung, die weder zeitlich noch räumlich gebunden ist, noch Wirklichkeitscharakter besitzt; vielmehr ist sie voller phantastischer Ereignisse, die sich gar nicht haben ereignen können, weil sie gegen die Naturgesetze verstoßen.

Das Märchen lebt in einer magischen Welt, die jedoch glaubhaft wirkt durch genaue Beschreibung und wörtliche Rede. Zauberformeln tragen nicht wenig dazu bei. Sein Aufbau ist meist dreifach: gespannte Erwartung — Mittelstück, in dem oft drei Aufgaben zu lösen sind – Wende. Der Grundton des europäischen Märchens ist optimistisch: Der Held ist siegreich, das Böse wird bestraft, die Welt ist gut – trotz mancher grausamen Züge.

Volksmärchen sind alt und wurzeln in der Volksseele, sie sind durch mündliche Überlieferung vielfach verändert (z. B. die „Kinder- und Hausmärchen“ der Brüder Grimm, die jedoch nicht alle „Märchen“ sind).

Die jüngeren ***Kunstmärchen*** sind vom Dichter geschaffen und in ihrem Inhalt endgültig festgelegt. Künstlerische Höhe erreichen sie in der Romantik (Brentano, E. T. A. Hoffmann).

Die Novelle ist beeinflusst durch den Italiener Boccaccio und den Spanier Cervantes (Seite 33). Ihre typische Gestalt erhielt sie durch Kleist (Seite 61 ff.). Folgende Merkmale charakterisieren sie:

1. Im Gegensatz zum Roman, der mehrere Handlungen verbindet, berichtet sie nur von einem entscheidenden Ereignis im Leben eines Menschen; von diesem Vorfall her wird das Leben des „Helden“ beleuchtet. – 2. Das Ereignis bedeutet Krisen- und Wendepunkt im Leben des Helden. Hier wird er zur Entscheidung gezwungen. Diese gibt Aufschluss über seinen Charakter. – 3. Oft spielt ein „Dingsymbol“ eine entscheidende Rolle in der Krise oder der ganzen Novelle (z. B. die Buche in der „Judenbuche“ von Droste-Hülshoff). – 4. Der Stoff ist äußerst konzentriert, es gibt kein gemächliches Verweilen wie im Roman. Wegen des Vorandrängens der Handlung ist die Novelle eher dem Drama als dem Roman verwandt: Die Einleitung ist knapp, die Hinführung zum Höhepunkt geschieht geradlinig ohne Umschweife, der Abfall wird kurz bis zum Ausgang skizziert.

Beispiele: *Kleist, „Michael Kohlhaas“ – Droste-Hülshoff, „Die Judenbuche“ – G. Keller, „Kleider machen Leute“ – C. F. Meyer, „Der Schuss von der Kanzel“ – G. Hauptmann, „Bahnwärter Thiel“ – Bergengruen, „Die drei Falken“.*

Der Roman hat sich aus dem Epos des Mittelalters entwickelt. Zunächst wird die Form verändert (13. Jahrhundert): Der Vers wird zu Prosa.

Dann geschieht die innere Wandlung: Der Dichter erzählt nicht mehr das Schicksal eines typisierten Helden oder eines Volkes, sondern die seelische Entwicklung eines einzelnen Menschen. (Starken Einfluss hatte der spanische Amadisroman [Seite 29].) Die seelische Entwicklung geschieht in der Auseinandersetzung mit der Gesellschaft, deshalb beschreibt der Roman meist auch eine bestimmte Epoche. Der Roman ist seit der Mitte des 19. Jahrhunderts die Großform in Prosa, die verbreitetste, weil beliebteste Form der epischen Dichtung.

Eine besonders in Deutschland gepflegte Gattung ist der ***„Entwicklungsroman"*** (Bildungs-, Erziehungsroman). Im Mittelpunkt steht die innere Entwicklung (Reifung) eines Menschen von der Jugend bis zum Alter.

Ein Doppelgänger des dichterischen Romans hat heute weite Verbreitung gefunden: der Unterhaltungs- und Kitschroman. Er erzeugt zur Lösung einer verwickelten oberflächlichen Handlung lediglich äußere Spannung. Die meisten Illustrierten-, Abenteuer- und Kriminalromane gehören dazu.

Beispiele: *(Entwicklungsromane): Grimmelshausen, „Simplizissimus" – Goethe, „Wilhelm Meister" – G. Keller, „Der grüne Heinrich".*

Die Romanze ist das romantische Gegenstück zur Ballade. Zwar unterscheiden sie sich nicht formal, aber inhaltlich: Während die Grundstimmung der Ballade düster ist, ist die der Romanze heiter. Seit dem 19. Jahrhundert wird sie in Deutschland kaum noch gepflegt.

Beispiele: *Brentano, „Romanze vom Rosenkranz" – Mörike, „Mozart auf der Reise nach Prag".*

Die Saga ist eine isländische Familiengeschichte, von denen eine größere Zahl im 12.–14. Jahrhundert niedergeschrieben wurde, nachdem sie lange Zeit inhaltsgetreu von Geschlecht zu Geschlecht weitererzählt worden waren. Die Gestalten der Sagas haben also wirklich gelebt, enthalten sie doch am Anfang Namen, Vorfahren und Ort der Ereignisse, damit jedermann den Wahrheitsgehalt nachprüfen konnte. – Die Sprache ist sachlich, kühl (Leidenschaften sind nur zu erahnen), mit strengem Sinn für das wirkliche Geschehen, ohne Übertreibung und Dazudichtung.

Die Sage spielt im Gegensatz zum Märchen an einem bestimmten Ort und zu einer bestimmten Zeit; auch ist sie meist auf einen geschichtlich bekannten Fall zurückzuführen. So erhebt sie Anspruch darauf, für wahr gehalten zu werden. Formal ist sie ein schmuckloser, an den wichtigsten Stellen mit Nachdruck vorgetragener Bericht. Außer ***Volkssagen*** (Kyffhäusersage, Rübezahl) besitzen wir eine alte ***Heldensage,*** das „Hildebrandslied" (Seite 7). Als spätere Heldensagen sind uns in Form der mitteldeutschen Heldenepen das „Nibelungenlied" (Seite 12 f.) und das „Gudrunlied" (Seite 13 f.) erhalten. Germanische ***Göttersagen*** sind uns nur durch die mittelbare Quelle der „Edda" (S. 7) überliefert.

Der Schwank ist eine kurze Geschichte in witzig-humorvoller Form. Ihr bevorzugter Inhalt ist menschliche Dummheit, Eitelkeit, Prahlsucht, Gerissenheit, der betrogene Betrüger. Der Schwank will unterhalten. Typisch sind seine gehäuften Eigenschaften und Ereignisse (Eulenspiegel, Münchhausen, die Schildbürger).

16.3.2 Die didaktische Dichtung

Das Epigramm ist ein vom Dichter in eine kurze Form gegossener Gedanke (siehe Lessing, „Wer wird nicht einen Klopstock loben, ...", Seite 38).

Der Essay (Versuch, Abhandlung) steht zwischen Literatur und wissenschaftlicher Abhandlung. Er erhebt im Inhalt wissenschaftliche Ansprüche, entspricht aber sprachlich und gestalterisch dichterischen Anforderungen.

Beispiel: *Schopenhauer, „Von der Höflichkeit".*

Die Fabel ist eine Schilderung, in der meist Tiere wie Menschen reden und handeln. Sie will eine allgemeine Lebensweisheit verdeutlichen. Tiere eignen sich für solch umschreibende Belehrung besonders: Der Dichter belässt ihnen die Gestalt, die menschlichen Eigenschaften werden ihrem Verhalten entnommen (Fuchs – List; Esel – Dummheit).

Vom Griechen Äsop, dem größten der Fabeldichter, gelangten sie über den Franzosen Lafontaine zu uns. Luther, Sachs, Gellert und Lessing sind die größten deutschen Fabeldichter.

Beispiele: *Luther, „Der Fuchs" – Lessing, „Die Geschichte des alten Wolfs in sieben Fabeln".*

Die Parabel ist eine Erzählung, in der eine Lebensweisheit durch ein Gleichnis veranschaulicht wird.

Beispiel: *Lessings „Ringparabel" (Seite 40)* .

Die Satire hält dem Menschen den Spiegel der Kritik vor Augen, aus dem er seine Fehler erkennen kann.

Beispiel: *E. Roth, „Kleiner Unterschied".*

Das Sprichwort ist eine Kurzform der didaktischen Dichtung. Es beinhaltet eine Lebensweisheit und findet dafür passende klangliche Formen: „Steter Tropfen höhlt den Stein". – Im Gegensatz dazu enthält die ***Redensart*** keine Lebensweisheit: „Das Wasser steht ihm bis zum Halse".

16.3.3 Die lyrische Dichtung

Die Ballade stammt aus Südeuropa, wo sie ein heiteres Tanzlied war. In Deutschland ist sie seit Bürger (Seite 42) ein düsteres, unheimliches Gedicht, das lyrische, dramatische und epische Elemente enthält: lyrisch ist die Musikalität des Rhythmus, dramatisch sind die Dialoge, der Kampf, episch ist die Erzählweise.

Man unterscheidet nach ihrer Herkunft Volks- und Kunstballaden. Die ***Volksballaden*** wurden besonders im 16. Jahrhundert aufgezeichnet. Sie waren (Volks-)Abwandlungen von germanischen Heldenliedern: „Et wassen twe künnegeskinner", „Lilofee". ***Kunstballade:*** Mit Bürger (S. 42) begann eine Entwicklung (Lenore), die mit Goethe, Mörike und C. F. Meyer ihren Höhepunkt erreichte. Arten der Kunstballade:

Heldische Balladen sind geprägt von heroischem Verhalten: Der Held ist ausgezeichnet durch Tapferkeit, Treue, Opferbereitschaft und Liebe. Diese Balladen haben ihren Ursprung im germanischen Heldenlied.

Beispiele: *Schiller, „Die Bürgschaft" – C. F. Meyer, „Die Füße im Feuer".*

Magische Balladen. Der Mensch begegnet dem Unfassbaren, wodurch die Ballade zugleich anziehend und erschreckend wirkt, spannungsgeladen und Furcht erregend. Sie hat einen „unteren" Vorgang (die vordergründige Handlung) und einen „oberen" (das Unfassbare, Übersinnliche). Man unterscheidet die magischen Balladen nach:

naturmagischen Balladen: Goethe, „Der Erlkönig" – Droste-Hülshoff, „Der Knabe im Moor" – Mörike, „Der Feuerreiter";

totenmagischen Balladen: Bürger, „Lenore" – Miegel, „Die schöne Agnete";

Schicksalsballaden: Schiller, „Die Kraniche des Ibykus" – Heine, „Belsazar" – Fontane, „Gorm Grymme" – „Die Brücke am Tay".

Psychologische Problemballaden entstanden zu Beginn dieses Jahrhunderts. Sie sind in ihren geheimnisvollen und Furcht erregenden Elementen den magischen verwandt, doch die Probleme sind in das Seelenleben der Menschen verlegt.

Beispiele: *Hebbel, „Der Heideknabe" – Miegel, „Die Frauen von Nidden".*

Die Elegie ist ein Gedicht in wehmütig-klagendem Grundton.

Beispiel: *Goethe, „Wanderers Nachtlied" (Seite 45).*

Die Hymne ist eine Ode mit religiösem Gehalt. Daneben gibt es auch solche, in denen Erhabenes in feierlich-ernsten Worten wiedergegeben wird. Hier sind dann Hymne und Ode identisch.

Beispiele: *Klopstock, „Messias" (Seite 37) – Schiller, „An die Freude" (Seite 52).*

Das Lied ist die älteste Form der Lyrik. Es ist schlicht und volkstümlich. Typisch ist seine Sangbarkeit; deshalb lässt sich sein tiefster lyrischer Gehalt nur dann erschließen, wenn es gesungen wird.

Das ***Volkslied*** ist im Volke weit verbreitet. Es wurde nicht etwa vom Volke gedichtet, denn dichten kann nur ein Einzelner. Der Name des Dichters ist freilich meist vergessen. Der Name „Volkslied" stammt von Herder (S. 42).

Das ***Kunstlied*** ist ein Lied, dessen Dichter bekannt ist. Es erlebte seine Blüte im 18. Jahrhundert.

Beispiele: *Goethe, „Sah ein Knab ein Röslein stehn" – Claudius, „Der Mond ist aufgegangen" – Eichendorff, „In einem kühlen Grunde" – Heine, „Ich weiß nicht, was soll es bedeuten".*

Minnesang (siehe Seite 16)

Meistergesang (siehe Seiten 23 f.)

Die Ode ist ein Gedicht, das in feierlicher Begeisterung Liebe, Freundschaft, Freiheit, Natur, Vaterland u. a. besingt.

Beispiel: *Schiller, „An die Freude" (Seite 52).*

Das Sonett ist allein vom Vers her zu bestimmen: Es enthält zunächst zwei Strophen mit je vier 5- bis 6-füßigen Jamben und anschließend zwei Strophen mit je drei 5- bis 6-füßigen Jamben.

Beispiele: *Gryphius, „Es ist alles eitel" – R. Schneider, „Allein den Betern kann es noch gelingen".*

16.3.4 Die dramatische Dichtung

Die Gattungen des Dramas

Das Trauerspiel (Tragödie) ist die älteste Form des Dramas; es geht auf die großen griechischen Dichter zurück. In der Tragödie kämpft der Held gegen die Umwelt oder seine Leidenschaften an und unterliegt (Tragik). In der Antike wurde diese Tragik durch Einflüsse herbeigeführt, die außerhalb des Helden lagen (etwa: Ein König hat Macht über den Helden); seit Shakespeare (Seite 32) jedoch ist der Konflikt in das Innere des Helden verlegt (etwa: Er schwankt zwischen Pflicht und Leidenschaft). So ist Shakespeare der Schöpfer des modernen Trauerspiels (vgl. auch Lessing, Seite 38 f.).

Beispiele: *Shakespeare, „Hamlet" – Lessing, „Emilia Galotti" (Seite 39) – Goethe, „Götz von Berlichingen" (Seite 47 f.) – Schiller, „Maria Stuart" (Seite 57) – Büchner, „Woyzeck" (Seite 83) – Frisch, „Andorra" (Seite 135).*

Das Schauspiel ist eine Sonderform der Tragödie: Das befürchtete „Tragische" wird überwunden. Es enthält andererseits keine Elemente des Lustspiels. Bei ernstem Charakter ist sein Ausgang versöhnlich.

Beispiele: *Lessing, „Nathan der Weise" (Seite 40) –Schiller, „Wilhelm Tell" (S. 59) – Kleist, „Prinz Friedrich von Homburg" (Seite 62 f.) – Brecht, „Mutter Courage und ihre Kinder" (Seite 106).*

Das Lustspiel (Komödie) ist ein Drama, dessen Held entweder durch eigenes Verschulden (Eitelkeit, Eigensinn usw.) oder durch äußere Verhältnisse in Komplikationen verstrickt wird. Der Ausgang ist immer glücklich. Zwar ist der Gang der Handlung durchweg heiter, es treten jedoch auch Konflikte auf, die bis an die Grenze des Tragischen gehen. Große Komödien schöpfen ihre Dramatik aus diesem Spannungsverhältnis.

Beispiele: *Lessing, „Minna von Barnhelm" (Seite 39) – Kleist, „Der zerbrochene Krug" (Seite 62) – Grillparzer, „Weh dem, der lügt" (Seite 73 f.) – Hauptmann, „Der Biberpelz" (Seite 87).*

Der Aufbau des klassischen Dramas

Das klassische Drama lässt sich zunächst nach drei Abschnitten gliedern: Einleitung der Handlung – Mittelteil – Entscheidung. Da der Mittelteil der wichtigste des Dramas ist (der Dichter schildert hier den Kampf des Helden, der entweder mit seinem Untergang oder dem Sieg entschieden wird), kann man ihn nochmals dreifach unterteilen: Verwicklung – Höhepunkt – Krisis (s. Schaubild).

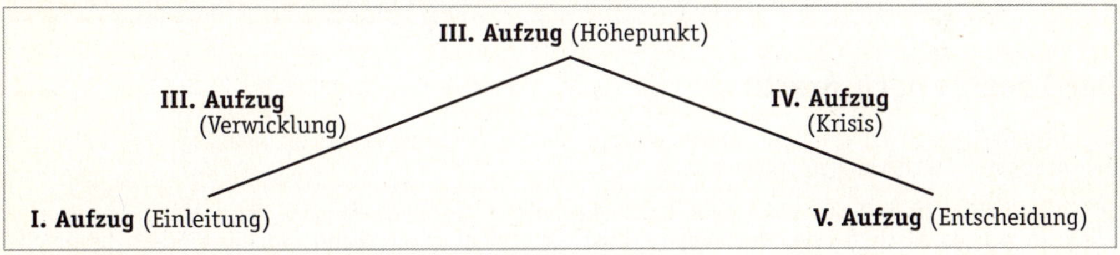

Dieser fünffachen Aufteilung entsprechen die Aufzüge:

I. Aufzug: macht mit den zeitlichen, örtlichen und persönlichen Verhältnissen bekannt. Der wache Zuschauer entdeckt schon hier das „erregende Moment", aus dem sich dann der Konflikt entwickelt.

II. Aufzug: Einander widerstrebende Handlungen oder Meinungen werden erkennbar.

III. Aufzug: Die widerstrebenden Handlungen und Meinungen arten in offenen Konflikt aus. Daraus entwickelt sich der Ansatz zur Wende.

IV. Aufzug: Der Höhepunkt fällt ab zur unausweichlichen Entscheidung.

V. Aufzug: Jetzt vollzieht sich das Schicksal des Helden: Er siegt oder wird vernichtet.

Brechts episches Theater

Bert Brecht (Seite 105 f.) entwickelte als Gegensatz zum klassischen („aristotelischen") ein neues Theater, das „epische". Nach seiner Ansicht betäubte, verzauberte das alte Theater den Zuschauer durch Illusionen und „beschlagnahmte" ihn ganz – das epische Theater soll ihn hingegen auffordern mehr teilzuhaben am Bühnengeschehen. Deshalb löst Brecht den Handlungsverlauf zunächst einmal aus dem festen (aristotelischen) Aufbau von fünf Aufzügen und reiht erzählend (= episch) Bilder lose aneinander, wodurch der Zuschauer mehr die flutende Folge des Lebens als das feste Gefüge von Einführung, Verwicklung, Höhepunkt, Krise und Entscheidung einer Handlung erlebt. Dadurch wird das Stück dynamischer. – Brecht verwendet außerdem eingeblendete Belehrungen an den Zuschauer; der Schauspieler „spielt" nicht seine Rolle, sondern „führt sie vor", die Bühne ist keine andere Welt, sondern steht mitten im Leben. – Ein weiteres Mittel ist für Brecht der „Verfremdungseffekt", der ein Schockeffekt ist. Er lässt den Gegenstand zwar erkennen, aber zugleich fremd erscheinen. Das Bekannte, Vertraute wird zweifelhaft; der Zuschauer denkt deshalb darüber nach. Brecht stellt das neue dem alten Theater wie folgt gegenüber:[1]

Dramatische Form des Theaters	***Epische Form des Theaters***
Die Bühne „verkörpert" einen Vorgang	*sie erzählt ihn*
verwickelt den Zuschauer in eine Aktion	*macht ihn zum Betrachter, aber*
und	
verbraucht seine Aktivität	*weckt seine Aktivität*
ermöglicht ihm Gefühle	*erzwingt von ihm Entscheidungen*
vermittelt ihm Erlebnisse	*vermittelt ihm Kenntnisse*
der Zuschauer wird in eine Handlung hineinversetzt	*er wird ihr gegenübergesetzt*
es wird mit Suggestion gearbeitet	*es wird mit Argumenten gearbeitet*
die Empfindungen werden konserviert	*bis zu Erkenntnissen getrieben*
der Mensch wird als bekannt vorausgesetzt	*der Mensch ist Gegenstand der Untersuchung*
der unveränderliche Mensch	*der veränderliche und verändernde Mensch*
Spannung auf den Ausgang	*Spannung auf den Gang*
eine Szene für die andere	*jede Szene für sich*
die Geschehnisse laufen linear	*in Kurven*
natura non facit saltus	*facit saltus*
die Welt, wie sie ist	*die Welt, wie sie wird*
was der Mensch soll	*was der Mensch muß*
seine Triebe	*seine Beweggründe*
das Denken bestimmt das Sein	*das gesellschaftliche Sein bestimmt das Denken*

Das Theater nach Brecht

Das moderne Theater ist stark von Brecht geprägt. Da die Erscheinungsformen vielfältig sind, sollen nur die wichtigsten Entwicklungen genannt sein:

So ist z. B. ***Max Frisch*** (Seite 134 f.) von Brecht beeinflusst, findet aber eigene Wege. Wenn Brecht seine Kritik an den gesellschaftlichen Zuständen lehrhaft-allgemein fasste, dann formuliert Frisch bestimmte Situationen und Verhaltensweisen, seine Kritik richtet sich gegen Einzelfälle. So variiert er z. B. vielfältig den Konflikt zwischen der Persönlichkeit und ihrer Rolle in der Gesellschaft. – Trotzdem bleiben aber Frischs Bühnenwerke Lehrstücke, wie bei Brecht.

Anders ***Friedrich Dürrenmatt*** (Seite 135 f.), dessen Ursprünge auch bei Brecht zu suchen sind. Er glaubt nicht, dass die Gesellschaft durch Lehrstücke veränderbar ist. Er versucht die Menschen durch drastische Eingriffe zu überraschen, damit so wenigstens ein erster Schritt auf dem Weg zur Erkenntnis möglich wird.

Lesen wir Dürrenmatts **„Theaterprobleme"**[2] (Auszug):

> *„Läßt sich die heutige Welt etwa, um konkret zu fragen, mit der Dramatik Schillers gestalten, wie einige Schriftsteller behaupten, da ja Schiller das Publikum immer noch packe? Gewiß, in der Kunst ist alles möglich, wenn sie stimmt, die Frage ist nur, ob eine Kunst, die einmal stimmte, auch heute noch möglich ist. Die Kunst ist nie wiederholbar, wäre sie es, wäre es töricht, nun nicht einfach mit den Regeln Schillers zu schreiben.*

1 Bertolt Brecht, Gesammelte Werke, Suhrkamp, Frankfurt 1968
2 Zürich, „Die Arche" (1955)

Schiller schrieb so, wie er schrieb, weil die Welt, in der er lebte, sich noch in der Welt, die er schrieb, die er sich als Historiker erschuf, spiegeln konnte. Die heutige Welt, wie sie uns erscheint, läßt sich dagegen schwerlich in der Form des geschichtlichen Dramas Schillers bewältigen, allein aus dem Grunde, weil wir keine tragischen Helden, sondern nur Tragödien vorfinden, die von Weltmetzgern inszeniert und von Hackmaschinen ausgeführt werden. Aus Hitler und Stalin lassen sich keine Wallensteine mehr machen. Ihre Macht ist so riesenhaft, daß sie selber nur noch zufällige, äußere Ausdrucksformen dieser Macht sind, beliebig zu ersetzen, und das Unglück, das man besonders mit dem ersten und ziemlich mit dem zweiten verbindet, ist zu weit verzweigt, zu verworren, zu grausam, zu mechanisch geworden und oft einfach auch allzu sinnlos. Die Macht Wallensteins ist eine noch sichtbare Macht, die heutige Macht ist nur zum kleinsten Teil sichtbar, wie bei einem Eisberg ist der größte Teil im Gesichtslosen, Abstrakten versunken. Das Drama Schillers setzt eine sichtbare Welt voraus, die echte Staatsaktion, wie ja auch die griechische Tragödie. Sichtbar in der Kunst ist das Überschaubare. Der heutige Staat ist jedoch unüberschaubar, anonym, bürokratisch geworden, und dies nicht etwa nur in Moskau oder Washington, sondern auch schon in Bern, und die heutigen Staatsaktionen nachträgliche Satyrspiele, die den im Verschwiegenen vollzogenen Tragödien folgen. Die echten Repräsentanten fehlen und die tragischen Helden sind ohne Namen. Mit einem kleinen Schieber, mit einem Kanzlisten, mit einem Polizisten läßt sich die heutige Welt besser wiedergeben als mit einem Bundesrat, als mit einem Bundeskanzler. Die Kunst dringt nur noch bis zu den Opfern vor, dringt sie überhaupt zu Menschen, die Mächtigen erreicht sie nicht mehr. Der Staat hat seine Gestalt verloren und wie die Physik die Welt nur noch in mathematischen Formeln wiederzugeben vermag, so ist er nur noch statistisch darzustellen. Sichtbar, Gestalt wird die heutige Macht nur etwa da, wo sie explodiert, in der Atombombe, in diesem wundervollen Pilz, der da aufsteigt und sich ausbreitet, makellos wie die Sonne, bei dem Massenmord und Schönheit eins werden. Die Atombombe kann man nicht mehr darstellen, seit man sie herstellen kann. Vor ihr versagt jede Kunst als eine Schöpfung des Menschen, weil sie selbst eine Schöpfung des Menschen ist. Zwei Spiegel, die sich ineinander spiegeln, bleiben leer.

Doch die Aufgabe der Kunst, soweit sie überhaupt eine Aufgabe haben kann, und somit die Aufgabe der heutigen Dramatik ist Gestalt, Konkretes zu schaffen. Dies vermag vor allem die Komödie. Die Tragödie, als die gestrengste Kunstgattung, setzt eine gestaltete Welt voraus. Die Komödie, eine ungestaltete, im Werden, im Umsturz begriffene, eine Welt, die am Zusammenpacken ist wie die unsrige. Die Tragödie überwindet die Distanz. Wie die Komödie vorgeht, sehen wir schon in der primitivsten Form des Witzes, in der Zote, in diesem gewiß bedenklichen Gegenstand, den ich nur darum zur Sprache bringe, weil er am deutlichsten illustriert, was ich Distanz schaffen nenne. Die Zote hat zum Gegenstand das rein Geschlechtliche, das darum, weil es das rein Geschlechtliche ist, auch gestaltlos, distanzlos ist, und, will es Gestalt werden, eben Zote wird. Die Zote ist darum eine Urkomödie, ein Transponieren des Geschlechtlichen auf die Ebene des Komischen, die einzige Möglichkeit, die es heute gibt, anständig darüber zu reden, seit die Van-der-Veldes[1] hochgekommen sind. In der Zote wird deutlich, dass das Komische darin besteht, das Gestaltlose zu gestalten, das Chaotische zu formen.

Das Mittel nun, mit dem die Komödie Distanz schafft, ist der Einfall. Die Tragödie ist ohne Einfall. Darum gibt es auch wenige Tragödien, deren Stoff erfunden ist.

Die Tragödie setzt Schuld, Not, Maß, Übersicht, Verantwortung voraus. In der Wurstelei unseres Jahrhunderts, in diesem Kehraus der weißen Rasse, gibt es keine Schuldigen und auch keine Verantwortlichen mehr. Alle können nichts dafür und haben es nicht gewollt. Es geht wirklich ohne jeden. Alles wird mitgerissen und bleibt in irgendeinem Rechen hängen. Wir sind zu kollektiv schuldig, zu kollektiv gebettet in die Sünden unserer Väter und Vorväter. Wir sind nur noch Kindeskinder. Das ist unser Pech, nicht unsere Schuld: Schuld gibt es nur noch als persönliche Leistung, als religiöse Tat. Uns kommt nur noch die Komödie bei.

Doch ist das Tragische immer noch möglich, auch wenn die reine Tragödie nicht mehr möglich ist. Wir können das Tragische aus der Komödie heraus erzielen, hervorbringen als einen schrecklichen Moment, als einen sich öffnenden Abgrund, so sind ja schon viele Tragödien Shakespeares Komödien, aus denen heraus das Tragische aufsteigt.

Nun liegt der Schluß nahe, die Komödie sei der Ausdruck der Verzweiflung, doch ist dieser Schluß nicht zwingend.

Fortsetzung auf Seite 178

1 Th. H. van der Velde: Die vollkommene Ehe. Eine Studie über ihre Physiologie und Technik (1967).

Gewiß, wer das Sinnlose, das Hoffnungslose dieser Welt sieht, kann verzweifeln, doch ist diese Verzweiflung nicht eine Folge dieser Welt, sondern eine Antwort, die er auf diese Welt gibt, und eine andere Antwort wäre sein Nichtverzweifeln, sein Entschluß etwa, die Welt zu bestehen, in der wir oft leben wie Gulliver unter den Riesen. Auch der nimmt Distanz, auch der tritt einen Schritt zurück, der seinen Gegner einschätzen will, der sich bereitmacht, mit ihm zu kämpfen oder ihm zu entgehen. Es ist immer noch möglich, den mutigen Menschen zu zeigen.

Dies ist denn auch eines meiner Hauptanliegen. Der Blinde[1], Romulus[2], Übelohe[3], Akki[4] sind mutige Menschen. Die verlorene Weltordnung wird in ihrer Brust wiederhergestellt, das Allgemeine entgeht meinem Zugriff. Ich lehne es ab, das Allgemeine in einer Doktrin zu finden, ich nehme es als Chaos hin. Die Welt (die Bühne somit, die diese Welt bedeutet) steht für mich als ein Ungeheures da, als ein Rätsel an Unheil, das hingenommen werden muß, vor dem es jedoch kein Kapitulieren geben darf. Die Welt ist größer denn der Mensch, zwangsläufig nimmt sie so bedrohliche Züge an, die von einem Punkt außerhalb nicht bedrohlich wären, doch habe ich kein Recht und keine Fähigkeit, mich außerhalb zu stellen. Trost in der Dichtung ist oft nur allzu billig, ehrlicher ist es wohl, den menschlichen Blickwinkel beizubehalten. Die Brechtsche These, die er in seiner Straßenszene entwickelt, die Welt als Unfall hinzustellen und nun zu zeigen, wie es zu diesem Unfall gekommen sei, mag großartiges Theater geben, was ja Brecht bewiesen hat, doch muß das meiste bei der Beweisführung unterschlagen werden: Brecht denkt unerbittlich, weil er an vieles unerbittlich nicht denkt.

Endlich: Durch den Einfall, durch die Komödie wird das anonyme Publikum als Publikum erst möglich, eine Wirklichkeit, mit der zu rechnen, aber die auch zu berechnen ist. Der Einfall verwandelt die Menge der Theaterbesucher besonders leicht in eine Masse, die nun angegriffen, verführt, überlistet werden kann sich Dinge anzuhören, die sie sich sonst nicht so leicht anhören würde. Die Komödie ist eine Mausefalle, in die das Publikum immer wieder gerät und immer noch geraten wird. Die Tragödie dagegen setzt eine Gemeinschaft voraus, die heute nicht immer ohne Peinlichkeit als vorhanden fingiert werden kann: Es gibt nichts Komischeres etwa, als in den Mysterienspielen[5] der Anthroposophen als Unbeteiligter zu sitzen."

Neue Wege geht ***Peter Handke*** (Seite 152 f.). In seinen Stücken stellt er nicht Geschehenes, nicht die Wirklichkeit dar, sondern ***Sprache.*** Er verachtet das Theater mit seinem hergebrachten Bühnenbetrieb, er ist gegen das Nachspielen irgendwelcher Ereignisse, die nur nachgeahmt werden, denn diese Art Theater scheint ihm nicht die geeignete Form zu sein Menschen zu beeinflussen, ihre Probleme lösen zu helfen. Das Theater selbst und die Sprache sind Gegenstand seiner Stücke. Auf der Bühne und mit der Bühne, mit ihren Einrichtungen (Tischen, Stühlen, Vorhang usw.) geht er gegen das Publikum an. Er kämpft gegen das „normale" Verhalten des Publikums, greift an, stellt alles infrage. In seinen ***Sprechstücken*** will er nicht Ereignisse nachahmen, sondern erfinden, das Publikum mit Sprache herausfordern zur Aktivität. – Trotzdem ist er nicht der Meinung, das Publikum durch Theater verändern zu können, aber er will einen „Ansatz" schaffen zu „Lösungsversuchen", indem er durch Sprache, oft gedankenlos gebrauchte Redewendungen, Gemeinplätze und Alltagssprache Wirkung zu erzielen versucht.

Eine weitere neuere Entwicklung ist das ***dokumentarische Theater.*** Es greift aktuelle Ereignisse auf und dokumentiert sie aus der Sicht des Dichters. Bekannt geworden sind Stücke wie „Der Stellvertreter" (Rolf Hochhuth, S. 159) oder „In Sachen Oppenheimer" (Heinar Kipphardt), ein Zeitstück, das die Verantwortung des Forschers im Atomzeitalter herausstellt.

Das Hörspiel

Das Hörspiel ist eine moderne Sonderform des Dramas, das auf Hören beschränkt und deshalb anderen Gesetzen unterworfen ist. Einerseits sind seine Möglichkeiten begrenzter, da kein Zuschauen möglich ist, andererseits sind sie aber weiter als beim Drama, da die beengende Bühne fehlt; die Szene kann häufiger ohne Störung gewechselt werden, die Welt des Unwirklichen kann einbezogen werden (Träume, Überirdisches usw.), die „Blende" kann genützt werden (Rückblende, Einblende, Überblenden), was stark zur Verdichtung der ***Atmosphäre*** beiträgt. Überhaupt ist der lyrische Gehalt beim Hörspiel stärker als beim Bühnenstück.

1 Hauptfigur aus Dürrenmatts gleichnamigem Drama (1948).
2 Hauptfigur der gleichnamigen Komödie (1949).
3 Figur des Arztes aus der Komödie „Die Ehe des Herrn Mississippi" (1952).
4 Figur des Bettlers in „Ein Engel kommt nach Babylon" (1953) .
5 Szenische Darstellungen religiöser, meist biblischer Vorgänge.

Ein Beispiel für die Dichte der Aussage seien einige Zeilen aus Günter ***Eichs*** (Seite 144) „Träume":

> *Geräusch eines immerfort rollenden Zuges.*
> *Stimme eines Uralten: Es war vier Uhr, als sie uns aus den Betten holten. Es war vier Uhr.*
> *Knabe: Du erzählst immer dasselbe. Das ist langweilig, Großvater.*

In diesen Sätzen ist eigentlich schon die gesamte Geschichte und Vorgeschichte der Familie enthalten, die da in dem verschlossenen Güterwagen in unbekannte Richtung mit unbekanntem Ziel unaufhörlich transportiert wird – und zwar schon so lange, dass sie um ihr Schicksal kaum noch weiß, sondern das Innere des Güterwagens als ihre Welt empfindet.[1]

Andere bedeutende deutschsprachige Hörspielautoren: Ilse Aichinger (Seite 132), Besuch im Pfarrhaus; Ingeborg Bachmann (Seite 148), Der gute Gott von Manhattan; Heinrich Böll (Seite 130 f.), Die Spurlosen, Die Sprechanlage; Wolfgang Borchert (Seite 123), Draußen vor der Tür; Friedrich Dürrenmatt (Seite 135), Die Panne; Max Frisch (Seite 135), Biedermann und die Brandstifter; Wolfgang Hildesheimer (Seite 134), Begegnung im Balkanexpress; Siegfried Lenz (Seite 140), Zeit der Schuldlosen; Martin Walser (Seite 141 f.), Ein Abstecher.

Der Film

Neben Kultur-, Reise-, Dokumentarfilm, Wochenschau und Reklamefilm nimmt der ***Spielfilm*** eine bedeutende Rolle ein. Der künstlerische Film hatte seine erste hohe Zeit im Stummfilm (bis 1928), verflachte dann, erlebt aber seit Ende des Zweiten Weltkrieges eine ständige Verbesserung.

Hauptausdrucksmittel des künstlerischen Films ist das ***Bild.*** Damit unterscheidet er sich wesentlich vom Bühnentheater: Die künstlerische Möglichkeit des Films liegt in der Genauigkeit der Eindrücke (Bilder) und dem schnellen Wechsel. Weitere filmische Möglichkeiten gegenüber dem Theater sind: Licht- und Schatteneffekte, Einblende, Rückblende, Bildmontage und Großaufnahme.

Das Fernsehspiel hat ähnliche künstlerische Probleme wie der Film zu bewältigen: Bearbeitung „fremder" Texte wie Bühnenstück, Prosastück (Roman, Novelle usw.), Hörspiel. Doch muss es mehr als der Film die Projektionsfläche berücksichtigen, da diese genormt ist und nicht für bestimmte Zwecke vergrößert oder verkleinert werden kann, muss Großaufnahme, Blende, Kameraeinstellung in die Handlung einbeziehen.

1 Zitiert nach Hirt, Poetik in Stichworten, Kiel.

Namensverzeichnis

Sachwortverzeichnis